Anderwelten

Uschi Zietsch

Geboren 1961 in München, publiziert seit 1986 in vielen verschiedenen Genres, ist als Susan Schwartz Teamautorin bei *Perry Rhodan*, gibt Schreibseminare, arbeitet zudem als Lektorin und Coach und ab und zu als Moderatorin sowie Stand-up-Comedian im Duo Außer&Irdisch.

Bei Fabylon sind u.a. erschienen:

Elfenzeit

Die Chroniken von Waldsee

Das Reich Albalon

www.uschizietsch.de

Uschi Zietsch

Anderwelten

Anthologie • Werkausgabe 2

Fabylon

Dieser Titel ist auch als fabEbook erschienen.

Umschlaggestaltung: Madeleine Hirdt
Cover: Julius H/KI, Pixabay
Satzlayout: Stefan Friedrich
Herstellung: booksfactory
ISBN 978-3-946773-49-8

www.fabylon.de

Vorwort

Vorhang auf für den zweiten Band der Werkausgabe!

Hier findet ihr Fantasy, Fantasy und noch mehr Fantasy. Einige Geschichten sind inspiriert von keltischen Mythen, andere leicht erotisierte Märchen, als »wahre Geschichte« überzeugend dargebracht. Außerdem finden sich Geschichten aus Albalon und Waldsee.

Alle Geschichten, einschließlich der bereits veröffentlichten, wurden gründlich überarbeitet und teilweise erweitert.

Auch hier habe ich eine Lieblingsgeschichte, und diese ist ebenfalls nicht schwer zu erraten.

Ich wünsche erneut viel Lesespaß!

Markt Rettenbach, April 2024

Inhalt

Siebensturm

Jener Raum befand sich im Seitenflügel des Schlösschens an der Seine, fünfzig Kilometer von Paris entfernt. Dieser Teil des ansonsten sehr romantischen Gebäudes war stark renovierungsbedürftig. Jahrhundertealter Staub trieb träge durch verbrauchte Luft, die sich auch durch häufiges Lüften niemals erneuern konnte. Der Putz fiel von den Wänden, das Parkett war eingesunken und an einigen Stellen gebrochen, Holzbalken lagen kreuz und quer, Einrichtung war in dem meisten Räumen überhaupt keine mehr vorhanden. Wer sollte sich hierher verirren? Nicht einmal stark angetrunkene Partygäste fanden den halb verfallenen Bereich nostalgisch reizvoll.

Genau deshalb ging Jean Roubinier hier seinen geheimen Projekten nach. Dazu gehörte unter anderem, einen Drudenfuß auf den Boden des Raumes zu zeichnen, Kandelaber an die Spitzen zu stellen und einen Kreidekreis darum zu ziehen, der mit speziellen Kräutern und Essenzen zweifelhafter Mischung ausgefüllt wurde. In einem Regal standen Lexika und Grimoires, Zauberbücher und ein Handbuch Aleister Crowleys, das durch häufigen Gebrauch fleckig und abgegriffen war.

An einem milden Maiabend zog Jean Roubinier sich in diesen Raum zurück, um wieder einmal eine Beschwörung durchzuführen.

Marie-Jade, dachte er. Er sah sie jeden Tag und fast überall. Ihr Gesicht prangte auf Bussen, an den Werbewänden der Metro, strahlte aus dem Fernseher oder von Hochglanz-Magazinen. Ganz Paris war von ihrem Lächeln erfüllt.

Jean Roubinier verlangte danach, dass Marie-Jades Lächeln ausschließlich sein Herz und Anwesen erfüllen sollte, er wollte sie für sich haben, auf immer und ewig. Als strahlende Gemahlin an seiner Seite und Mutter seiner Kinder. Es wurde Zeit, dass er daranging, denn er war der letzte Spross seiner Familie und lebte nicht ewig.

Sie waren einander schon vorgestellt worden, auf einer Filmparty oder Soiree, sie wurde überallhin eingeladen, weil sie wunderschön war und Frankreich in Mode und Kosmetik vertrat, und Jean Roubinier, weil er ein nicht unbedeutender Sponsor war. Marie-Jade war freundlich gewesen, hatte sich aber nicht weiter für ihn interessiert. Um nicht zu sagen: Sie hatte ihn abgewiesen. Eindeutig. Das wurmte Jean Roubinier gewaltig, denn er hatte ursprünglich den Ehrgeiz gehabt, Marie-Jade allein durch seine Person für sich zu gewinnen. Und danach mit seinem Geld, aber das interessierte sie nun gar nicht, da sie selbst als Supermodel längst vermögend war.

Diese Seifenblase war also zerplatzt, und es war Zeit für Plan B, der allerdings wirkungsvoller sein würde, da Marie-Jade ihm dadurch vollkommen ausgeliefert wäre und er sich ihrer auf ewig sicher sein konnte. Vielleicht ohnehin die bessere Lösung, da sie keine potentielle Scheidung beinhaltete.

In einen schwarzen Kapuzenumhang gehüllt, begann Jean Roubinier die Beschwörung. Darin hatte er inzwischen Routine, allerdings gab es heute einen kleinen Unterschied zu sonst: Zum ersten Mal würde er einen Dämon der Mittleren Hölle beschwören. Bisher hatten die Angehörigen der Oberen Hölle genügt, aber Marie-Jade würde nicht so einfach zu erobern sein. Jean Roubinier musste ganz sichergehen, schließlich hing sein Erbe davon ab. Und sein Besitz. Also alles, was für ihn von Bedeutung war.

Mit viel Gemurmel und Gebrumme, Singsang und Gesten führte Jean Roubinier die Beschwörung durch und war erstaunt, wie gut, ja *simpel* es funktionierte. Ein Blitz, ein Knall, die Kerzen erloschen beinahe, bevor sie hell strahlend aufflammten, eine Schwefelwolke waberte durch den Raum – und in der Mitte des Pentagramms stand ein großer Dämon.

Seine Gestalt war nicht so recht auszumachen, eher diffus, hin und herwabernd, wie vom Winde verweht, rötlich-grau und mit der Andeutung von Hörnern.

»Was gibt's?«, fragte er unfreundlich, streckte sich und kratzte sich unter der semimateriellen Achsel. »Ich werde nicht gern aus dem Schlaf gerissen.«

»Bist du … ein Dämon der Mittleren Hölle?«

»Mhm. Siebensturm, wenn's beliebt, 23. Bataillon, Fünfter Kreis …«

»Moment mal«, unterbrach Jean Roubinier verwirrt. »Heißt das, du hast irgendwas mit Wind zu tun?«

»Schlaues Bürschlein«, stellte der Dämon anerkennend fest. »Wie mein Name schon sagt, kenne ich mich mit Stürmen aus. Wen willst du wegblasen? Soll ich eine Stadt für dich verwüsten? Ein Schloss auf einen Berg pusten? Die Fabrik eines Konkurrenten zerstören? Du hast Glück, es ist gerade Angebotswoche. Pro Stadtverwüstung gibt es einen Tod durch Blitzschlag gratis dazu.«

»Ich … ich wollte einen Liebesdämon beschwören!«, rief Jean Roubinier.

Der Dämon kam nah an die Grenze des Bannkreises heran und fletschte grinsend die Zähne. »Dann hast du dich wohl vertan, Schätzchen. Siebenlieb ist mein Bruder. Aber mach dir nichts draus. Kleine Verwechslung einer Rune, eine falsche Betonung … das kommt schon mal vor.«

»Äh … könntest du dann bitte gehen und deinen Bruder holen?«

»Nein.«

»Aber ich habe dich beschworen, du musst mir gehorchen!«

»Ja, in Menschendingen. Dämonenangelegenheiten gehen dich nichts an. Ich bin kein Laufbursche. Wenn du meinen Bruder haben willst, mach gefälligst alles richtig.«

Jean Roubinier schwieg und dachte nach. Es war sehr aufwendig gewesen, alle Bestandteile für diese Beschwörung zusammenzubekommen. Und die Mittlere Hölle war nicht zu unterschätzen. Die Dämonen dort waren nicht nur sehr groß, sondern auch schlau und mächtig. Möglicherweise sprach es sich herum, dass Jean Roubinier gepatzt hatte, und dann konnte es böse enden.

»Also, da ist dieses Mädchen …«, fing er an.

»Uäks«, machte der Dämon.

»Aber hast du sie überhaupt gesehen?«, fauchte Jean Roubinier erbost. Er hatte ein Plakat mitgebracht, um dem Dämon die Frau seiner Träume zu zeigen und eine Verwechslungsgefahr auszuschließen, entfaltete es und hielt es hoch. »Das ist Marie-Jade.«

»Uih«, sagte der Dämon.

Seine kleinen rotglühenden Augen funkelten auf einmal in einem anderen Licht. »Also, äh …«, fuhr er mit lang heraushängender, sabbernder Zunge fort. »Ich will mal nicht so sein. Was kann ich für dich tun?«

Jean Roubinier entschloss sich, das Angebot anzunehmen. Dämon war Dämon, letztendlich. Und warum sollte ein windiger Typ seine Angebetete nicht auf eine rosa Wolke fliegen können?

Er setzte Siebensturm auseinander, was er wollte, und versprach ihm dafür nicht nur eine, sondern zwei Seelen: die seine *und* Marie-Jades. Denn Jean Roubinier wollte Marie-Jade auch in der Hölle an seiner Seite haben. »Meine Kinder allerdings bleiben von dem Handel ausgeschlossen«, sagte er bestimmt. »Für den Preis von Marie-Jades Seele verlange ich ein langes, erfülltes Leben mit ihr und frühestens dann unser gleichzeitiges Ableben, wenn wir schon erwachsene Enkelkinder haben.«

»Klar, warum nicht«, antwortete Siebensturm, dessen Augen beunruhigend glitzerten. »Für mich spielen die paar Jahre mehr oder weniger keine Rolle – Hauptsache, ich mache Karriere. Und du riechst mir ganz danach, Bürschlein. Außerdem ist gerade Angebotswoche, habe ich das schon erwähnt?«

»Ich glaube, ja.«

»Also gut, abgemacht. Ich verderbe Marie-Jades Seele und sorge dafür, dass sie dich für immer und ewig anbeten wird, ihr beide lebt glücklich, bis eure Enkelkinder dein Imperium erben, und dann kriege ich eure beiden Seelen gleichzeitig.«

»Ja, ich denke, das können wir so besiegeln.«

»Allerdings gibt es keine Garantie, keine Gewährleistung und kein Rückgaberecht. Ich liefere, der Rest geht mich nichts an. Und du wirst mich kein zweites Mal beschwören, egal was passiert.«

»Einverstanden.« Jean Roubinier zog einen Ritualdolch, stach sich damit in den Handballen und ließ fünf Tropfen Blut auf den Rand des Kreises fallen. Zischend stieg Dampf auf, und der Bann löste sich an dieser Stelle auf. »Unterschrieben und besiegelt. Jetzt mach dich an die Arbeit.«

»Bin schon unterwegs!«, pfiff Siebensturm und sauste wie ein Scirocco durch ein gesprungenes Fenster davon.

Siebensturm war gar nicht böse darum, beschworen worden zu sein. Selten genug bekam er Gelegenheit, die Hölle einmal zu verlassen - außer zu Kriegszeiten. Seine Brüder waren häufig unterwegs und gaben nur so an mit ihren Erlebnisberichten, wohingegen Siebensturm selten mitreden konnte. »Du bist halt zu windig«, sagten seine sechs Brüder zu ihm und lachten, bis Feuer aus ihren Ohren schlug.

Alle sammelten sie Seelen und waren längst befördert worden, nur Siebensturm hatte immer noch den Status des einfachen Gefreiten. Dabei war er eine echte Naturgewalt, wenn er so richtig loslegte! Doch sein Vater bevorzugte Seuchen und Pest, Schändung, Zerstückelung und Folter und überhaupt alles, was schön blutig und grausam war. »Wenn ich ein Hausdach auf eine Familie fallen lasse, gibt es doch auch Blut!«, verteidigte sich Siebensturm, aber sein Vater winkte ab: zu harmlos. Vor allem waren Opferseelen jeglicher Art für ihn verloren. Auch die von Wirbelstürmen, Tornados, Zyklonen, Blizzards. Opfer waren eben Opfer.

Welch ein Glück daher, dass dieser dumme Mensch sich in der Beschwörung vertan hatte! Wenn Siebensturm gleich *zwei* Seelen vorweisen konnte, würde sein Vater ihn bestimmt mit anderen Augen betrachten und ihn endlich befördern. Die Seele Jean Roubiniers war bereits verdorben genug, sie war dem Dämon sicher und würde einen guten Preis in der Hölle erzielen. Marie-Jades Seele aber, die noch rein war, könnte die Bank des Casinos sprengen, wenn Siebensturm sie verdarb. Das war endlich einmal eine richtige Herausforderung! Rien ne va plus, alles oder nichts. Er würde Marie-Jade nach allen Regeln der Dämonenkunst verführen und verderben, bevor er sie Jean Roubinier übergab und dann über die Jahre näher an die Hölle locken. Das würde ein Spaß!

In der nächsten Zeit beschäftigte Siebensturm sich zunächst damit, sein Opfer kennenzulernen, um die weitere Strategie zu planen.

Als sanft säuselnde Brise, die sie umwehte und umschmeichelte, begleitete er Marie-Jade auf ihrem täglichen Nachmittagsspaziergang mit ihrem schwarzen Mops Anabell. Sie fühlte sich nicht schlecht an, soweit er das als Körperloser feststellen konnte. Manchmal wirbelte er kleine Blätter vor dem Mops her, der ihnen verspielt kläffend nachjagte, nur um Marie-Jades glockenklare Stimme zu hören. Damit sie »Anabell! Fang sie!«, rief und vergnügt lachte, wenn der kleine Ringelschwanz mit dem quirligen Hund vorndran nur so fröhlich wedelte.

Siebensturm gesellte sich frühmorgens als frischer Windstoß zu Marie-Jade auf ihrer zehn Kilometer umfassenden Joggingrunde, bevor sie ins Fitnessstudio ging. Geduldig wartete er draußen und empfing sie mit kurzem Brausen, sobald sie herauskam.

Er beobachtete Marie-Jade bei ihren Terminen, wenn sie zu ihrer Agentur ging, sich mit einem Fotografen traf, ein Interview gab. Ab und zu gönnte sie sich einen Kaffee und ein heimliches Eis. (Ein guter Ansatzpunkt, notierte Siebensturm: Sie war verführbar.)

Abends machte sie sich fein und ging ins Theater, zu einem Empfang, in einen Club, auf eine Party oder auch in die Disco. Siebensturm war immer mit dabei und machte sich einen Spaß daraus, ihre aufwendige Frisur durcheinanderzuwirbeln. Sie wurde nicht zornig. Sondern kicherte darüber wie eine Zehnjährige, die sich kopfüber in einen Laubhaufen stürzte.

Einmal empfing Siebensturm einen Ruf und traf sich mit Jean Roubinier im Beschwörungsraum. Der Mann war sehr ungeduldig und verlangte Rechenschaft, doch der Dämon ließ sich nicht in seine Arbeit hineinreden und hauchte Jean Roubinier mit einer Wolke aus Schwefel und Salpeter an, bis der ganz grün wurde. Dann baute er sich zum brausenden Wirbelsturm auf und donnerte: »Wage es nicht noch einmal, mich zu dir zu zitieren! Ich komme, wenn mein Teil des Abkommens erfüllt ist, und bis dahin wirst du dich gedulden, oder ich entreiße dir deine Seele sogleich und werfe sie den Höllenhunden zum Fraß vor!«

»D-das darfst du nicht, e-es gibt Regeln«, stotterte Jean Roubinier eingeschüchtert, doch Siebensturm lachte nur dröhnend.

»Ihr Menschen wisst gar nichts über uns und die Regeln. Wir *sind* die Regeln!« Als Dämon musste man schließlich einen gewissen Ruf wahren, sonst wurden diese Sterblichen zu aufmüpfig. Immerhin wirkte sein Auftritt, der Mann entschuldigte sich und versprach, sich nicht mehr einzumischen.

Damit sah Siebensturm den Zeitpunkt gekommen, in Phase Zwei seines Plans zu treten: direkte Konfrontation.

Der Dämon passte einen Nachmittag ab, als Marie-Jade sich wieder einmal der Sünde hingab, ungeschminkt und in Lotterjeans zu einem Café mit Außenplätzen schlich, in dem man sie noch nicht kannte, und dort mit Anabell Schokoladentorte naschte. Und zwar ein ganz großes Stück, mit Sahne, Amarena-Kirsche und Schokostreuseln.

Darauf hatte er gewartet.

Er brauste zu dem Tisch auf dem Trottoir, an dem die junge Frau allein saß, und baute sich vor ihr auf. Dabei achtete er darauf, dass nur Marie-Jade ihn sehen konnte, niemand sonst. Das war die erste Lektion, die ein Dämon in der Ausbildung lernte - die richtige Frequenz einzustellen, andernfalls funktionierte die Sache mit der Besessenheit nämlich nicht. Was *alle* sahen, verlor seinen Schrecken.

»Du hast dich versündigt!«, donnerte er mit seiner wirkungsvollsten Tornadostimme. »Deine Seele gehört nun mir!«

Anabell sah zu ihm hoch, wedelte kurz und schenkte ihm dann weiter keine Beachtung. Hatte keine Angst. Dummer Hund. Schien zu sehr damit beschäftigt, den Anteil am Schokoladenkuchen aufzuschlecken.

Dass sie ihn überhaupt sah, war nicht verwunderlich, bei Tieren funktionierte das mit der Frequenz nicht. Aber so gar keine Angst zu haben, das war einfach ... unerhört!

Marie-Jade musterte den hoch über ihr aufragenden, grauroten, wirbelnden, gehörnten Dämon mit kühlem Blick. »Wegen eines Stückchens Schokoladenkuchen? Ich habe es noch nicht einmal ganz gegessen.«

Siebensturm war für einen Augenblick aus dem Konzept gebracht, stellte kurz die Rotation ein, um sie dann gegenläufig fortzusetzen. »Völlerei ist eine der sieben Todsünden! Und ich, Siebensturm, bin beauftragt, jedes dieser Vergehen zu bestrafen!« Ziemlich beeindruckend, fand er. Sieben Todsünden, sein Name ... ja, das hatte was.

Marie-Jade rührte in ihrem Espresso. »Wenn ich das richtig verstehe, bist du ein Dämon?«

»Ganz recht, ich bin Siebensturm, der …«

»Und seit wann arbeitest du für den da oben?« Sie deutete mit dem Löffel zum Himmel.

Gerade noch konnte er sich bremsen, nach oben zu blicken. Sein sofortiges unrühmliches Ende wäre das gewesen. Obwohl er manchmal schon gern gewusst hätte, wie es da so aussah. Selbst als Sturm war der Blick nur nach unten gerichtet, auf das Ziel, das er heimsuchte.

»Das tu ich nicht, wie kommst du darauf?«

»Nun, soweit ich weiß, werden die Todsünden doch vom Himmel geahndet.«

»Ja, und dein Urteil wurde bereits gefällt - somit wirst du der Hölle übergeben!« Siebensturm wurde allmählich wütend. Was war nur aus den schreckhaften, abergläubischen Menschen geworden, die er früher heimgesucht hatte? Diese Sterbliche hatte nicht nur keine Angst, sie *wagte* es, mit ihm zu *diskutieren?*

»Ziemlich kleinlich.« Marie-Jade zuckte die Achseln. »Spielt sowieso keine Rolle. Ich glaube nicht an Dämonen.«

»Ich …« Siebensturm, der sich gerade aufgeblasen hatte, um Marie-Jade mit sich zu nehmen und auf ihr künftiges Leben »vorzubereiten«, fiel halb in sich zusammen, wie ein Ballon, aus dem die Luft gelassen wurde. »Äh … wie bitte?«

»Deine großen Spitzohren sind wohl nur zur Dekoration da? Ich sagte, ich glaube nicht an Dämonen oder die Hölle!«

»A-aber wieso denn nicht?«

»Na, sieh dich doch mal um in der Welt. Reicht das nicht?«

Der Dämon war so fassungslos, dass er auf den leeren Stuhl an Marie-Jades Tisch sank, kaum mehr als ein Hauch war von ihm übrig. »Aber du kannst mich doch sehen …«

»Ich bin anscheinend empfänglich für ektoplasmatische Erscheinungen. Was weiß ich. Du hast davon angefangen, nicht ich.«

»Ektopl…« Siebensturm versagte die Stimme. Ihm fiel nichts mehr ein. »Aber deine Seele …«

»Ich will dir mal was sagen.« Marie-Jade beugte sich vor. Ein dunkles Licht lag in ihren sonst strahlenden Augen. »Ich habe keine Ahnung, was meine Seele ist. Aber Typen von deiner Sorte kenne ich zur Genüge, die glauben, sie können sich alles nehmen, was sie haben wollen. Du musst schon andere Geschütze auffahren, wenn du mich beeindrucken willst. Angst machen kannst du mir jedenfalls nicht. Nach allem, was ich bereits durchgemacht habe, brauche ich nichts mehr zu fürchten, glaub mir.« Sie schob eine Strähne hinter ihr linkes Ohr, und eine feine weiße Narbe wurde am Haaransatz sichtbar. »Diese Narbe und andere stammen tatsächlich von Schönheits-OPs, aber sie haben nichts mit Lifting zu tun.« Sie fixierte den Blick des Dämons. »Wenn du der bist, der du vorgibst zu sein, kannst du in mich hineinblicken. Tu es!«

Siebensturm gehorchte und saß dann völlig vernichtet da. Er würde seinen Teil der Abmachung nicht erfüllen können, das hatte er begriffen. Diese wunderschöne, liebliche Frau hatte bereits in die Abgründe der Hölle geblickt, um nicht zu sagen, sie war noch lebend darin gewesen. Es gab nichts, womit Siebensturm sie beeindrucken, ängstigen, geschweige denn sie brechen könnte. Darüber war sie längst hinaus. Unverdorben aus der Asche hervorgetreten.

»Lebst du deswegen allein?«

»Nicht allein.« Marie-Jade deutete auf Anabell. »Aber ich lebe nicht mit einem Menschen zusammen, das ist lorrekt.«

Was es eigentlich einfacher machen sollte, sie zu verderben, da ihm niemand ins Handwerk pfuschen konnte. Aber in diesem Fall …

»Du bist geschickt worden, richtig?«, fuhr Marie-Jade fort. Sie hob Anabell auf ihren Schoß und streichelte sie, was der Mops mit wohligem Grunzen quittierte. Siebensturm wusste nicht warum, aber er war ein bisschen neidisch. »Ich kann mir schon denken, von wem. Seit einem halben Jahr stellt er mir nach. Wenn du mich fragst, ist er geisteskrank. Aber auch gefährlich. Männer wie er … nun. Was tun wir jetzt?«

»Ich werde dich töten«, antwortete Siebensturm ernst. »Dann werde ich deine Seele nehmen und sie verderben. Glaub mir, das geht. *Jede* Seele kann verdorben werden. Damit werde ich mich bei meinem Vater von der Verpflichtung meinem Auftraggeber gegenüber freikaufen.« Er deutete auf Anabell, die ihn aus großen feuchten Augen betrachtete, ihr Ringelschwanz wedelte zaghaft. »Ich werde sie benutzen, um dich zu kriegen.«

In Marie-Jades Augen blitzte kurzzeitig Schmerz auf. Doch ihre Stimme klang ruhig. »Dann mache ich dir einen Gegenvorschlag, und niemand wird etwas erfahren, wenn du es richtig machst.«

Siebensturm zeigte sich aufgeschlossen. Er war nicht gerade erpicht darauf, sich mit seinem Vater auseinanderzusetzen.

»Überzeuge mich«, sagte Marie-Jade. »Wenn es dir gelingt, mich zu überzeugen, werde ich freiwillig mit dir gehen und mich diesem Kerl ausliefern. Da meine Seele dann ohnehin schon verloren ist, werde ich einen Weg finden, ihn binnen eines Jahres auszuschalten, damit er mit mir in der Hölle brennt.«

»Wie … soll ich dich überzeugen?«, fragte Siebensturm ratlos.

»Waff«, machte Anabell. Hatte sie gerade zu ihm gesagt, dass er *dumm* war?

Marie-Jade lehnte sich mit vor der Brust verschränkten Armen zurück und lächelte bedeutungsschwer. »Erfülle deine Aufgabe als Dämon: *Verführe* mich.«

Ach so! Siebensturm grinste. »Nichts leichter als das.« Das war eine schöne Herausforderung. Der Auftraggeber konnte ruhig noch eine Weile schmachtend leiden. Seine Laune besserte sich erheblich. Das würde nun wirklich ein Spaß!

Dachte Siebensturm, der Dämon, geborener Verführer. Aber es war keineswegs so einfach, wie er sich das vorstellte. Mit simpler Erotik war es nämlich überhaupt nicht getan, also diese Geschichten mit Incubus und Succubus und all das. Marie-Jade war innerlich ausgehöhlt und tot, sie empfand kein Begehren mehr, und die Nähe eines Mannes, der noch dazu wie ein sabbernder Dämon aussah (obwohl er sich in sein bestes Outfit geworfen hatte), war ihr widerwärtig. Siebensturm versuchte es also in weiblicher Gestalt und scheiterte bereits an der Schwelle.

Was wollte Marie-Jade? Was verstand sie unter Verführung? Nachdem er sie nachts nicht einfach heimsuchen konnte, verabredete Siebensturm sich mit Marie-Jade jeden Abend aufs Neue. Irgendeinen Weg, einen Trick musste es geben, ihr Verlangen zu wecken. Der Dämon reiste nach Transsilvanien und sprach mit Vampiren. Er brauste nach Deutschland, um sich von Werwölfen beraten zu lassen, den Nachkommen Isegrims, der einst Rotkäppchen verführte - so war es nämlich in Wirklichkeit gewesen, bevor die prüden Brüder Grimm etwas anderes daraus machten. Er wehte nach Japan und Indien und China, um sich in allen Regeln der Liebeskunst unterweisen zu lassen.

Aber jeden Abend schloss Marie-Jade ihre Tür vor seiner Nase. Manchmal war sie erbost über sein rüdes Verhalten, manchmal peinlich berührt. Manchmal fand sie ihn lächerlich, aber immer sagte sie: »So nicht. So billig gebe ich meine Seele nicht her.«

Jeden Abend wiederholte sich dieselbe Szene. Siebensturm traf sich mit Marie-Jade, sie gingen aus, er versuchte sich in immer neuen Verführungskünsten, und sie ließ ihn abblitzen.

Der Dämon hatte Jean Roubinier vergessen, jetzt packte ihn der persönliche Ehrgeiz. Er fing an, darauf zu achten, was Marie-Jade gefiel. Achtete mehr auf sein Aussehen und seine Kleidung, lernte Benimm, sagte Höflichkeiten anstatt mit Schwefel gewürzte Derbheiten. Brachte ihr süße Leckereien mit, denen sie nicht widerstehen konnte. Stürmte nicht mehr forsch voran, sondern gab sich als milde, sanfte Brise.

Irgendwann stellte er fest, dass ihm ihr Lachen gefiel. Er fühlte sich wohl dabei. Also gab er sich Mühe, dass sie so viel wie möglich lachte. In ihren Augen tanzten dann Sterne, was er wundervoll fand. Schließlich sah ein Dämon niemals die Sterne, der Blick zum Himmel war ihm strengstens verboten und würde ihn wie gesagt auch umgehend vernichten.

Marie-Jade zeigte ihm Dinge, die er nie für möglich gehalten hätte, sie erzählte ihm Geschichten, die er noch nie gehört hatte. Er hörte ihr zu. Er sah sie an.

Eines Abends fragte er: »Was liegt dir nur an diesem kleinen schwarzen Ding, das nicht mehr als schnaufen und grunzen und mit den Ohren schlackern kann?« Und das ihn bei allem Schwefelgestank und schlechten Manieren vertrauensvoll ansah. *Auffordernd* geradezu. Schon wieder wackelte der Ringelschwanz, und der Mops legte den runden Kopf leicht schief, als er ihn ansah.

»Anabell liebt mich, einfach so«, antwortete Marie-Jade. »Sie ist immer da, sie ist immer treu, und … sie verlangt keinen Preis.«

»Das geht doch nicht. Alles hat seinen Preis!«

»Nicht das, was bedingungslos ist.«

»Wäh! Sentimentaler kitschiger melodramatischer Quatsch!« Es schüttelte ihn.

Sie schmunzelte. »Der Preis ist, wenn du so willst, dass ich ihr etwas zurückgebe von dem, was sie mir schenkt.«

Siebensturm wusste nicht, was er darauf sagen sollte. Begriff er es denn?

Marie-Jade lächelte ihn an. »Nur darum geht es«, sagte sie leise: »Das ist der Schlüssel.«

Nachdem Marie-Jade die Tür hinter sich geschlossen hatte, wehte Siebensturm unschlüssig durch die Gassen. Irgendetwas hatte sich verändert, das ihn beunruhigte. Zu spät bemerkte er, dass seine sechs Brüder ihn plötzlich umringten, und er konnte nicht mehr ausweichen.

»Wo treibst du dich die ganze Zeit herum?«, zischten sie. »Denkst du, du kannst einfach Urlaub machen? Vater verlangt Ergebnisse! Roubinier hat sich bereits mehrfach beschwert, und das ist gar nicht gut für unser Image!«

Sie schubsten ihn, schlugen ihn, traten ihn zu Boden, bedrohten und bespuckten ihn. Bezeichneten ihn als Versager, Schande, Speichellecker.

Siebensturm versuchte zu erklären, doch sie hörten ihm nicht zu.

Er bekam eine letzte Frist. Bis zum Morgengrauen. Danach würden *sie* sich der Sache annehmen – Marie-Jades *und* Anabells, dieses grässlichen, vertrauensvollen, niemals wankenden, Frohsinn verbreitenden Scheusals.

»Nicht der Hund!«, rief Siebensturm, und da lachten sie erst recht.

Zerschlagen und schluchzend schleppte Siebensturm sich zu Marie-Jades Wohnung zurück.

Auf sein Klingeln öffnete sie sofort - und ließ ihn über die Schwelle. Zum ersten Mal.

»Was haben sie dir angetan?«

Er erzählte ihr alles. Beichtete nun von Anfang bis Ende, wie diese ganze Sache zusammenhing, und dass sie ihn verstoßen und den Auftrag an seiner Stelle beenden würden, wenn er nicht bis zum Morgengrauen erfüllte, was besiegelt war.

»Siebensturm«, sagte Marie-Jade daraufhin ruhig. »Hast du je darüber nachgedacht, warum du all das getan hast?«

Er schüttelte den Kopf.

»Du bist ein mächtiger Dämon. Wie hätte ich mich dir denn widersetzen können? Du hättest mich einfach nur zu nehmen brauchen. Deine Drohung bei unserer ersten Begegnung, mich zu töten, hättest du umgehend umsetzen können. Wie du sagtest: *Jede* Seele kann verdorben werden.«

»Ich dachte, du glaubst nicht an Dämonen.« Schniefend zog er dämonischen Rotz hoch.

»An Dämonen nicht«, sagte sie. »Aber an dich.«

Er starrte sie aus blutunterlaufenen Augen an. Beinahe gleich groß waren sie jetzt, und er fühlte, wie Stofflichkeit ihn befiel. Seine Verbannung stand kurz bevor. Alles war verloren. »Wie meinst du das?«, flüsterte er verzagt.

Sie lächelte. »Du brauchst meine Seele?«, fragte sie.

Er nickte.

»Dann gebe ich sie dir.«

Siebensturm glaubte, sich verhört zu haben. Marie-Jade hielt sich die Hände an die Brust, als würde sie in sich hineingreifen. Etwas schien aus ihr zu fließen, eine kleine Kugel, die in ihren Händen aufleuchtete. Diese Kugel nahm sie und drückte sie Siebensturm an die Brust, ehe er erschrocken zurückweichen konnte. Die Kugel drang ihn in ein und löste sich auf.

»Oh …«, machte er, dann sank er keuchend auf die Knie. *Körperlicher* Schmerz durchflutete ihn, zum ersten Mal in seiner Existenz.

Marie-Jade kniete neben ihm nieder. »Eines Tages«, sagte sie sanft, »hast du es von *dir* aus getan: mich zu gewinnen. Nicht wegen des Vertrags. Du hast es für *dich* getan. Und mir dabei viel gegeben, um es zu erreichen. Mit jedem Tag mehr. Darum gebe ich dir nun meine Seele.«

Sie seufzte leicht und stand auf. »Nun hast du dein Ziel erreicht. Was wirst du damit anfangen?«

Siebensturm richtete sich langsam auf, betrachtete seine Hände, tastete seinen Körper ab. Seinen hörnerlosen Kopf. *Stand auf dem Boden*. Spürte sein Gewicht, und das Gewicht der Welt. Staunend füllte er seine Lungen zum ersten Mal mit Luft. Er hatte eine Seele. Und war damit zum Menschen geworden!

Fühlte sich gar nicht mal so schlecht an. Sterblich, okay, aber man konnte nicht alles haben.

Das Beste war aber, dass die Vereinbarung damit hinfällig war, *nichtig*, weil der unterzeichnende Dämon keiner mehr war. Der Vertrag hatte sich aufgelöst und seine Brüder mussten ergebnislos nach Hause abziehen.

»Grundgütiger«, entfuhr es ihm. »Vater wird stinksauer sein.«

Aber, wenn er es recht bedachte, die Hölle war ziemlich weit weg, um nicht zu sagen, für ihn als Lebenden jetzt unerreichbar. Und Vater hatte ihn sowieso nie gemocht und nur selten beachtet. Wahrscheinlich war er sogar froh, wenn der Schandfleck der Familie blieb, wo er war. Und Jean Robiniers schwarze Seele war dem Großfürsten ja trotzdem sicher. Siebensturms Abschiedsgeschenk. Damit waren sie quitt.

Siebensturm streckte die Hand aus und berührte Marie-Jades zarte Haut an der Wange zum ersten Mal mit stofflichen Fingern. *Fühlte* ihre Wärme. Zeichnete das Lächeln ihrer Lippen nach. Versank in dem Licht in ihren Augen.

Sah darin ihre Seele.

»Wa… Du hast mich reingelegt!«, stellte er fest. Sonderbarerweise amüsiert, nicht erzürnt.

»So kannst du es sehen«, erwiderte sie. »Ich sehe es so, dass ich dir etwas gegeben habe, von dem du glaubtest, dass es eine Seele sei. Und wahrscheinlich ist es das auch. Ein Sprichwort sagt: Geteilte Freud ist doppelte Freud. Man kann sein Herz teilen, und offenbar auch eine Seele, wie wir jetzt wissen. Alles eine Sache des Glaubens, nicht wahr?«

»Nun ja … ich gl- … weiß nicht so recht.«

»Wirst du gleich. Komm mit.«

Er ließ sich von ihr aus der Wohnung über die Treppen nach unten ziehen. Anabell hüpfte schwanzwedelnd, ohrenschlackernd und hell kläffend hinterher, umtanzte Siebensturm und Marie-Jade dann auf der Straße, toll vor Freude, wie ein kleiner Mops nun einmal so war, wenn seine Menschen glücklich waren.

Denn Hunde sind in Wirklichkeit kleine Engel, deren Flügel sich in einzigartige und ausdrucksvolle Ohren gewandelt haben. Das wissen nur wenige, und am wenigsten die Hunde selbst.

Marie-Jade aber wusste es, denn Anabell hatte ihr einst das Leben und die Freude zurückgebracht.

Und wem tat solche überbordende Zuneigung und Fröhlichkeit denn nicht gut? Einem Ex-Dämon jedenfalls schon, es erfüllte sein junges, unverbrauchtes Herz, das gerade erst zu schlagen begonnen hatte.

In der Dunkelheit zwischen zwei Straßenlaternen blieb Marie-Jade stehen, matt vom Mondlicht beschienen, und deutete nach oben. »Schau.«

Und Siebensturm sah.

Der krumme Takt

He … Vorsicht, pass doch auf, wo du hintrittst! Was heißt hier: Hallo, Alva? Ist das eine Entschuldigung? Ach – *du* bist das? Entschuldige, ich bin ganz durcheinander! Es ist so ein Chaos hier, sechzigtausend Leute, das macht mich ganz verrückt … und ausgerechnet du trittst auf meine Füße, ich fasse es nicht! Wie lange haben wir uns nicht gesehen? Fast zwei Jahre, nicht wahr? Ja, du hast mir auch sehr gefehlt. Ich bin blass? Verändert? Ja, das kann sein. Die ganze Welt ist verändert, es hat nur noch keiner bemerkt. Ich spreche in Rätseln? Ich kann dir erzählen, was geschehen ist, wenn du versprichst, dass du mir zuhörst, als der gute Freund, der du immer gewesen bist. Die Hoffnung, dass du mir glauben wirst, hege ich nicht, denn meine Geschichte ist viel zu verrückt. Aber selbst wenn du mir glaubst, wird das uns beiden oder der Welt auch nicht mehr helfen, denn es ist zu spät.

Mach nicht so ein sorgenvolles Gesicht. Du wirst gleich erfahren, warum ich so merkwürdig bin. Du warst immer mein bester Freund, und wir haben über alles miteinander geredet. Ich habe sonst niemandem, mit dem ich darüber sprechen könnte.

Die Zeit seit unserem letzten Treffen ist mit fast unheimlicher Geschwindigkeit vergangen, es kommt mir vor, als wär's ein Jahrhundert gewesen. Vielleicht war es ja so lang?

Ich lernte damals einen Mann kennen, er heißt Conn, und er ist der Leader von den *New Dark Elves*, deren Auftritt wir gerade sehnlichst erwarten. Da bist du platt, was? Ich kenne die größte Röhre der geilsten Rockgruppe der letzten Zeit, und nicht nur das, ich bin seine Geliebte, und, was das Schlimmste ist, ich bin ihm hörig. Du glaubst mir nicht? Hör einfach nur zu, ohne Fragen zu stellen. Bald wirst du verstehen.

Ich habe Conn kennengelernt, als die *New Dark Elves* noch nichts weiter waren als ein Name, eine fixe Idee. Ich befand mich zu der Zeit in den Staaten, vielleicht erinnerst du dich noch daran, dass ich fortlaufen wollte aus der Enge Deutschlands und in den Staaten Karriere machen. Du meintest damals noch grinsend, dass das nur wieder einer meiner vielen Träume wäre, woraus ja doch nichts würde, aber ich habe kurzentschlossen einen Flug nach New York gebucht, den Koffer gepackt und mich ins Flugzeug gesetzt, noch ehe ich so richtig über meinen Entschluss nachdenken und ihn vielleicht bereuen konnte.

Halt, die Flasche ist für mich! Danke. Was soll ich mit einem Glas? Ich habe nur zwei Hände und keinen Platz zum Abstellen. Was willst du denn noch von mir? Geld? Vergiss es. Schreib's auf Conns Rechnung. Ja, du dich auch.

Prost! Auch einen Schluck? Bester irischer Whiskey. Ich hätte nie gedacht, dass ich mich mal an so ein Zeug gewöhnen würde. Jetzt kann ich's nicht mehr lassen, wie so vieles andere. Warum schüttelst du jetzt schon wieder den Kopf? Ich habe doch noch gar nicht richtig angefangen zu erzählen. Ach, der Whiskey? Das ist ganz normal. Ich trinke regelmäßig. Um es korrekt auszudrücken: ich saufe. Schon zum Frühstück. Das hilft mir über alles hinweg und ist meine einzige Möglichkeit, mich zu schützen und vor der Realität zu fliehen. Nur wenn ich betrunken bin, kann ich alles vergessen und Conn ertragen.

Damals habe ich noch gedacht, man könnte fortlaufen, indem man einfach in ein anderes Land fährt, das möglichst weit weg von zu Hause ist. Ich glaubte, man könnte anderswo leichter einen neuen Anfang finden, wenn man daheim nichts auf die Reihe kriegt. Damals war ich noch rührend naiv.

New York erschien mir als der richtige Ort, um wieder zu mir selbst zu finden. Ein Hexenkessel, eine schreckliche, zugleich unglaublich faszinierende Stadt. Es war genau die richtige Therapie. Nie zuvor war ich so verloren, einsam, gefangen und hilflos gewesen. Ich war in einem mittelmäßigen Hotel untergekommen, das Zimmer war einigermaßen sauber. Schon nach vier Tagen weinte ich mich jeden Abend in den Schlaf, ich fühlte mich elender denn je. Was wollte ich hier? Wovor war ich davongelaufen? Warum war ich ausgerechnet in diese Stadt geflohen, statt mich, da ich nun schon allein sein wollte, irgendwo in den idyllischen Schweizer Bergen zu erholen? Natürlich meldete ich mich bei keinem von euch, das Handy hatte ich gekündigt. Was sollte ich mit einer deutschen Nummer in den Staaten? Und sollte ich öffentlich machen, dass ich schon wieder gescheitert war?

Ziellos lief ich tagsüber durch die Straßen, machte eine Besichtigungstour nach der anderen, rannte durch alle Museen. Und immer die Angst. Überfallen zu werden, unschuldig in irgendwelche Justiztretmühlen zu geraten, verfolgt zu werden. Nachts ließ ich das Licht brennen. Jeden Tag wollte ich heimfliegen, aber davor hatte ich noch mehr Angst: vor dem Flug, vor der vertrauten Umgebung. Vor euch. –

Entschuldige, darauf muss ich einen trinken. Willst du wirklich keinen? Doch, jetzt schon? Na also. Köstlich, was? Jaja, die Iren.

Und dann wurde ich tatsächlich überfallen. Ich hatte mich hoffnungslos verirrt und war irgendwie in eine jener Gegenden geraten, die man besser nicht besichtigt. Es war Nachmittag, aber dort wurde es bereits Nacht. Der Himmel war hier irgendwie noch dunstiger, die verfallenden Häuser standen bedrückend eng aneinander, überall Müll und Dreck. Ich hatte schreckliche Angst. Ich konnte nichts mehr hören oder sehen, das Blut rauschte in meinen Ohren, und mein Herz hämmerte so stark, dass mir die ganze Brust wehtat. Ich kann mich nicht erinnern, wie lange ich dort umherirrte, bis ich einen Schlag auf den Kopf bekam und das Bewusstsein verlor.

Ich erwachte, als mich jemand an der Schulter rüttelte, und schlug erschrocken um mich.

»He, langsam«, hörte ich eine sanfte, ruhige Stimme über mir. Eine männliche Stimme. »Ich tue dir nichts.«

Ich rieb meine Augen, mein Kopf schmerzte fürchterlich. »Was ist denn passiert?«, krächzte ich.

»Du bist überfallen worden«, erklärte die Stimme.

Ich blinzelte, und endlich erkannte ich einen jungen Mann mit langen blonden Haaren und veilchenblauen Augen über mir. Einen ausnehmend hübschen jungen Mann. Bestimmt nur wenige Jahre älter als ich.

»Hallo«, stieß ich hervor.

»Hi«, sagte der Mann. »Ich bin Conn.«

»Ich bin Alva.«

»Welch ein passender Name.«

»Flirtest du gerade mit mir? Schlechter Zeitpunkt. Sehr schlechter Zeitpunkt.«

Ich stand langsam auf, mir war schwindlig, und vor meinen Augen verschwamm alles. Ich tastete meine Taschen ab und fluchte stöhnend.

»Alles weg?«, fragte Conn mitfühlend.

Ich nickte.

»Na, komm erst mal mit.« Er umfasste meinen Arm, aber ich riss mich los.

»Ich kann allein gehen. Beschreib mir nur den Weg zu meinem Hotel, dann finde ich mich schon zurecht.«

Er lächelte. »Ich bin kein verkleideter Unhold.«

»Kannst du das beweisen?«

»Nein. Aber du kommst jetzt mit.« Er nahm meine Hand, und es war, als erhielte ich einen elektrischen Schlag. Ich fühlte mich plötzlich ganz ruhig und geborgen, so merkwürdig leicht, und ließ mich einfach von ihm in ein abbruchreifes Haus führen. »Im Keller haben wir unseren Übungsraum«, erklärte er unterwegs.

»Wer - wir?«, fragte ich erschrocken, doch er öffnete bereits die Tür und deutete breit grinsend auf seine Freunde, die ihre Musikinstrumente traktierten. »Armagh, Borach und Buinne. Meine Kumpel.« Er stellte mich ihnen vor, drückte mich auf einen Stuhl und gab mir einen Kaffee.

»Wir sind eigentlich aus Irland«, fuhr er fort. »Unsere Familien sind nach Amerika ausgewandert, als wir noch ganz klein waren, und wir wollen jetzt zurück. Aber nicht als arme Bittsteller, sondern reich und berühmt, um unsere Landsleute zu unterstützen. Wir haben eine Band gegründet, und nicht die Schlechteste, kann ich dir sagen. Übermorgen haben wir einen Vorspieltermin, und sobald wir unser erstes Album aufgenommen haben, geht's auf Tournee.

Zuerst Amerika, dann Asien und Europa. Irland kommt zuletzt dran, weil wir dort dann auch bleiben.«

Ich lachte über seine Naivität. Jaja, solche Träume hatte ich auch gehabt und die hatten mich in diese Lage gebracht. »Glaubst du im Ernst, dass ihr gleich einen Albumvertrag bekommt?« Er nickte heftig. »Nichts gegen deinen Idealismus, aber ich halte ihn für etwas zu blauäugig.«

»Hör dir das doch erst mal an«, meinte Armagh. »Wir werden dir was vorspielen, dann wirst du schon sehen, was wir meinen.«

Und dann spielten sie mir ein Stück vor, das mich vom Stuhl riss. Es war *Deirdres Sorrow,* ihre nur wenige Wochen später erscheinende erste Single-Auskopplung, die gleich die Nummer 1 wurde. Du kennst sie, wie jeder um den Globus.

Aber ich war die erste, der sie das Stück vorgespielt hatten, noch vor dem Termin.

Nie zuvor hatte ich so eine unbeschreibliche, mitreißende und aufwühlende Musik gehört, und von meinem Gesicht war sicherlich deutlich abzulesen, was ich dachte.

Die vier grinsten, nachdem sie geendet hatten.

»Naaa?«, machte Conn gedehnt und triumphierend.

»Das ist irre!«, schrie ich. »So etwas hat die Welt noch nie gehört!«

»Doch, das hat sie schon mal gehört«, platzte Armagh heraus. Borach trat ihm rasch auf den Fuß.

»Eine Urform davon gab's schon im Mittelalter«, erklärte Buinne.

Conn lächelte. »Die Menschen im Mittelalter wussten, was *Wahre Musik* ist. Wie ist's? Willst du nicht teilhaben an unserem Erfolg?«

»Ich kann kein Instrument spielen, ich verstehe überhaupt nichts von Musik, und außerdem kenne ich euch ja gar nicht, und ihr kennt mich nicht«, widersprach ich.

»Na, dann lernen wir dich eben jetzt gleich kennen, und du wirst unser Maskottchen.« *Medium,* hätte er sagen sollen. An mir testen sie nämlich, ob ihre Musik den gewünschten Erfolg bringen wird oder nicht, ich habe dafür anscheinend eine mentale Veranlagung. Das wusste ich damals nur noch nicht, sonst wäre ich auf der Stelle raus aus dem Keller und meilenweit gerannt ... na, falls ich das zu dem Zeitpunkt auch mit dem Wissen von heute überhaupt noch gekonnt hätte. Conn hatte mich bereits völlig in seinen Bann geschlagen; der beunruhigende, zwingende Blick seiner violetten Augen ging mir durch und durch, und er gefiel mir auch vom Aussehen her ausnehmend gut. Ich war ihm innerhalb der wenigen Augenblicke, da ich ihn kannte, total verfallen.

»Das geht trotzdem nicht«, wehrte ich mich lahm. »Ich muss schließlich nach Hause.«

»Ach, ihr deutschen Weiber seid immer so umständlich.«

»Woher weißt du ...« Du weißt ja, dass ich akzentfrei Amerikanisches Englisch spreche. Da hätte ich also das erste Mal schon stutzig werden sollen, aber auch das begriff ich erst später.

»Ich weiß alles. Los! Wir holen deine Sachen, und du kommst mit mir. Du hast kein Geld, erinnerst du dich?«

»Ich gehe zur Botschaft ...«

»Ruhe!«, donnerte Conn, und ich schwieg erschrocken. Ich gehorchte ihm, wie ich es von da an immer tat, und wir holten meine Sachen, und ich blieb bei den vier Iren und wurde Conns Geliebte. Es war ja durchaus eine ausgelassene, herrliche Zeit. Der Termin beim Producer wurde tatsächlich ein voller Erfolg, und die Band nahm das Album innerhalb von zwei Wochen auf. Über Nacht erstürmten wir die Hitparaden, sechs Plätze wurden von uns besetzt, und die Jungs planten schon ihre Tournee und schrieben eifrig neue Stücke. Ein Videoclip wurde gedreht, bei dem ich mitspielen durfte. Die Jungs tranken fässerweise Bier und Whiskey und machten pausenlos Musik, und ich war mit ganzem Herzen dabei.

Obwohl wir von heute auf morgen viel verdienten, wohnten wir immer noch recht bescheiden. Die Jungs machten sich nichts aus Geld, nur die Musik war ihnen wichtig, und für mich zählte nur Conn. Wir waren alle zusammen richtig besessen. Wenn ich mich zwischendrin doch mal losreißen konnte, durchstöberte ich die Buchläden.

»Was liest du da?«, fragte Conn mich einmal beiläufig, und ich sagte ihm, dass ich gern die irischen Geschichten vom Kleinen Volk lesen würde.

»Davon weißt du?«, rief er überrascht.

»Natürlich«, erwiderte ich und verdrehte die Augen. »Ich habe dir schon ein paar Mal erzählt, dass ich mich für Mythologie interessiere. Gerade über die irische und keltische Mythologie gibt es einen Haufen Bücher in allen Sprachen. Derzeit sind die Geschichten sogar wieder richtig in Mode.«

»Interessant«, murmelte er nachdenklich. Er war so selbstvergessen in seiner Musik, dass er nicht wusste, was um ihn herum in der Welt vorging.

»Ja, finde ich auch.« Ich legte die Hand in sein Haar, um ihn zu streicheln, aber er zuckte zurück.

»Du weißt, dass ich das nicht mag, wenn du an meinem Kopf rumfummelst.«

»Entschuldige, ich vergesse es immer wieder. Dein schönes langes Haar lädt zum Kraulen ein.«

Er lachte. »Ich bin doch nicht dein Hund.« Er tippte auf das Buch. »Erzähle mir, was du weißt.«

»*Ich* soll *dir* erzählen?«, rief ich kichernd aus. »Du bist doch Ire! Du solltest umgekehrt mir etwas erzählen!«

»Das ist richtig«, sagte er grinsend. »Aber ich bin ein amerikanischer Ire. Und außerdem interessiert es mich, was die Nicht-Iren aus unseren Legenden machen.«

»Da werden wir ja in drei Jahren nicht fertig. Ich habe am liebsten die Geschichten von Deirdre und der Fianna gelesen, und auch die Schelmengeschichten mag ich sehr gerne; du weißt schon, verborgene Schätze, Wechselbälger, Feenfeste …«

»Die sind mir auch am liebsten. Sie wirken am Realistischsten, nicht wie so ein Überheld, der schon im Alter von sechs Jahren Wolfshunde ermordet und erwachsene Männer verprügelt und auch noch den Namen *Culanns Hund* mit Stolz trägt.« Er schüttelte sich vor Abscheu und spie auf den Boden. Das war übrigens eine ziemlich schlechte Angewohnheit von meinen vier Iren, und Hunde mochten sie wirklich nicht. Das stieß auf Gegenseitigkeit. Jeder Hund kläffte oder knurrte sie mit gesträubtem Fell an.

»Ja, das denke ich mir. Der Text von *Fairydance* behandelt so ein Fest der Unsterblichen. Wann kann ich die Melodie dazu mal hören?«

»Es ist noch nicht so weit«, erwiderte Conn zögernd. »Es muss der totale Hammer werden, verstehst du?«

»Wenn die Melodie so wird wie der Text, wird das mehr als ein Hammer. Es wird die Leute süchtig machen.«

»Das soll es auch«, sagte er lächelnd, aber seine tiefen, unergründlichen Augen waren sehr ernst.

Und wie bitterernst waren seine Worte gemeint, Freundchen, du ahnst nicht, wie sehr! Das meiste, was wir mit anderen reden, ist schnell dahingesagt und belangloser Smalltalk, aber bei Conn war jedes Wort ernster und tiefgründiger als ich es mir bis dahin vorgestellt hätte. Zu dieser Zeit kamen mir schon die ersten Zweifel über das, was er und die anderen wirklich vorhatten, aber ich kümmerte mich nicht allzu sehr darum. Und als ich die Wahrheit schließlich doch herausfand, war es zu spät.

Hier, nimm noch einen Schluck, du wirst ihn brauchen. Ich sehe dir an, wie verunsichert du bist, weil du nicht weißt, welche Art Geisteskrankheit ich habe. Aber es ist wirklich alles wahr. Also höre weiter, es dauert nicht mehr lang.

Wir gingen bald darauf auf Tournee, und Conns Wunsch sollte sich erfüllen. Die Leute wurden süchtiger denn je nach unserer Musik. In den Radios wurde fast nichts anderes mehr gespielt, auch im Fernsehen waren wir öfter als sonst jemand zu sehen, unser Clip wurde beinahe in jeder Werbesendung eingespielt. Wir waren schon längst Millionäre, aber das interessierte die Jungs nicht. Sie arbeiteten immer noch an *Fairydance*, von dem ich bis dahin keine einzige Note gehört hatte, auch der Text war umgeschrieben worden, und ich wartete immer sehnsüchtiger auf die Premiere. Und auch die Fans warteten darauf, Conn kündigte den Titel regelmäßig an und vertröstete gleichzeitig seine Anhängerschaft. Am Anfang wurde noch ein wenig über den seltsamen Titel der Band gewitzelt, dabei hätte es keinen treffenderen Namen für die vier verrückten Iren gegeben. Denn sie beherrschen tatsächlich die Kunst, andere durch ihre Musik willenlos zu machen. Du kennst doch bestimmt die Geschichte von den Feentänzen?

Ein Mensch, der die Musik des Kleinen Volkes hört, kann sich diesen Klängen nicht mehr entziehen, er muss an dem Fest teilnehmen, feiern und tanzen, manchmal jahrhundertelang, manchmal bis zu seinem Tod, wenn sie ihn nicht früher freigeben. Diese Unsterblichen spielen eine ziemlich wichtige Rolle in der keltischen Mythologie, denn sie waren einst die Herren der Erde, bis die Menschen sie verdrängten. Das ist auch heute noch im europäischen Raum, vor allem in Deutschland, Frankreich, England und Irland überliefert. Die Menschen eroberten sich mehr und mehr Land und trieben die Unsterblichen zurück, die ihre Welt - die heutige Anderswelt - schließlich von der unseren trennten.

Aber ihre Musik blieb uns noch bis zum Mittelalter erhalten. Nicht nur in Irland, auch in Deutschland war diese Musik noch sehr verbreitet und manifestierte sich in Sagen und Märchen. Erinnerst du dich an den *Rattenfänger von Hameln*? Nun, das war nichts anderes als ein Feenmann, der unter dem Vorwand, die Menschen von der Rattenplage zu befreien, Kinder in die Anderswelt bringen wollte. Da er die Schlechtigkeit der Menschen kannte, rechnete er damit, dass sie versuchen würden, ihn nach erbrachter Hilfeleistung um seinen Lohn zu betrügen. Damit rechtfertigten sie praktisch sein Vorhaben. Er entführte nämlich daraufhin erst ihre Kinder mit dem Hinweis, dass dies seine Rache für den Betrug der Menschen wäre. So kam die Wahrheit nie ans Licht, denn die meisten Kinder kehrten nie mehr zurück. Die wenigen, die es schafften, waren bekanntlich stark gealtert, blind und taub.

Der Rattenfänger hatte die Kinder durch ein magisches Tor in der Höhle, in der sie spurlos verschwanden, in die Anderswelt gebracht. Das elfische Blut war damals schon sehr schwach, die ganze Existenz des Volkes stand auf dem Spiel, und sie mussten es immer wieder mit Menschenblut auffrischen, wenn sie überleben und jemals wieder die Herrschaft zurückgewinnen wollten.

Im ausgehenden Mittelalter versuchten sie es das erste Mal. Beinahe wäre dem Feenvolk die Rückkehr geglückt, denn es brachte den Menschen seine Musik wieder sehr nahe - in Form des so genannten Veitstanzes. Lach nicht, Freundchen. Ganze Städte wurden damals nahezu entvölkert, weil die Leute, süchtig nach der Musik, nicht mehr aufhören konnten zu tanzen. Eines der Geheimnisse dieser Musik ist ein mir unbekannter, *krummer* Takt - ich konnte nie mitzählen; warum, wirst du noch verstehen -, der völlig arhythmisch zum Herzschlag geht. Es ist sozusagen ein lustvoller Schmerz, das Herz schlägt im Takt der Musik mit, doch dann fehlt ein Schlag, ein richtiges *Loch* entsteht, und das Herz gerät aus dem Rhythmus, stolpert, scheint fast auszusetzen, um dann desto wilder weiter zu pochen. Das hämmernde Chaos der Musik ließ den ganzen Körper vibrieren und löste ekstatische Zuckungen aus, die Leute konnten nicht mehr aufhören herumzuzappeln, sie tanzten und tanzten, bis sie zusammenbrachen. Für manche von ihnen war die Belastung des Herzens zu groß, und sie starben. Andere hatten den Verstand verloren.

Als die Unsterblichen die Menschen *fast* in der Hand hatten, wurden ausdrücklich Kompositionen in diesem Takt strengstens untersagt.

Sie hatten verloren. Die Feen-Musik war noch nicht ganz ausgereift gewesen, und sie selbst waren noch nicht wieder stark genug. Auch die Verbreitungsmöglichkeiten waren nur beschränkt. Die Elben, Elfen, Feen, oder das Kleine Volk, wie immer du sie auch nennen magst, hatten einen Rückschlag erlitten, aber sie ließen sich nicht entmutigen. Es war sozusagen ein Testlauf gewesen, die Generalprobe. Sie wussten jetzt, dass sie auf dem richtigen Weg waren. Sie mussten ihre Technik nur weiterhin verfeinern und auf den günstigen Moment warten.

Sie schickten ihre stärksten Männer, die Dunkelelfen, die kriegerisch und aggressiv waren - jene, die wir in unseren deutschen Märchen gemeinhin als *Zwerge* bezeichnen -, in unsere Dimension, und sie lebten und arbeiteten unerkannt unter uns. Und ausgerechnet in unserem beginnenden 21. Jahrhundert sahen sie ihre Zeit gekommen. Zunächst schien es, als wären die Jahrhunderte der Magie, des Aberglaubens, der Götter vorbei. Technik wurde zur neuen Religion, der Weltraum wurde erforscht und das Übersinnliche als Illusion abgetan.

Doch weit gefehlt - und günstig für die Unsterblichen. Erneut brandeten Religionskriege auf, die Demokratien gerieten ins Wanken, und neue Glaubensansätze machten sich breit, die hauptsächlich auf Fehlinformationen beruhten. Unsere Empfänglichkeit für andersweltliche Dinge wurde neu geschärft, und immer mehr Feen kamen herüber, die verborgen arbeiteten und uns mehr und mehr beeinflussten, ohne dass wir es merkten. Wir hatten kein Auge mehr für das, was sie die *Wahren Dinge* nennen, weil irgendwelche Lügengeschichten viel wichtiger waren, und waren ihnen deshalb jetzt unterlegen. Ja, Freundchen, mit ihnen ist das anders als mit den Göttern: Die Götter sterben, wenn man nicht mehr an sie glaubt, aber die Feen sind Erdenwesen wie wir, und sie sterben nicht, solange sie ihr Blut immer wieder auffrischen. Die Legenden um das Bermuda-Dreieck sind Beispiele von Entführungen. Hat sich was mit Außerirdischen, die wahre Bedrohung ist schon immer hier gewesen!

Nun ist es soweit, sie wollen die Herrschaft über die Erde zurück. Und unser Verhängnis ist wieder die Musik. Durch den heutigen Technikstandard, vor allem seit den Smartphones, wird die Musik an die entlegensten Stellen gebracht und das Ohr 24 Stunden am Tag berieselt.

Eines Tages sagte Conn mir dies alles. Sein Interesse an irischen Legenden war so stark wie meines, und wir unterhielten uns oft darüber. Er steigerte sich schließlich so sehr hinein, dass er nach und nach ein Wissen von sich gab, das mich immer stutziger machte. Ich denke, dass der viele Whiskey mich allmählich aus seinem Bann löste, der Alkoholdunst erschuf eine Barriere in meinem Gehirn, die seine Macht nicht mehr durchdringen konnte. Ich wurde hellhörig, misstrauisch, begann den Iren hinterher zu spionieren.

Allmählich fiel mir auf, wie ungewöhnlich sie sich eigentlich benahmen. Vor allem ihre Musik wurde mir plötzlich unheimlich; manchmal schien es fast, als spielten sie gar nichts, als wären es unhörbare Töne, die aber trotzdem in die Beine fuhren. Als sie *Return Of Life* spielten, tanzte ich wie eine Besessene und verlangte immer mehr davon, sie spielten es vier- oder fünfmal, bis ich vor Schwäche ohnmächtig umfiel.

Als ich zu mir kam, hatte ich begriffen. Ich begann meine Sachen zu packen, und als Conn mich daran hindern wollte, schrie ich ihn an. »Was willst du von mir?«, kreischte ich. »Ich gehe! Lass mich in Ruhe!«

Er aber lachte nur. »Alva, du bist mein Medium«, erwiderte er. »Du bist unersetzlich für mich, und deshalb werde ich dich auch niemals gehen lassen. Abgesehen davon, dass ich dich wirklich liebe. Du weißt, dass Feen eine große Schwäche für Menschenfrauen haben. Ich liebe dich und ich brauche dich. Denn diesmal sind wir soweit.«

»Was redest d…«

»Die Geduld der Unsterblichen währt nahezu ewig«, fuhr er fort, in meine Worte hinein. »Und wir haben viele Jahrhunderte geduldig gewartet. Denn wir haben die Erde nicht vergessen. Wir sind nicht ausgelöscht, keine Sagengestalten, wir sind lebendig wie ihr und haben uns seit unserer Vertreibung zur Rückkehr auf unsere ursprüngliche Welt vorbereitet. Wir waren schwach und dekadent wie ihr, aber jetzt haben wir wieder unsere frühere Kraft erreicht. Sieh mich an! In meinen Adern fließt Menschenblut ebenso wie in den deinen, nur mit dem Unterschied, dass ich unsterblich bin und über eine Macht verfüge, die dir niemals auch nur annähernd zuteilwerden kann. Mein Vater hatte seinerzeit erkannt, in welch großer Gefahr sich unser Volk befand, und er entwarf jenen Plan, dessen letzten Punkt wir heute ausführen.

Er selbst hatte einst die ersten Ziele des Plans in die Tat umgesetzt. Er war es, der den Menschen den Veitstanz gebracht hat, und er ist jener Rattenfänger von Hameln - und auch anderswo, diese Legende gibt es in mehreren Ländern -, der einst die Kinder entführte. Er zeugte mich mit einem der von ihm entführten Mädchen. Armagh, Borach und Buinne sind meine Halbbrüder, geboren von anderen Menschenfrauen. Unser Blut ist wieder stark und mächtig, und die Zeit der Rückkehr ist endlich gekommen! Unsere Dimension ist die ganze Zeit über gewachsen, wir haben die Alte Welt systematisch und unauffällig besetzt und auf unsere Chance gewartet. Nun nehmen wir Rache und erobern unsere wahre Herrschaft zurück!«

»Das werde ich verhindern«, flüsterte ich.

Er lächelte, fast ein wenig mitleidig. »Es ist zu spät, mein Herz, auch für dich. Du bist in meiner Hand, und du kannst mir nie mehr entfliehen.«

Ich schrie ihn an, kratzte und trat ihn, bespuckte ihn schließlich und brüllte, ich könne jederzeit gehen. Er aber grinste nur kalt, zog eine kleine silberne Flöte hervor und setzte sie an die Lippen. Er spielte nur vier Töne, aber es genügte, mich wie eine willenlose Marionette umherhopsen zu lassen, und ich merkte, wie ich meine Wut verlor; meine Liebe zu ihm brach hervor, obwohl ich dachte, dass ich ihn nur noch hassen könnte. Er brauchte nur noch vier Töne zum Ausdruck seiner Macht. Und das Schlimmste: keiner kann sich ihm mehr entziehen, nicht einmal ein unmusikalischer oder tauber Mensch. Du erinnerst dich an mein Gefühl der lautlosen Töne? Die zielen auf diese Menschen.

Etwas außerhalb der Wahrnehmungsfähigkeit ergriff Besitz von meinem Körper, ließ ihn erschauern und vibrieren und tanzen und gaukelte ihm Trugbilder vor, wie bei einem Drogenrausch. Vier Töne, die ich hören konnte.

Es war der Anfang von *Fairydance,* sein *opus dei*. Er hatte es fertiggestellt, und es ist ein Lied geworden, wie es noch keines seit Beginn der Zeit, seit der Geburt der Erde überhaupt, gegeben hat.

Für einen Moment schien er selbst über die Wirkung erschrocken, er starrte die Flöte an, und seine Brüder kamen aufgelöst herbeigestürzt. Conn fing sich jedoch rasch wieder, und er stieß ein Gelächter aus, das mich mehr ängstigte als alles andere. Seine Augen leuchteten wild und fremd, und er stand auf und warf die Arme hoch.

»Das ist es!«, schrie er triumphierend. »Die Erde ist *mein!*«

Und seine Brüder sanken vor ihm nieder und huldigten ihm als ihrem König, ganz wie es ihre pathetische Art ist.

Herrje, es ist spät! Gerade gehen sie auf die Bühne. Siehst du, der große, mächtige Mann da vorne, das ist mein Conn. Schreitet er nicht erhaben wie ein König?

Aber warum wirst du so blass? Ach so, sie haben sich das Haar zurückgebunden, und du siehst ihre langen spitzen Ohren. Ein Gag, möchte man meinen, passende Kostümierung für den Gig. Haha, Wortspiel.

Aber nein.

Es ist das erste Mal, dass sie öffentlich zugeben, wer sie wirklich sind. Diese Ohren sind *echt.*

Heute ist die Premiere von *Fairydance,* heute werden sie es zum ersten Mal öffentlich spielen. Ihr Auftritt wird live und weltweit über Fernseh- und Rundfunkstationen übertragen, und wer weder Fernseher noch Radio besitzt, wird von den lautlosen Mikrowellentönen durchpulst, die sie durch den Äther schicken. Schau, schon fangen sie an zu spielen. Ist das nicht wundervoll? Ich liebe es, ich kann nicht anders.

Und jetzt versuch mal mitzuzählen. Hoffentlich schaffst du es, denn du wärst wahrscheinlich der einzige Mensch auf der Welt, der dem Bann entkommt und den krummen Takt erkennt. Und was man kennt, kann man bekämpfen.

Da! Conn lächelt mir zu, und ich spüre die Musik, und ich fange an zu tanzen, und die ganze Welt tanzt und teilt mein Glück, ja, nimm meinen Arm, lass uns tanzen, tanzen …

Am Ende der Reise

Fahren Sie nicht zu dieser Uhrzeit durch den Wald!, sagten sie. *Fahren Sie vor allem nicht allein!*, sagten sie. *Verbringen Sie eine ruhige Nacht im Inn, warten Sie bis morgen, und dann sind Sie im Nu im Tal am Kreuzweg,* baten sie.

Er hörte nicht auf die mahnenden Stimmen.

John Turtle mietete ein Cabriolet zum selbst kutschieren, weil die Kutscher sich weigerten, ihn zu fahren. Morgen früh - gern. Heute Abend? Um nichts in der Welt.

Der Vermieter hatte kein Problem damit, ihm den Zweisitzer zu geben. Er konnte sowohl selbst als auch durch einen dahinter stehenden Kutscher gelenkt werden. Das Verdeck ließ John geschlossen trotz der überraschend angenehmen Temperaturen, aber zu dieser Jahreszeit, im November noch dazu, wurde es nach Sonnenuntergang sehr schnell empfindlich kühl und der Nebel kroch aus dem Boden, wallte hoch, fiel zur Hälfte wieder zurück, um mit klammen, feuchten Spinnwebfingern nach allem zu greifen, was Wärme verströmte.

Das Pferd war im Preis nicht inbegriffen, dafür wollte der Vermieter noch einen »Feiertagslohn« obendrauf. »Wissen Sie, so eine Kutsche kann man reparieren. Aber ein gut eingefahrenes Pferd ersetzen? Das macht einen Haufen Arbeit und kostet Geld und Zeit, in der ich nichts verdienen kann.«

»Also schön, Sie Wucherer«, gab John nach, der sich gegen die Erpressung nicht wehren konnte - es sei denn, er fuhr tatsächlich erst anderntags oder ging zu Fuß. Aber Letzteres gehörte sich nicht für einen Gentleman, zum anderen wurde er eben *heute noch* erwartet. »Ihr versteht es aber ganz schön hier auf dem Land, was?«

»Das kannste annehmen, Stadtbürschchen.« Der Vermieter bleckte grinsend die braunen Zahnstumpen.

John klärte ihn wohlweislich nicht darüber auf, dass selbst dieser Wucherpreis immer noch zur Hälfte unter dem lag, was er in London als Normaltarif bezahlt hätte.

Das gutmütige braune Pferd wurde eingespannt, John hievte seinen Koffer auf die Ablage hinten und zurrte ihn fest, dann beförderte er sich selbst in die Kutsche, die mit roten Samtpolstern ausgestattet und überraschend bequem war, und griff nach den Fahrleinen. Er schnalzte mit der Zunge und touchierte das Pferd leicht mit der Peitsche. Gehorsam zog es die Kutsche an, und mit einem Ruck ging es los.

»Na, immerhin fahren kann er, der vornehme Herr!«, rief der Vermieter ihm hinterher und lachte gackernd.

Sie kamen aus dem Public House, als er an ihnen vorüberfuhr, mit Pintgläsern, Flaschen und Krügen in den Händen, weil sie anscheinend nicht glauben wollten, dass er wirklich fahren wollte. John hielt die Kutsche an, als jemand ihm den Weg verstellte.

»Warum hören Sie nicht auf mich?«, fragte Liam »der Bock«, der kräftige, rothaarige, rotgesichtige Wirt des *Sunset Inn*. »Was spielt es denn für eine Rolle, ob Sie nun heute oder morgen fahren?«

»Das frage ich Sie, mein Bester«, antwortete John Turtle. »Abgesehen davon, dass Sie kein Zimmer zu überteuerten Preisen vermieten können, weil Sie gar keine Gastzimmer haben.«

»An einen feinen Pinkel aus der Stadt!«, rief einer der Biertrinker, und andere stießen lachend mit ihm an.

Dabei hatte John extra ländliche Bekleidung gewählt. Weißes gestärktes Hemd, Jacke aus Tweed, Hosenträger, Knickerbocker, Lederstulpen und Wanderschuhe. Nicht zu vergessen die passende Flat Cap dazu. Er hatte sogar auf die Krawatte verzichtet, um nicht gar so sehr aufzufallen. Aber er hätte auch als Zirkusclown verkleidet daherkommen können, und sie hätten sich nicht weniger lustig über ihn gemacht. Nun gut, auf das Niveau dieser schlichten Leute konnte er schwerlich herabsinken. Dazu hätte er unter ihnen geboren sein müssen, gleich neben dem Schweinestall. Es haperte bei ihnen schlichtweg an allem: am körperlichen Duft, unterstützt von einem Aftershave, der glatten Haut, der Haltung, der Ausdrucksweise.

Trotzdem hatte er sich auf Schlimmeres gefasst gemacht. Die Dörfler waren raue Burschen, jedoch gutmütig, die Frauen selbstbewusst. Er war gut bedient worden, hatte ordentlich gegessen und das Ale war nicht zu verachten gewesen. Es war ja nicht so, dass John nichts für das einfache Leben übrig hätte oder nicht genügsam war. Oh ja, er war schon in miesen Hafenspelunken gewesen, und das war ein vollends anderes Abenteuer gewesen als das hier. Für Magen, Leib und Seele.

»Nun … ja«, gab der Wirt zu und kratzte sich den feisten Nacken. »Mir entgeht Umsatz, wohl wahr. Aber sehen Sie, auf der Bank neben dem Feuer ist es doch ganz angenehm, wie wär's? Wenn Ihnen etwas zustößt, entgeht mir unter Umständen noch viel mehr Umsatz, weil man anfängt, über das Dorf zu munkeln. Sie wissen schon, Gruselgeschichten, Flüche und all so was. Bald weiß jeder von einer blutrünstigen Bestie, die nachts durch die Wälder streift und harmlose Reisende reißt. Und als Nächstes kommt die Weiße Dame zum Zuge.«

John grinste. »Also bisher war so etwas eher förderlich fürs Geschäft. Denken Sie mal an Loch Ness.«

»Ach, hören Sie mir auf mit dem Kinderkram.« Der Wirt winkte verärgert ab.

Nun mischte sich auch der örtliche Pfarrer ein, ein wohlgenährter Mittfünfziger. »Nehmen Sie Vernunft an, junger Mann. Es ist des Nachts im Wald schon so mancher vom Wege abgekommen und wurde nie mehr gefunden. Ich könnte Sie auch auf meinem Sofa im Pfarrheim unterbringen.«

»Bitte, Sie nicht auch noch!« John stöhnte. »Predigen Sie nicht immer was von Gottvertrauen und so?« Er stammte aus London. Nein, an Gott glaubte er nicht, wie die meisten dort, nicht bei all dem, was in der Verborgenheit des Nebels geschah. Denke man nur an den guten alten Jack! Dieser Schock saß immer noch tief, auch wenn er seit dreizehn Jahren spurlos verschwunden war. Aber die Huren hatten immer noch Angst, spätnachts durch die Gassen Whitechapels zu gehen.

»Mein Sohn …«

»Nein, hören Sie zu«, unterbrach John. »Jedes Dorf hat seine Schauergeschichte, und das ist auch völlig in Ordnung. Aber diese Zeiten sind vorbei. Wir schreiben das Jahr 1901, nicht 1801. Das Zwanzigste Jahrhundert hat begonnen, man stelle sich vor! Wir sehen glorreichen Zeiten entgegen – angefangen bei den Automobilen, die bald auch hier draußen dieses brave Pferdchen hier ablösen werden.«

Weiter kam er nicht, das war den nicht minder braven Bürgern Calverleighs denn doch zu viel. »Ach, lass ihn ziehen, den Spinner! Diese Städter sind doch alle gleich«, riefen sie und winkten ab. Nacheinander verschwanden sie im Pub. Die wenigen Frauen, älter wie jünger, die sich für ihn interessiert hatten, schüttelten mitleidig die Köpfe und gingen ebenfalls.

Nur der Wirt und der Pfarrer blieben stehen, und auf ihren Gesichtern stand ernste Besorgnis. Ob um John, oder weil sie etwas zu verbergen hatten, das vermochte er nicht zu sagen.

»Exmoor ist nicht weit«, schlug der Pfarrer vor. »Das Gebiet ist hier schon sehr sumpfig. Bleiben Sie unter allen Umständen auf der Straße! Achten Sie darauf, dass das Pferd nicht durchgeht. Fahren Sie zügig durch den Wald, nicht im Galopp, aber im zügigen Trab. Werden Sie erst langsamer, wenn Sie die Lichter von Cross Manor sehen und den Torbogen passiert haben.«

»Warum heißt es eigentlich so? Mary hat es mir nie erzählt …«

»Sie fahren nach dem Wald in ein Tal hinunter, und da gibt es einen Kreuzweg«, setzte der Wirt fort, ohne darauf einzugehen. »Dann kommt es darauf an, wie man sich entscheidet. Manche wollen da schon dem Teufel begegnet sein und eine Runde Karten mit ihm gespielt haben.«

John unterdrückte ein Lachen. »Worum denn?«

»Wer weiß?« Liam der Bock grinste. »Glück in der Liebe, Geld, Erfolg … was sich derjenige halt am meisten wünscht.«

»Und von Ihnen hat das noch keiner getan?«

»Wer weiß?« Liam der Bock grinste noch mehr. »Sie haben ja schon vorher gewählt, da Sie reich geboren sind und nun offenbar bei den Herrschaften wegen ihrer heiratsfähigen Tochter vorsprechen wollen. Dafür kann ich Sie übrigens nur bedauern.«

»Ach, und warum?«, fragte John, umgehend streitlustig.

»Haben Sie sie mal gesehen?«

»Sicher, wir haben uns in London auf dem Debütantinnenball kennengelernt. Mary ist wunderschön.«

Der Pfarrer und der Wirt sahen sich an, und dann prusteten beide los. »Na, wenn Sie meinen …«, der Wirt musste immer noch lachen, »Geschmäcker sind bekanntlich verschieden. Sie sollten aber auch bedenken, dass man auf Ihr Geld aus ist. Denen steht das Wasser bis zum Hals und der Gerichtsvollzieher vor der Tür.«

»Genau so ist es«, ergänzte der Pfarrer. »Wenn die aktuelle Rate verfällt, geht alles in die Zwangsversteigerung, und einige Fabrikherren spechten schon auf den Wald und das Land. Da sind Sie wahrscheinlich die letzte Rettung. Aber was red ich da, Sie müssen Ihre Erfahrung selbst machen, Sie ungläubiger Thomas. Also fahren Sie wohl! Wie es aussieht, sind Sie noch verrückter als alles, was da im Wald kreucht und fleucht. Wahrscheinlich haben die vor Ihnen Angst und nicht umgekehrt.«

Damit drehten sich auch die beiden um und steuerten die Tür des Pubs an.

Einigermaßen verwirrt trieb John das Pferd wieder an und fuhr los. Den restlichen Weg durch das Dorf hatte er das Gefühl, von Dutzenden Augen beobachtet zu werden, und das verschaffte ihm einen unangenehmen Schauder im Nacken. Er war froh, dass er das Verdeck hochgeklappt hatte, so war sein Rücken wenigstens geschützt - zumindest vor Blicken.

Das Cabriolet war gut gefedert, so rollte Jack angemessen elegant aus dem Dorf. Das Pferd zog fleißig an, und bald ging es über die gut befestigte Straße auf den Wald zu, der so finster und schrecklich sein sollte und von hier aus genauso wirkte wie jeder beliebige Mischwald. Da man John keine weitere Begründung genannt hatte, ging er davon aus, dass er in der Nacht wie jeder Wald war: Finster, eng begrenzt, und ein guter Hinterhalt für Wegelagerer. Früher mal zumindest!

Wegelagerer wurden mittlerweile durch die örtliche Polizei im Zaum gehalten. Wölfe und Bären, auch in der Brunftzeit angriffslustige Hirsche gab es hier schon lange nicht mehr, er hatte sich vor dem Aufbruch kundig gemacht. Rehe, Marder, Dachse, Füchse - nun gut, Wildschweine. Die konnten Ärger machen. Aber die gingen einer Kutsche normalerweise aus dem Weg.

John Turtle war der Neuzeit verhaftet, er interessierte sich für die technische und industrielle Entwicklung. Für Aberglauben und Volksmärchen war da kein Platz. Vermutlich gab es in dem Wald eine Moonshiner-Hütte, die von den

Dorfbewohnern gemeinschaftlich betrieben wurde. Auf Schwarzbrennerei gab es empfindliche Strafen. Das war sicherlich der Grund für die vielen Warnungen – und die besorgten Gesichter des christlichen und des weltlichen Seelsorgers gleichermaßen.

Der junge Mann lachte in sich hinein. Diese Leute hatten Probleme! Seine waren völlig anderer Natur.

»Wenn du fährst«, hatte sein Vater ihn angeschrien, »brauchst du nie wieder zurückkommen! Ich enterbe dich!«

Das bedeutete: Er war nicht so recht einverstanden mit Johns Brautwahl. Hatte höhere Pläne für den verwöhnten Filius gehabt, eine politische Heirat etwa, damit er endlich eine ebensolche Karriere anstreben konnte.

John war trotzdem gegangen. Bis zum Bahnhof und hatte dort den Zug nach Westen bestiegen. Denn so wie bisher ging es nicht mehr weiter, es wurde mit jedem Tag unerträglicher. Es ging allen so, die dem alten Herrn nicht nach dem Mund redeten und nicht auf der Stelle tanzten, wenn er nur schnippte. Doch John musste zudem unter seinem Dach leben und hatte, seit er zurückdenken konnte, nur Gehorsam eingebläut bekommen.

John war fest entschlossen, Mary zu seiner Frau zu machen und neu zu beginnen. Denn sie litt ebenso unter ihrer Familie, wurde wie eine Gefangene behandelt. Nun wusste er, warum sie ausnahmsweise auf den Ball hatte gehen dürfen. Aber das war in Ordnung, diese Strategie verfolgten so gut wie alle Eltern, einschließlich seines Vaters, der kein Geld mehr brauchte, aber politischen Einfluss.

Seit dem Ball hatten sie sich fast täglich geschrieben, und die Briefe waren mit jeder Woche hingebungsvoller geworden. Marys Eltern waren von einfachem Landadel mit einem alten Rittergut in besagtem Tal am Kreuzweg, einem wahrhaftig recht seltsamen Namen, aber was war in Devon nicht seltsam.

Er fuhr gerade über die Flussbrücke, als ihm ein Junge nachlief, barfuß, in kurzen Hosen, das Hemd viel zu groß, die Mütze schief auf dem Kopf.

»Wartense!«, rief er, und John parierte das Pferd. Er neigte sich aus dem Wagen, als der Junge keuchend bei ihm ankam, er mochte so zwölf Jahre alt sein.

»Sir, 's is nämlich so«, begann er, kaum dass er nach Luft geschnappt hatte. »Der Wald is immer noch 'n Teil von Exmoor. Das Moorland-Volk und die Swamper leben dort. Als die Familie damals, muss so Anfang 1800 gewesen sein, das Tal gerodet un' trockengelegt un' den Wald hier abgetrennt hat, gab's ne Menge Ärger. Die Swamper, das sind Zwerge, die leben da unten«, er deutete auf den Boden, »un' das Moorland-Volk, die Feen, drüber. Der alte Ritter Godfried hat nen Vertrag mit den Moorländern geschlossen, aber die Swamper warn nich einverstanden und ham den Krieg erklärt. Aber wie alle von den Dunklen mögen die kein Sonnenlicht nich, und so ham alle, die wo tags durch den Wald gehn, ihre Ruhe. Aber wehe, 's wird dunkel, Sir, dann hört der Spaß auf, glaubense mir. Mein' Vater hamse auf die Weise gekillt, echt wahr. Dabei war er der beste Brenner weit un' breit, aber sie ham den Whisky genomm' un' sein Leben dazu. Ma weint heut noch, und alles hängt an mir.«

Nach dem Wasserfall an Worten, der nur so hervorgesprudelt war, war er erst recht atemlos.

John lächelte ein wenig mitleidig. »Also, ehrlich gesagt, ich glaube nicht an diese alten Fairy Tales. Merlin und alle anderen sind schon lange dahingegangen, seit die Moderne angebrochen ist. Genau wie für viele Wildtiere ist kein Platz mehr hier für das Kleine Volk.«

»Ja, Sir, das dachten wir auch«, stimmte der Junge zu. »Es gab ja auch lang nix, aber 's heißt, dass der Wald hier gerodet werden soll, weil's eben trotzdem immer wieder zu komischen Unfällen kam, die keiner erklärn konnt'. Un' die Familie, wissense, die hat kein' guten Ruf, verarmt sollense sein, aber trotzdem in Saus un' Braus leben, un' oft nachts rauschende Feste feiern. Sie soll'n nämlich halbe Moorländer sein, heißt's.«

»Also, ich kann dir versichern, Miss Mary ist durchaus menschlich und hübsch.«

»Ja, sehense, das is' so'n Pakt mit dem Kerl anner Kreuzung da unt'n.«

»Ich dachte, das wäre der Teufel?«

»Was? Nee, der Teufel, Sie mach'n ja Scherze. Nee, der hat sich da breitgemacht, nachdem der Wald da unten weg war und bietet seine Dienste an, gegen alles Mögliche. Soll einer von den Moorländern sein, der wo ausgestoßen is un' sein Auskomm' so verdienen muss. Miss Mary is zu ihm un' hat ihn gebeten, sie hübsch zu mach'n für 'n großen Ball in London, weilse reich heiraten möcht' un' so, damit das Manor bestehen bleibt, von wegen den Steuern un' so. Das konntense nich wissen, Sir. Aber Sie sollten besser umkehren un' auch morgen tags nich hinfahren. Da findense dort eh niemanden außerm Personal, so wie meine Ma.«

John räusperte sich. Allmählich begriff er, worauf es hinauslief, und woher der Junge all diese Informationen hatte. Er kramte in seiner Tasche und gab ihm fünf Schillinge. Viel zu viel, aber es war ihm ein Bedürfnis. »Das war eine gute Schauergeschichte, Kleiner. Hier, das hast du dir verdient.«

»Deswegen hab ich das nich gemacht, Sir«, sagte der Junge, steckte das Geld aber trotzdem ein. »Wissense, ich bin dann wieder der, der wo die alle mit verbuddeln helfen muss, die nich mehr ausm Wald rauskommen, un' der mithelfen muss, die Kutsch'n zu repariern und zurückzuschaff'n. Das is echt keine schöne Arbeit, Sir, ich hab's lieber, wennse überleben.« Er deutete auf das Cabriolet. »Das hamwa erst vor nem halben Jahr voll hergerichtet un' aufgepolstert, weil's Blut nich mehr rausging.« Er tippte an seine Mütze. »Nix für ungut, Sir, ich habse gewarnt, mehr kann ich nich tun, sonst krieg ich Ärger mit dene Swamper oder den Moorlands oder beiden.« Er rannte davon, bevor John noch etwas sagen konnte.

Vor einem halben Jahr hatte er Mary kennengelernt.

John Turtle schüttelte den Kopf und trieb das Pferd vor sich hin lachend an.

Kurz bevor er den Wald erreichte, entzündete John Turtle sicherheitshalber die beiden Positionslampen, damit er nicht etwa den Weg verlor. Die Sonne ging gerade unter, er konnte es noch bei Tageslicht bis zum Manor schaffen.

Mary hatte es sehr dringend gemacht, er musste unbedingt noch heute Abend beim Gutshaus ankommen, sonst wäre es zu spät. Was sie wohl damit meinte? Reiste ihr Vater vielleicht ab? Oder war er etwa weg und sie wollte mit John durchbrennen, was er schon einmal vorgeschlagen hatte? Sie hatte sich nicht klarer ausdrücken wollen. John wollte kein

Risiko eingehen, denn wenn er Mary verlor, musste er vor seinem Vater zu Kreuze kriechen, und das wäre das Letzte, was er wollte.

Außerdem hatte sie behauptet, die Straße führe schnurstracks durch den Wald, und sie sei auch gut befestigt.

Bis jetzt stimmte es. In der Dämmerung des versiegenden Tages fuhr John in den Wald ein. Das Pferd lief im zügigen Trab, ohne sich zu fürchten. Das hatte er schon anders erlebt und sich offenbar umsonst Gedanken gemacht. John freundete sich immer mehr mit dem Land an, es war einmal eine angenehme Abwechslung. Still und verlassen, ohne das ständige Getöse der vielen Kutschen und von Pferden gezogenen Trams und Bussen, und die vielen Menschen. Wie wohl das Manor aussah? Ein großes, herrschaftliches Haus? Verfallen oder gut erhalten? Marys Familie kannte er nicht, man hatte sie nur in Begleitung einer Anstandsdame und einer Zofe nach London geschickt, um in die Gesellschaft eingeführt zu werden. Der bedeutendste Heiratsmarkt des Jahres! Und bei John hatte es auch funktioniert. Sie hatte ihn verzaubert, vom ersten Moment an. Keine andere hatte er mehr angesehen, nur noch sie gewollt. War auch ein wenig Trotz seinem Vater gegenüber dabei? Vielleicht. Der tat ja gerade so, als wäre Mary frisch dem Kuhstall entsprungen. Immerhin gehörte sie dem Adel an, hatte gute Manieren, war in die Gesellschaft eingeführt. Das musste dem Anstand genügen, der Rest sollte Liebe sein. Schon zuliebe seiner Mutter, die an Vaters Seite immer mehr verblühte und dahinwelkte. John hatte sich vorgenommen, die Mutter zu sich zu holen, wenn er erst einmal erfolgreich geworden wäre. Sein Vater verschloss sich ja der neuen Zeit, den Maschinen, den Fabriken, er hielt das alles für Firlefanz. Darin wollte John ihm eine Lektion erteilen. Der Fortschritt ließ sich nicht aufhalten.

In seine Träumereien versunken, hatte John nicht mehr auf den Weg geachtet. Er schrak zusammen, als plötzlich ein knacksender Laut erklang, und ein seltsames Pfeifen, und dann wieherte das Pferd und stürmte los.

»Halt!«, schrie John. »Hoo-hooo, Brauner! Beruhige dich! Alles ist gut!«

Er kurbelte an der Bremse, während er an den Fahrleinen zog, und hoffte darauf, dass der Weg nicht plötzlich eine Kurve machte.

Doch alles ging gut, das Pferd wurde langsamer und blieb dann stehen, mit schweißnassen, zitternden Flanken. Johns Herz flatterte nicht weniger, als er die Bremse vollends feststellte, aus dem Cabriolet sprang und vor zum Pferd lief. Es kaute heftig und schäumte aus dem Maul, und er tätschelte es beruhigend, holte einen Zucker aus der Tasche und hielt ihn hin. Die Leckerei wurde dankbar angenommen, und das Pferd beruhigte sich. Langsam ging John zurück, weiter das Tier tätschelnd, und entdeckte oben auf der Kruppe die Überreste eines Zapfens. Befreit lachte er auf. Eine harmlose Erklärung - und das Pferd hatte als Fluchttier völlig richtig reagiert. Behutsam säuberte er die Kruppe, zog eine Decke hervor, die an der Unterseite der Kutsche befestigt war, und legte sie dem Pferd über die Kruppe. Zum einen, damit es die Muskeln jetzt nicht verkrampfte, zum anderen als Schutz vor weiteren »Zapfenangriffen«.

John stieg wieder auf den Wagen und sah sich um. Es war inzwischen fast dunkel, aber die Positionslampen verbreiteten genug Licht, um sich zurechtzufinden. Da hatte er schon ganz andere Heimfahrten nach fröhlicher Zecherei gehabt, am besten noch auf nassem Kopfsteinpflaster.

Dennoch, das musste er zugeben, obwohl er nicht empfänglich für solche Dinge war - es war ein wenig unheimlich. Novembernebel kam auf, der auf Hüfthöhe durch den Wald kroch, es war unangenehm klamm geworden. Die Baumstämme erhoben sich ringsum schwarz und kahl. Eulen und Käuzchen riefen, Fledermäuse schwirrten herum, auf der Suche nach den letzten Insekten, die vom Lampenlicht angelockt wurden.

Trotzdem empfand John es nicht so schaurig wie eine nächtliche Fahrt durch die engen, unbeleuchteten, vom dicken Fabriknebel besetzten Gassen des Hafens. Häuser ersetzten dort die Bäume, aus denen sich finsteres Gesindel auf die müden Nachtschwärmer stürzten.

Das hier ist Wald, etwas völlig Natürliches, nur Tiere und Pflanzen, dachte er und wischte die aufkeimende Unruhe fort. *Dieser dumme Junge hat mich mit seiner Schauergeschichte durchei-*

nandergebracht. Was soll hier schon sein? Nicht einmal Räuber, die wären längst verhungert, so selten, wie hier jemand nachts durchkommt.

Das Einzige, was ihn etwas seltsam anmutete, war dieses Licht, das auf einmal zwischen den Stämmen hindurchleuchtete, als ob jemand mit starken Lampen unterwegs wäre. Ein fahles, grünliches Licht, das umso tiefere Schatten warf.

Die Moonshiner, garantiert. »Hü«, machte John und fuhr weiter. Es wurde Zeit, den Wald hinter sich zu bringen. Dabei war es noch gar nicht spät, es wurde nur so früh dunkel. Zu der Zeit kam er sonst erst nach Hause, um einen Tee zu sich zu nehmen, bevor er sich aufs Dinner vorbereitete.

Auf einmal scheute das Pferd wieder und ging durch, und diesmal war es nicht zu halten. John hatte sich eingebildet, etwas vorüberhuschen zu sehen, das kurzzeitig dieses fahle Licht verdeckte, doch er hatte keine Zeit, darüber nachzudenken. Mit aller Kraft zog er an den Fahrleinen, der Kopf des Pferdes war schon fast auf die Brust gezogen, und doch rannte es in heller Panik weiter. Er versuchte, die Bremse zu stellen, aber es riss ihm die Kurbel aus der Hand. Im gestreckten Galopp raste das Pferd dahin, die Kutsche holpernd hinterher. Immer wieder hoben sich die großen Räder bei den leisesten Bodenunebenheiten, die im normalen Tempo nicht auffallen würden, und jedes Mal knirschte es rechts bedenklicher, wenn sie wieder aufkamen.

»Beruhige dich!«, schrie John, wohl wissend, dass er mit zu lauter Stimme die Panik des Pferdes nur befeuerte. Aber irgendetwas musste er doch tun!

Seine Stimme schallte durch den Wald - und vielfach zurück. Das grünliche Leuchten verstärkte sich, und nun glaubte er Schatten zu sehen, die von überallher kamen. Halluzinierte er etwa? Aber es war doch nur *ein* Pint helles Ale gewesen! Andererseits - bei dem Tempo sollte er das Ende des Waldes eigentlich bald erreicht haben, dann konnte es ihm auch egal sein.

Da fuhr ein Blitz vom Himmel nieder, es donnerte, und ein Wolkenbruch ging los. Das auch noch! Es war mittlerweile stockfinster - abgesehen von dem unheimlichen Licht und den Positionslampen - und John hatte keine Ahnung mehr, wohin die Reise ging. Da er das Pferd sowieso nicht steuern konnte, so sehr er es auch versuchte, spielte das ohnehin keine Rolle. Anhalten, nur anhalten!

Erneut ein Blitz, der die Straße vor ihm erhellte, und da … stand *etwas.*

Das Pferd musste es auch gesehen haben, denn es stieß ein grelles Wiehern aus, scherte aus auf einen unbefestigten Waldweg. Das verkraftete das gelockerte Rad nicht mehr, mit einem berstenden Knall löste es sich und die kleine Kutsche krachte auf die Seite. John wurden die Fahrleinen aus der Hand gerissen, als die Deichsel ebenfalls brach, die Zugleinen rissen, und das Pferd stürmte allein durch den Wald davon.

John bekam davon nichts mehr mit, denn durch den Zusammenbruch wurde er in hohem Bogen aus der Kutsche geschleudert, prallte gegen einen Baum und stürzte in den nassen Blätterschlamm.

Als er zu sich kam, hörte er Stimmen und sah schwankende Lichter, wie von Handlaternen.

»Wo ist er?«, fragte jemand. »Was für ein Idiot, bei dem Wetter«, sagte ein anderer.

John konnte sich kaum bewegen, er musste mindestens eine Stunde hier gelegen haben, war völlig durchnässt und unterkühlt. Er hob leicht den Kopf und versuchte, um Hilfe zu rufen, aber kein Ton drang über seine Lippen.

»Sir?«, rief eine dritte Stimme durch das Rauschen des Regens. »Sind Sie hier irgendwo? Das Pferd ist allein zurückgekommen, also haben wir uns gleich auf den Weg gemacht.«

»Da ist die Kutsche!«, unterbrach ein Vierter.

Ja, dachte John, *kommt her, findet mich. Mir ist so kalt, mir tut alles weh, und mein Kopf …*

Verschwommen sah er, wie sie näher kamen. Alle Kräfte zusammennehmend, versuchte er, ihnen entgegenzukriechen, da er weiterhin keinen Ton hervorbrachte.

In diesem Moment packte ihn etwas an den Beinen und zog ihn nach hinten, tiefer ins Gebüsch.

Nein … nein …, dachte er panisch und versuchte sich festzuhalten, sich frei zu strampeln, aber er war zu jeder noch so leichten Bewegung schwach.

Ich bin hier! Seht ihr mich nicht, ich bin hier!

Weiter wurde er vor der Rettung weggezogen, die so nah und doch unerreichbar war. Buschwerk schloss sich über ihm, und weiter ging es, immer weiter weg von dem tröstlichen Licht der Lampen hinein ins fahle Grün.

John hatte die Augen halb geschlossen, seine Kraft war aufgebraucht. Das Rauschen des Regens hörte auf. Die Bäume zogen sich zurück. Also lag er jetzt wohl am Waldrand, aber weit, so weit entfernt von den Rettern.

Schließlich drehten sie ihn auf den Rücken, und über ihm zeigte sich der klare Himmel. Das silberne Licht des Mondes fiel auf ihn, doch es spendete keinen Trost. John wusste, dass er verspielt hatte.

»Das ist aber ein prächtiges Kerlchen«, schnarrte eine gequetscht klingende Stimme, die nicht zu einem großen Wesen gehören konnte. Und schon gar nicht zu einem Menschen. »Viel schöner als der davor.«

John versuchte, die Lider zu öffnen, doch sie flatterten zu sehr, er konnte weiterhin nur durch einen schmalen Schlitz Ausschnitte sehen. Der Rest seines Körpers gehorchte ihm nicht mehr. Ihm war unendlich kalt, immerhin war der Schmerz nur noch dumpf pochend.

»Ihr habt, was ihr wolltet«, hörte er eine weibliche Stimme. Mary! »Jetzt lasst meinen Bruder frei.«

»Ja, aber dann kriegen wir doch keine mehr«, protestierte eine Stimme.

»Ihr habt es versprochen.« Marys Stimme zitterte. John hörte sie leise schluchzen. Zu gern hätte er sie angesehen, aber er konnte den Kopf nicht drehen. »Es muss doch endlich mal ein Ende haben! Bitte.«

»Du kennst die Vereinbarung, Herzchen. Der Hüter des Kreuzwegs lässt dich in erträglicher Gestalt über die Schwelle treten. Du bringst uns ein Opfer, damit wir Frieden halten mit den Moorlands und euch Bastardabkömmlingen. Wir bleiben hier in diesem kleinen Wald im Exil und verlangen nicht viel dafür. Jeder muss bezahlen.«

John fühlte, wie jemand neben ihm niederkniete und seine Wange mit warmen Lippen berührte. »Es tut mir so leid«, flüsterte Mary. »Wenigstens wirst du bald erlöst sein und nicht verdammt, so wie ich.«

Er bewegte die Lippen, und schließlich gelang es ihm zu flüstern: »Letzter ... Wunsch ...«

»Ihr habt es gehört!«, rief Mary. »Er hat es gesagt. Damit hat er auch ein Anrecht darauf!«

Die Swamper maulten und grummelten, doch Recht war Recht, die Gesetze der Kleinen Völker streng. »Er soll ihn haben! Ja, ja, also gut. Der Letzte Wunsch. Noch ist Nacht. Bringt ihn zum Kreuzweg! Der Bruder erfüllt den Wunsch, und dafür wird er bluten!«

Einen Ort mit dem Namen Calverleigh gibt es heute noch, wenngleich er nichts mehr mit jenem beschaulichen Örtchen von damals gemein haben dürfte. Von dem Manor gibt es nicht einmal mehr Ruinen, es verschwand einfach, genau wie das Tal - und vor allem der Wald.

Kurz nach Johns spurlosem Verschwinden kamen die Baumfäller und Holzrücker und machten alles nieder. In der Nähe wurde ein Sägewerk errichtet, das eine Menge neue Arbeitsplätze bescherte und den Fortschritt nach Devon brachte. Das legendenträchtige Exmoor wurde immer weiter zurückgedrängt und schließlich blieb nur noch ein kleiner Rest, der heute geschützt ist. Die Moorlands und die Swamper konnten nicht bleiben, und mit ihnen verschwanden auch die halbblütigen Nachkommen des Ritters.

Ob John Turtle, der gewiss dafür verantwortlich war, tatsächlich in jener Nacht starb, kann nicht bestätigt werden und ist auch unwahrscheinlich. Die Swamper waren eher schlichten Gemüts und aus alter Zeit, die sich im Wald auskannten, aber das war auch schon alles. Der junge Gentleman stammte aus einer großen Stadt und hatte schon so manchem Herausforderer beim Kartenspiel ein Schnippchen geschlagen. Wer seinen Letzten Wunsch geschickt formuliert, kann noch eine Menge herausholen, diese Regel kannten vor allem die Londoner. Vielleicht kam dabei sogar eine hübsche Ehefrau heraus, mit der John am Ende dieser Reise ein Schiff bestieg, um anderswo ein neues Leben zu beginnen.

Schneeblume

Mitten auf dem Land, gleich hinter dem Ahornwald, lebte vor längerer Zeit ein Bauer, den die Leute im Dorf den »Deppen« nannten. Er war klein von Statur, dicklich und verwachsen, und der Ärmste von allen. Sein kleines Tagwerk war kaum ergiebig, obwohl die Felder rings umher üppig und fett und die Wiesen so saftig wie nirgends sonst waren. Niemand wusste mehr, wie lange der glücklose Herr Wurzlbein hier lebte, und keiner konnte sich daran erinnern, ob bereits seine Eltern das armselige Land bebaut hatten; laut der Dorfchronik war er einfach schon immer dagewesen.

Herr Wurzlbein kam nur sehr selten ins Dorf, denn er fürchtete sich vor den großen, gesunden Männern und Frauen, die ihm boshaft ins Gesicht lachten, und vor den Kindern, die kreischend vor ihm davonliefen, um ihm dann aus ihren Verstecken heraus Steine nachzuwerfen. Manchmal jedoch war Herrn Wurzlbeins Einsamkeit so bedrückend, dass er die Verhöhnungen ertragen wollte, um wenigstens auf diese Weise mit anderen Menschen zusammen sein zu können. Er gab die Hoffnung nicht auf, dass wenigstens einer von ihnen eines Tages seinen wahrhaft sanftmütigen Charakter erkennen möge und ihm einen freundlichen Gruß zuwerfen würde.

Und doch, nach jedem Dorfbesuch glaubte Herr Wurzlbein, ein für alle Mal von seiner Sehnsucht nach Gesellschaft geheilt zu sein. Bis zum Sonntag, wenn die Sonne das grüne Land und die fetten goldenen Felder in ein sattes, warmes Licht tauchte, kehrte der Kummer stärker denn je wieder. Herr Wurzlbein hasste einerseits diese sommerträgen Sonntage, weil er nicht arbeiten durfte, um sich vom Nachdenken ablenken zu können; und er liebte sie andererseits sehr, denn er sah gerne den tollkühnen Flugkünsten der Schwalben zu und lauschte in den langen Mußestunden den Liedern der Lerchen. Wenn er den Zwiespalt der Gefühle schließlich nicht mehr ertragen konnte, stürzte er ohne Hut und Jacke los und lief und lief, bis er sich erschöpft und ausgepumpt an fremden Orten wiederfand und nach dem Heimweg suchen musste.

So war es auch an jenem Tag, da Herr Wurzlbein den Schmerz der Einsamkeit schlimmer denn je zuvor empfunden hatte und weit fortgelaufen war. Keuchend und schwitzend blieb er stehen und versuchte seinen Buckel zu kratzen, der unerträglich juckte; seine schütteren graublonden Haare standen ihm wirr um den runden Kopf, und er wischte die gerötete Stirn mit einem blaukarierten Taschentuch trocken. Nun erst fand er Zeit sich umzusehen, und erstarrte förmlich vor Staunen, als er einen zauberhaft lichten Birkenwald vor sich sah, an dessen Saum ein kleiner Bach entlang murmelte. Herr Wurzlbein hatte noch niemals einen so wunderschönen Ort erblickt, und er begann vor Freude darüber laut zu schluchzen, und es tat ihm gut, die Tränen ungehindert fließen zu lassen. Erschrocken fuhr er zusammen, als plötzlich in der mystischen Stille eine leise, seltsame Flötenmelodie erklang.

Erstaunt wischte Herr Wurzlbein die Tränen fort, um wieder eine klare Sicht zu bekommen; und er riss überrascht die freundlichen blauen Augen auf, als er auf einem Findling am Bach einen verwunderlichen Fremdling kauern sah. Es war ein schlanker Mann von mittelalterlichem Aussehen und altertümlicher, grüner Kleidung, der dort in ganz lässiger Haltung saß, ein Bein angezogen, auf dem ein Arm ruhte. Mit schmalen Fingern spielte er auf einer schön verzierten Holzflöte unvergleichliche Melodien, die den Äther wie ein unwirklicher Zauber durchzogen. Die Luft um den Musikanten flirrte und flimmerte in weichem Dunst, und Herr Wurzlbein fühlte sich auf einmal recht merkwürdig, ganz so, als ob er die Schwelle zu einer anderen Welt beträte. Einige Minuten lauschte er schweigend und hingerissen den magischen Klängen, bis der Flötenspieler das Instrument absetzte. Er drehte sein Gesicht Herrn Wurzlbein nicht zu, als er langsam mit tiefer Stimme sprach: »Ich habe dein Schluchzen vernommen. Worüber klagst du, mein Freund?«

Herr Wurzelbein musste einige Male schlucken, bevor er flüsternd hervorbrachte: »Wer sind Sie denn?«

Die Spur eines Lächelns huschte über das markante Profil des Fremden. »Ich bin der Flötenspieler.« Mit der linken Hand machte er eine ausholende, dann umfassende Geste. »Ich komme von überall her, und meine Namen sind zahlreich wie die Länder dieser Erde. Dies ist ein schöner Ort zur Beschaulichkeit. Ich spiele gern, Freund. Aber nun nenne mir den Grund deiner Trauer.«

Die Ruhe in der Stimme des Mannes griff auf Herrn Wurzlbein über, und er antwortete leise: »Es ist Sonntag, und es gibt Kuchen bei den Bauern, mit Sahne und Früchten. Ich aber, ich bin allein zeit meines Lebens, geringer noch als ein Hund bin ich, denn der bekommt wenigstens einmal ein gutes Wort und einen warmen Platz zum Schlafen. Ich bin nur der Depp. Ich bin klein, verkrüppelt und arm. Da ist nichts an mir, was die Menschen liebenswert oder auch nur achtenswert finden könnten. Ich bin für die anderen alles Schlechte, was sie nicht haben wollen, und es tut ihnen gut, wenn sie mich auslachen können, damit sie sich wohlbehütet in der Gemeinschaft fühlen.« Er seufzte tief. »Ach ja. Das ist alles. Ich gehe jetzt weiter, damit Sie in Ruhe spielen können. Ich will Sie nicht belästigen.«

»Bleibe hier, Freund«, bat jedoch der Fremde. »Dein Leid rührt mich zutiefst, und ich überlege mir, wie ich dir helfen kann.«

Herr Wurzlbein stieß ein trockenes, bitteres Lachen aus. »Machen Sie sich nicht auch noch lustig über mich! Niemand kann mir helfen. Für manche Menschen ist kein Glück auf dieser Welt bestimmt.«

»Das würde ich nicht unbedingt sagen«, erwiderte der Flötenspieler. »Ein wenig Glück ist für jeden Menschen reserviert. Ich werde dir helfen, das deine zu finden.« Er begann wieder leise zu spielen. Herr Wurzlbein fühlte sich irritiert, weil der Fremde ihn nie ansah, und ihm kam langsam zu Bewusstsein, wie absurd diese Situation war.

»Und wie stellen Sie sich das vor?«, fragte er schließlich. Vermutlich träume ich, dachte er bei sich, ich bin gespannt, was ich mir noch ausdenke.

»Wie ich mir das vorstelle?«, antwortete der Flötenspieler und warf einen Blick auf sein Musikinstrument. »Es ist nicht so schwer, wie du denkst. Ich bereiste in meinem langen Leben viele Länder und besitze ein großes Wissen … und diese Flöte. Sie ist kein normales Instrument, sondern wurde vor undenklich langer Zeit von einem großen Künstler erschaffen, der ihr die Macht der Magie gab.«

Herr Wurzlbein wusste nicht, ob er lachen oder weinen sollte. Ihm war inzwischen klar geworden, dass er dem Wahnsinn nahe stand, und voller Verzweiflung entschied er sich, das Spiel, das ihm sein kranker Verstand vorgaukelte, bis zum bitteren Ende fortzusetzen.

Der Flötenspieler fuhr sanft fort: »Vor Ablauf dieses Jahres, am Abend des ersten Schnees, soll dein sehnlichster Wunsch erfüllt werden und deine Einsamkeit ein Ende haben. Nur bedenke eines, mein Freund: Dafür verlange ich einen Preis.«

»Welchen?«, fragte Herr Wurzlbein schnell.

»Zur rechten Zeit werde ich ihn dir nennen. Es wird ein gerechter Handel sein wie bei einem guten Kauf. Aber überlege gut. Wenn du jetzt zustimmst, bist du mir verpflichtet.«

Herr Wurzlbein dachte bei sich, dass er den Handel leicht abschließen konnte, denn er besaß ja nichts, was irgendeinen Wert für ihn gehabt hätte.

»In Ordnung«, sprach er laut. »Der Handel gilt. Wenn du mir hilfst, werde ich dir zum gewünschten Zeitpunkt deinen gerechten Preis zahlen.«

Der Flötenspieler warnte leise: »Aber nimm diesen Handel nicht zu leicht, mein Freund. Er gilt, so wahr ich hier sitze.«

»Oh ja, natürlich. Ich zweifle keinen Augenblick daran«, behauptete Herr Wurzlbein, während er bei sich dachte, was für wunderliche Gedanken ein kranker Verstand doch haben kann. Höflich verabschiedete er sich von dem seltsamen Musikanten und machte sich auf den Heimweg. Es war spät, als er endlich zurückgefunden hatte, und er fühlte sich sehr schläfrig. Er legte sich ohne Abendbrot zu Bett und erwachte am nächsten Morgen ohne eine Erinnerung an den vergangenen Tag.

Es wurde Herbst, und der kleine Bauer lebte und arbeitete bescheiden und fleißig wie immer. So lange das Wetter schön war und es viel zu tun gab, war Herr Wurzlbein sogar einigermaßen zufrieden, aber mit der beginnenden Kälte und den früh hereinbrechenden Abenden kehrte auch die tiefe

Schwermut wieder, und er seufzte oft tief, wenn er allein beim einfachen Abendbrot saß. Vor sich hingrübelnd stopfte er achtlos das harte Brot in sich hinein, als er auf einmal ein Geräusch auf der Veranda hörte.

Erschrocken fuhr Herr Wurzlbein hoch und starrte mit heftig klopfendem Herzen auf die Tür, jedes Unheil erwartend. Als sich jedoch nach einigen Minuten noch immer nichts regte, fasste der kleine Mann Mut und schlich zur Tür, öffnete sie vorsichtig und lugte zaghaft hinaus. Ein eiskalter Wind fegte ihm wütend ins Gesicht, und er sah erstaunt, dass es in den letzten beiden Stunden in dichten großen Flocken zu schneien begonnen hatte. Fröstelnd zog er die Schultern zusammen und wollte rasch die Tür wieder schließen, als sein Blick wie magisch festgehalten wurde.

Vor ihm begannen die Flocken plötzlich einen unnatürlichen Tanz aufzuführen, der immer heftiger wurde und sich zu einem wilden auf und ab hüpfenden Wirbel zusammenballte. Bevor Herr Wurzlbein eine Erklärung für dieses Phänomen finden konnte, lösten sich die Flocken wieder auf – und auf der Veranda stand eine Frau. Der kleine Bauer war so erschrocken, dass er zwei Schritte zurücktaumelte und die fremde Erscheinung mit aufgerissenen Augen und offenem Mund anstarrte. Die Frau war gut einen Kopf größer als er und von der schönsten Gestalt, die der arme Mann sich je vorgestellt hätte. Sie trug einen hellgrauen langen Mantel mit einer Kapuze, die sie über die Fülle ihres silbergrauen Haares gezogen hatte. Unter dem Lichtschatten der Kapuze erschien ihr Gesicht schneeweiß, die Nase war schmal und gerade, zierlich das Kinn; beherrschend aber waren ihre großen, eiskristallblauen Augen mit den langen nachtschwarzen Wimpern. Sie lächelte Herrn Wurzlbein mit einem feingeschwungenen, blassen Mund leicht an.

»Ich bin hungrig«, sagte sie sanft. »Habt Ihr ein Stück Brot, Herr Wurzlbein?«

Der bucklige Mann stammelte voller Schrecken zusammenhanglose Worte, während er ins Haus stolperte und sie ungeschickt aufforderte, ihm zu folgen. Die Frau schloss die Tür und ging gemächlichen Schrittes an ihm vorbei, eine eiskalte Ruhe verströmend, und setzte sich an den Tisch. Herr Wurzlbein, der hektisch zur Vorratskammer stürzte und nach Essbarem suchte, entschuldigte sich pausenlos für dieses und jenes und vor allem dafür, weil er nichts Warmes auf dem Herd hätte.

»Das macht nichts«, behauptete die Frau ruhig. »Ich esse nie warm. Gebt mir nur einen Becher kalte Milch und ein Stück Brot. Und dann setzt Euch zu mir, bitte.«

Herr Wurzlbein tat wie ihm geheißen und betrachtete die schöne Fremde voller Faszination und Hingabe, während sie aß. Kein Wort traute sich aus seinem Mund.

Nachdem sie gesättigt war, sprach sie: »Herr Wurzelbein, ich bin nun hier und bitte Euch um ein Heim. Zum Dank für die Aufnahme will ich Euch wie eine gute Ehefrau umsorgen und stets für Euch da sein.«

Herr Wurzlbein saß zunächst wie erschlagen da; eine verschüttete Erinnerung wollte sich ihm aufdrängen, aber dann blickte er in die eisstrahlenden Augen der Fremden und vergaß auf der Stelle alle Verwunderung und Verstörung, bis auf ein ungewisses unruhiges Gefühl tief im Herzen.

Die Frau lächelte und fuhr fort: »Solange ich da bin, sollt Ihr niemals Mangel leiden. Nur um eines bitte ich Euch.«

»Worum?«, krächzte der Bucklige.

»Stellt keine Fragen«, antwortete sie ernst. »Fragt mich niemals nach meinem Namen und meiner Herkunft, erkundigt Euch nie, wie es mir geht oder was ich fühle. Nennt mich Eiswind, Schneefuchs, Windsbraut, wie ihr wollt. Und nehmt mich als Geschenk, das Ihr verdient habt. Ich bin da und werde bleiben.«

Herr Wurzlbein sah sie nur still an, und aus seinen sanften blauen Augen flossen die Tränen seines ganzen gedemütigten Lebens. Er begriff nichts und wollte auch nichts begreifen. Er wollte nur diesen unglaublichen Traum festhalten, so lange es ging, und dafür war er mehr als bereit, ihre Bedingungen anzunehmen.

Die Frau aus dem Schnee stand auf und begann mit flinken Händen Ordnung zu schaffen, ehe sie die Tür zum Schlafzimmer öffnete.

»Es ist spät, mein Gemahl«, sagte sie leise und freundlich. »Wir sollten zu Bett gehen.«

Herr Wurzlbein erhob sich schwankend und ging wie in Trance in das kleine Zimmer. »Aber … ich habe nur ein schmales Bett …«, flüsterte er verlegen und schüchtern.

Die Frau lächelte und trieb mit ihrem Blick alle Fragen aus seinem Verstand. »Alles ist dein«, erwiderte sie ganz leise. Herr Wurzlbein fiel beinahe in Ohnmacht, als sie mit einer anmutigen Bewegung ihre Kleidung abstreifte und sich ihm in unverhüllter, schmerzend kalter Schönheit zeigte. Flammende Röte überzog sein Gesicht, und er schlug voller Scham die Augen nieder. Er hatte bisher noch nie eine Frau berührt, geschweige denn so gesehen, und wäre voller Verwirrung und Furcht am liebsten fortgelaufen.

»Nein … ich bin doch so hässlich …«, stieß er mühsam hervor.

Sie lachte leise, trat ganz dicht zu ihm hin und legte ihm ihre weichen Arme um den Hals. »Diese menschlichen Begriffe zählen für mich nicht«, wisperte sie. »Du bist mein Mann. Komm, lass mich dich führen.«

Später, viel später in der Nacht, als er ihren kühlen weißen Körper in den Armen hielt, flüsterte er: »Edelweiß – das ist dein Name. Edelweiß. Du bist genau wie diese Blume: Ebenso kalt, ebenso schön, ebenso einzigartig und ebenso unerreichbar.«

Seit diesem Abend war Herrn Wurzlbein endlich das Glück beschieden. Er arbeitete weiterhin hart und fleißig von früh bis spät, aber stets mit einem Lied auf den Lippen und mit fröhlichem Herzen. Edelweiß war eine vollkommene Frau in allen Dingen, und sie kümmerte sich stets darum, den Gatten glücklich zu sehen. Bald schon wurde der Hof zu einem schmucken, sauberen und blühenden kleinen Juwel, die Räume im Haus waren hell und heimelig. Das Kleinvieh gedieh prächtig und selbst die hässliche kleine Kuh Frieda gab ihr Bestes und die doppelte Menge Milch; die Ernte der kleinen Felder versprach gut und reichlich zu werden. Bald lächelte im Dorf niemand mehr über Herrn Wurzlbein oder schimpfte ihn einen Deppen; die wilden Gerüchte über das seltsame Erscheinen seiner wunderschönen Frau boten jeden

Tag reichlich Gesprächsstoff. Obwohl ihm nun alles geradezu in den Schoß fiel, änderte sich nichts an Herrn Wurzlbeins freundlichem, sanften Wesen. Ihm lag nichts daran, reich zu werden, aber er war glücklich, seiner Armut entronnen zu sein und ein einträgliches Auskommen zu haben. Er lehnte entschieden die Dienste der Knechte ab, die in Scharen bei ihm vorsprachen - zum einen, weil sie auf einen raschen Aufstieg hofften, und zum anderen wegen seiner Frau -, und bewirtschaftete weiterhin nur mit Edelweiß zusammen den kleinen Hof.

Herr Wurzlbein war Edelweiß in innigster und aufrichtigster Liebe zugetan und umsorgte sie zärtlich, so gut er es eben vermochte, und sein Glück kannte keine Grenzen, als sie ein Kind erwartete. Er ließ sie nicht mehr arbeiten, schuftete härter denn je und wollte noch abends alle Wünsche von ihren Augen ablesen. Edelweiß lächelte stets, nie wurde sie zornig oder traurig; ihre kalte Ruhe war ebenso unerschütterlich wie ihre Aufmerksamkeit ihrem Mann gegenüber. Im Winter brachte sie ein gesundes Mädchen zur Welt, dessen Haut so weiß und rein wie Schnee und dessen Augen so klar und dunkel wie der abendliche Winterhimmel waren. Der vor Glück platzende Vater nannte sein Töchterchen Schneeblume und drückte es, heiße Tränen vergießend, fest an seine Brust.

Nun war das Glück vollkommen, und Herr Wurzlbein sang jeden Morgen ein Dankgebet für sein schönes Leben. Die kleine Schneeblume wuchs gesund und heiter zu einem bildschönen Mädchen heran, und auch die Landwirtschaft ließ nie den Gedanken an Sorge aufkommen.

Nur manchmal, wenn Herr Wurzlbein allein auf dem Felde war, dachte er darüber nach, was seine Frau fühlen mochte. Gemäß ihrem Wunsch hatte er niemals Fragen gestellt, denn er liebte sie viel zu sehr; aber gerade darum fiel es ihm auch hin und wieder schwer zu schweigen. Er wollte sie so gerne glücklich und zufrieden wissen und fragte sich darum immer wieder, wer sie wohl sein mochte. Manchmal erschien sie ihm als Märchenwesen, irgendwie *nicht … menschlich.* Sie aß niemals warme Gerichte oder badete heiß, nie bekam sie von der Arbeit raue Hände, ihre Haut blieb stets frisch, glatt und jugendlich. Sie umgab sich immer mit kühler Distanz und ruhiger Unnahbarkeit, und ihre Haltung, die Art ihrer Bewegungen bewiesen, dass sie von hoher Geburt sein musste. Und doch verrichtete sie alle Arbeiten ohne Klage und verhielt sich ganz natürlich den Stimmungen ihres Gatten entsprechend. Sie fragte ihn nie, wie er sich fühlte, sondern schenkte ihm eine ganz besondere Art von Geborgenheit, die ihn wie ein Schutzmantel einhüllte. Wenn er sich manchmal voller Schrecken fragte, ob sie ihn denn nicht wegen seines Aussehens und des bescheidenen Lebens hassen müsste, spürte sie seine Sorge sofort und hinderte ihn an jeder laut ausgesprochenen Frage allein durch den Blick ihrer Kristallaugen. Und er schwieg, aus Angst, sie zu verlieren.

Ganz anders war Schneeblume. Sie besaß die Schönheit der Mutter und den herzlichen Charakter des Vaters, ihr ganzes Wesen war so bezaubernd, dass jeder, der sie sah, nur noch Freude und keinen bösen Gedanken mehr empfinden konnte, und Friede kehrte ein in jedem Herzen.

So wurde Herr Wurzlbein im Laufe der Jahre zu einem angesehenen Mann, und die reichsten Familien des Dorfes konnten es kaum erwarten, dass Schneeblume ins heiratsfähige Alter kam. Der Vater selbst liebte seine Tochter abgöttisch, mit ihr konnte er reden, wie er gerne mit seiner Frau gesprochen hätte, und für kurze Augenblicke verband sie die Eltern enger miteinander: allein durch ihr perlendes Lachen.

Schließlich kam der Tag von Schneeblumes siebzehntem Geburtstag, und Herr Wurzlbein überlegte laut, was er ihr schenken sollte.

»Ach, Hans«, sprach seine Frau, über eine Stopfarbeit gebeugt, »was du für Probleme hast! Schenke ihr einen Strauß Buschwindröschen. Ich weiß, wie sehr sie diese Blumen liebt, und du könntest ihr damit sicherlich keine größere Freude machen!«

Er schlug begeistert die Hände klatschend zusammen. »Dazu will ich ihr einen Kranz flechten, wie ihn noch kein

Mädchen im Dorf getragen hat! Und dann soll sie sich im Dorfladen den schönsten Stoff aussuchen, und du, mein Schatz, nähst ihr ein Kleid daraus, nicht wahr?«

Edelweiß blickte auf. »Hans, übertreibe nicht. Schneeblume wird eine Frau, und schon jetzt treiben sich allerhand Jünglinge bei uns herum.«

»Na und?«, meinte er verwundert. »Sie benehmen sich ordentlich, und es sind wahrlich ein paar wackere Burschen dabei. Schneeblume soll nicht so einsam sein wie ich es war!«

Edelweiß erwiderte nichts, und plötzlich, zum ersten Mal in all den Jahren, lag eine Unstimmigkeit zwischen ihnen. Herr Wurzlbein fühlte Wut in sich aufsteigen.

»Ach, verdammt!«, fluchte er laut. »Wenn du nur geheimnisvoll tun kannst!«

»Hans«, sagte sie leise.

Er stockte und betrachtete sie aufmerksam. »Entschuldige«, bat er dann. »Ich weiß nicht, was in mich gefahren ist. Ich wollte doch nur, dass du Anteil nimmst an der Freude über Schneeblumes siebzehnten Geburtstag.«

Sie hob den Blick erneut. »Aber das tue ich doch«, entgegnete sie in mildem Erstaunen. »Sie ist meine Tochter, mein eigen Fleisch und Blut. Du benimmst dich heute wirklich seltsam, mein Lieber.« Sie legte ihre Arbeit beiseite und erhob sich lächelnd. »Ich werde dir eine Flasche Wein aufmachen. Das wird dich aufheitern.« Sie ging in die Küche, und Herr Wurzlbein blickte ihr mit gemischten Gefühlen nach.

Am nächsten Morgen machte sich Hans Wurzlbein in aller Frühe auf den Weg, um seiner Tochter den Blumenstrauß zu holen, und sein Herz hüpfte schon voller Erwartung über ihr Gesicht, wenn sie die Buschwindröschen erst sehen würde. Allerdings musste er sehr weit laufen, denn die zarten Blumen waren selten, und dabei kam er tüchtig ins Schwitzen und Schnaufen. »Ja, ja«, murmelte er glücklich kichernd vor sich hin, »ich bin eben doch nicht mehr der Jüngste.« Als er eine Pause machte, entdeckte er vor sich einen wunderschönen, von einem Bach umsäumten Birkenhain mit einem ganzen Feld von Buschwindröschen davor, und er machte einen Sprung vor Freude. Fröhlich kniete Herr Wurzlbein nieder, um sich die schönsten Blumen auszusuchen. Da erschrak er. Er hatte den Klang einer fremden Stimme vernommen.

»Ich habe dich erwartet, mein Freund.«

Hans Wurzlbein fuhr hoch und blickte verstört um sich, und als er einen Findling sah, wurde er totenbleich, denn mit einem Schlag kehrten alle seine Erinnerungen wieder, und er erkannte den Flötenspieler.

Wie damals bei der ersten Begegnung wandte ihm der unheimliche Mann nur sein rechtes Profil zu, während er fortfuhr: »Nun, mein Freund? Bist du zufrieden mit dem, was ich dir gab?«

Herr Wurzlbein fühlte, wie seine Knie ganz weich wurden, als ihm die Wahrheit, die Erkenntnis, so schmerzhaft deutlich gemacht wurde, und er wünschte sich, nie fortgegangen zu sein. »Ja«, antwortete er heiser. »Ich erhielt das vollkommene Glück. Ja, nun verstehe ich endlich alles. Gott stehe mir bei.«

»Gott hat damit nichts zu tun.« Der Flötenspieler nickte zufrieden. »So. Ich habe deinen sehnlichsten Wunsch wohl gut erfüllt. Aber nun zu meinem Preis. Es ist an der Zeit. Erinnerst du dich?«

»Ja«, wiederholte Herr Wurzlbein flüsternd. »Jetzt ja.«

»Nun, dann ist es gut. Ich möchte etwas, das im Verhältnis zu dem steht, was ich für dich tat. Ich will deine liebliche Tochter Schneeblume zur Frau."

Herrn Wurzlbein wurde es schwindlig, und er musste sich mit aller Gewalt zusammennehmen, um nicht ohnmächtig zu werden. Sein ganzes Hoffen und Sehnen war darauf ausgerichtet, dass dies einfach wieder nur ein Traum war, wie damals, der am nächsten Morgen vergessen sein würde. »Wie?«, flüsterte er.

»Du hast schon verstanden. Sie erscheint mir als der rechtmäßige Preis, denn sie ist bezaubernd. Besser als die Mutter."

»Wa... wa...« Herr Wurzlbein schnappte nach Luft. »Was hat das zu bedeuten?«

»Nicht viel«, meinte der Flötenspieler spöttisch. »Die Eiskönigin war eine sehr hochmütige Frau, die von einem zornigen Zauberer der Anderswelt in einen Eisfuchs verwandelt wurde. Und zu recht! Sie war ebenso schön wie grausam und böse, und ihre neue Gestalt stand ihr nicht wohlan. So ließ sie sich sogar dazu herab, mich um Hilfe zu bitten, mich, den sie grausam verhöhnt und verachtet hatte!« Die Stimme des Flötenspielers verzerrte sich vor Hass. »Niemand hatte mehr unter ihrer Herrschaft zu leiden gehabt als ich! Und nur ich konnte ihr helfen! – Und ich tat es gerne, mein Freund, denn nun war sie meine Sklavin. Nichts, so glaubte sie damals, könnte schlimmer sein, wenn sie nur erst ihre Gestalt wiederhätte; aber ich schickte sie als Dienstmagd zu dir, um meine Rache zu bekommen! Nun mag sie ihre Freiheit bekommen, sobald ich Schneeblume zur Frau habe.«

Voller Grauen und Entsetzen hatte der Bauer den Worten des Flötenspielers gelauscht. »Das-das ist nicht möglich«, stammelte er. »Die Anderswelt ist nur Legende ...«

Der Flötenspieler lachte kalt und bösartig. »Oh nein, mein Freund. Anderswelt ist überall! Wir sind so lebendig wie ihr, und bei uns ist die Macht! Ich konnte der Eiskönigin keine schrecklichere Schmach antun, als einem Sterblichen dienen zu müssen ... oh, wie muss sie gelitten und dich gehasst haben, weil sie mit dir abstoßendem Krüppel und deiner Armut leben musste!«

Herr Wurzlbein schlug die Hände an die Ohren und brach in ein tierhaftes, schmerzerfülltes Geheul aus.

»Sie hasst alles Hässliche, verabscheut es bis zum Ekel!«, rief der Flötenspieler in höhnischer Bösartigkeit. Herr Wurzlbein taumelte mit einem Würgen in der Kehle zurück, als der Mann ihm endlich das Gesicht voll zuwandte. Seine großen Augen waren völlig weiß, und die linke Gesichtshälfte war mit schleimigen grünen Schuppen bedeckt, die sich noch den Hals hinab fortsetzten.

»Nie ... niemals!«, stotterte der Bucklige keuchend. »Du ... du Untier! Du Ungeheuer! Niemals gebe ich meine Tochter einem solchen Scheusal!«

Der Flötenspieler sprang mit wutverzerrter Miene auf, und seine lange Echsenzunge schoss zischelnd zwischen den spitzen Zähnen hervor. »Du hast geschworen!«, kreischte er. »Du bist mir verpflichtet!«

»Nein! Nein!«, schrie Herr Wurzlbein und wirbelte herum, als er Schneeblume rufen hörte, die winkend und lachend auf ihn zukam.

»Schneeblume!«, brüllte er mit aller Kraft. »Lauf davon, Kind! Fliehe, schnell! *So kehr doch um!*«

Das Mädchen, erhitzt vom Lauf, strich sich über die geröteten Wangen und blieb erstaunt stehen, öffnete schon den Mund, um nach dem Grund für das seltsame Benehmen des Vaters zu fragen, als sie endlich den Flötenspieler entdeckte und sofort begriff. Sie stieß einen spitzen Schrei aus und wandte sich zur Flucht, aber es war zu spät. Er streckte ihr mit einem teuflischen Lächeln die Hände entgegen und hüllte sie in einen magischen Sogwind ein, der sie trotz ihrer heftigen Gegenwehr in seine Gewalt brachte. Sie schrie laut und verzweifelt und schlug auf den Flötenspieler ein. Herr Wurzlbein, der über sich selbst hinauswuchs, stürzte sich mit grimmiger Entschlossenheit auf den Flötenspieler, aber jener lachte nur triumphierend und verschwand mit dem klagenden Mädchen in einem Luftwirbel. Herr Wurzlbein prallte wuchtig auf den Findling, rutschte daran herunter und blieb einige Augenblicke benommen liegen, ehe er genug Kraft gesammelt hatte, seinen verkrüppelten Körper nach Hause zu jagen.

Edelweiß wich erschrocken vor dem schrecklichen Anblick ihres Gatten zurück, als er in die Hütte stürzte, sie heftig bei den Schultern packte und atemlos schrie: »Ist es wahr, was der Flötenspieler mir erzählt hat? Bist du die Eiskönigin der Anderswelt?«

Sie presste die Lippen aufeinander, aber ihre Augen weiteten sich. Er schüttelte sie und schrie weiter: »Antworte! Ist es wahr? Stimmt es?«

Sie schluckte und begann zu blinzeln. »Ja«, gestand sie schließlich wispernd.

Er ließ sie los und lief aus der Hütte. Draußen blieb er stehen und presste die Fäuste an seine Schläfen. »Oh mein Gott!«, stöhnte er. »Dieses Glück wollte ich nicht herausfordern!« Die Tränen stürzten aus seinen Augen, als er seine Frau, die ihm gefolgt war, anschrie: »Er hat mir Schneeblume geraubt, mein einziges Kind, als Preis für deine Freiheit! Hast du das gewusst?«

Sie schrie nun ebenfalls auf und starrte ihn entsetzt an. »Nein!«

»Das glaube ich dir nicht!«, brüllte er außer sich und schüttelte sie erneut. Die schreckliche Wahrheit und der Verlust seiner geliebten Tochter hatten ihn von einem Augenblick zum anderen verändert. »Du Lügnerin, du hast mich doch nur gehasst und verabscheut, weil ich so hässlich bin und dir nur ein armseliges Bauernleben bieten konnte! Wer weiß, wie oft du mir Hörner aufgesetzt und dann darüber gelacht hast, all die Jahre hast du mich belogen, und deswegen durfte ich dir nie eine Frage stellen!«

»Ich habe dich nie betrogen!«, rief sie verzweifelt, und als sie seine grenzenlose Wut und Gram sah, zerbrach das Eis um sie herum und legte ihre Gefühle bloß. Haltlos begann sie zu weinen und zu schluchzen, und als sie sich so gehen ließ, ging eine grauenhafte Veränderung mit ihr vor, und Herr Wurzlbein begriff, warum sie nie ihre Gefühle gezeigt hatte. Die Verwandlung geschah so schnell und grausam, dass er nur noch seine Hände von ihr lösen konnte und sie hilflos und voller Schaudern ansah. Bald stand vor ihm eine graue, abgehärmte, abgearbeitete Frau in seinem Alter: menschlich, müde und resigniert.

»Ja, Hans«, flüsterte sie. »Das ist die Wahrheit. Ich war seine Sklavin, und ich ekelte mich vor dir, als ich zu dir kam, aber – ich habe dich nie belogen oder gar betrogen!« Die Tränen strömten, Wasserfällen gleich, über die bleichen Wangen der Bauersfrau, die mit der Stimme von Edelweiß sprach. »Deine Sanftmut und Zärtlichkeit, deine grenzenlose geduldige Liebe gaben mir solche Geborgenheit, dass ich nicht mehr länger mit meinem Schicksal haderte und Ruhe und Frieden fand! Aber ich konnte dir nie die Wahrheit sagen, weil meine Gefühle und die Wahrheit meine Unsterblichkeit und Macht schmelzen würden! Ach, Hans, ich liebe dich für deine unendliche Geduld, dass du mir nie Fragen gestellt hast, und ich liebe dich für das, was du bist! Du hast mich so viel gelehrt … und nun … nun ist unser Glück auf immer dahin, denn ich bin durch meine Liebe zu dir zum Menschen geworden, ich habe keine Macht mehr gegen den Flötenspieler, und Schneeblume ist verloren!«

Er zog die Schluchzende in seine Arme, zu erschüttert, um ein Wort hervorzubringen. »Er sagte, du seist grausam …«, krächzte er schließlich.

»Das war ich auch«, wimmerte sie. »Ich verachtete das Leben, weil mir alles gegeben war! Ich glaubte, meine Macht sei unendlich, und alle Dinge und Wesen mein! Aber *er* ist böser, als ich es jemals war, er ist es immer gewesen, von Anfang an! Ach, Hans, verzeih mir!«

»Nein. Verzeih du mir. Du bist durch meine Schuld sterblich geworden«, stammelte er. »Du hast nie wirklich zu mir gehört.«

»Doch, Hans! Ich werde immer deine Frau sein. Nun erst recht …« Sie begann wieder heftig zu schluchzen. »Aber Schneeblume …«

Ihr Kummer schmerzte ihn mehr als das verlorene Glück, und er schob sie in plötzlich grimmiger Entschlossenheit von sich. Er fühlte sich auf einmal stark und selbstbewusst, da er nun ein zerbrechliches schutzloses Wesen vor sich hatte, das ihn brauchte. »Ich hole sie zurück«, erklärte er fest. »Willst du mir helfen?«

Ihre ungebrochen strahlenden Augen musterten ihn lange, dann nickte sie, lief ins Haus und kehrte rasch mit einem grauen Bündel zurück. Es war ihr alter Umhang, in den sie eine gläserne Eisblume gewickelt hatte. »Das wäre eine Möglichkeit«, sagte sie leise. »Gib sie Schneeblume. Sie ist gut und wird eine große Eiskönigin sein. Denn nachdem ich es nicht mehr bin, muss eine andere dazu werden. Es gibt immer eine Eiskönigin. Sie kann den Flötenspieler endlich vernichten. Stelle dich auf den Findling und drehe dich zweimal in alle vier Himmelsrichtungen. Dann spreche die Worte *Frythan, Gwylan, Duran* und schließe kurz die Augen. Wenn du sie wieder öffnest, bist du in der Anderswelt, am Eingang der Höhle zum Spinnwebweib. Sie wird dir helfen. Aber du musst vor Sonnenaufgang zurück sein, sonst bleibst du für immer in der Anderswelt.«

Herr Wurzlbein versprach, alle Anweisungen genau zu befolgen und machte sich sogleich auf den Weg.

Edelweiß blieb allein zurück, und einige Leute aus dem Dorf, die zufällig vorbeikamen, fanden ein weinendes altes Bauernweiblein, das unaufhörlich in ein riesiges rotes Taschentuch schluchzte und durch nichts zu bewegen war, etwas über den Verbleib der Familie Wurzlbein zu berichten, geschweige denn zu sagen, wer sie überhaupt war.

Von düsteren Ahnungen getrieben alarmierten die Leute das gesamte Dorf, und eine großangelegte Suche nach den

Verschwundenen begann, die die ganze Nacht über dauern sollte.

Herr Wurzlbein tastete sich inzwischen mit schlotternden Beinen in die tiefe Höhle des Spinnwebweibs vor. Der Wechsel in die Anderswelt war ohne Schwierigkeiten geglückt; Herr Wurzlbein hatte sich nach einem kurzen Schwindelanfall direkt bei dem kleinen Eingang in einer finsteren Höhle wiedergefunden, aus der ihm ein muffiger, viele Jahrhunderte alter Staub entgegenschlug. Der alte Bauer dachte an seine Tochter, fasste sich ein Herz und betrat die Höhle voller Todesverachtung. Der lange, gewundene Gang war mit klebrigen grauen Spinnfäden verhängt, und Herr Wurzlbein erwartete jeden Augenblick, in die kalten glitzernden Augen einer Riesenspinne zu blicken. Es geschah jedoch nichts dergleichen, und er wanderte ungehindert bis zu einer großen Höhle mit leuchtenden roten Spinnennetzen.

Die Höhle war schwindelnd hoch und erschreckend tief, und der Bucklige schaute sich zähneklappernd um und entdeckte schließlich am Ende einer wackelig aussehenden Spinnfadenbrücke ein glitzerndes Schloss, das so fein gewebt wie ein Kokon war. Herr Wurzlbein fuhr sich mit der Zunge über die ausgetrockneten Lippen und betrat dann tapfer die Brücke. Die Stränge waren zwar sehr nachgiebig und biegsam, aber erstaunlich belastungsfähig, und der kleine Mann erreichte ohne weiteres die Mitte der Brücke, als die Halterungen sich plötzlich stark dehnten und zu schwingen begannen. Herr Wurzlbein klammerte sich vor Angst schwitzend fest und wagte keine Bewegung mehr, als er sah, über welch tiefem Abgrund er da schaukelte. »Hilfe!«, hauchte er entsetzt. »Hört mich denn niemand? Oh Gott, mir wird schlecht … dieses Schaukeln hält ja kein normaler Magen aus …«

Nach einer Ewigkeit, wie er glaubte, erschien das Spinnwebweib verschlafen im Eingang des Schlosses: Sie war eine uralte Frau mit einem aufgedunsenen schwarz verhüllten

Körper, einem bleichen Hexengesicht und überlangen dünnen Gliedmaßen. Sie lachte meckernd, als sie den hilflosen Buckligen entdeckte. »Bist du nicht Schneeblumes Vater?«, rief sie mit metallisch klingender Ziegenstimme, und ihre schwarzen Knopfaugen glitzerten belustigt. »Wahrlich, kein anderer kann diese Jammergestalt sein! Ganz Anderswelt kennt schon deine Geschichte und lacht!«

»Mögen sie nur lachen!«, klagte Herr Wurzlbein und schloss die Augen, weil er glaubte, sich übergeben zu müssen. Einige Zeit konnte er sich nur auf seinen rebellischen Magen konzentrieren, ehe er herausbrachte: »Ja, mögen sie nur lachen, aber sie sollen mir Schneeblume zurückgeben. Ich will meine Tochter wiederhaben!«

»Du armer Narr!«, kicherte das Spinnwebweib. »Du kleiner armer Tölpel, bist du deswegen gekommen? Glaubst du denn, du kannst sie retten?«

»Es findet sich wohl kein anderer«, keuchte Herr Wurzlbein. »Sie wurde mir genommen, ehe sich ein Liebster für sie fand, und selbst dann wollte ich noch zweifeln, ob ein anderer sie so sehr lieben könnte wie ich!« Mühsam hob er seine Hand mit der Eisblume. »Vielleicht habe ich damit den Zauberschlüssel … aber dazu brauche ich deine Hilfe, Spinnwebweib. Hast du denn kein Mitleid mit mir? Du bist nicht schöner als ich, du musst das Leid der Glücklosen kennen!«

»Ha, Schönheit liegt immer im Blick des Betrachters«, erwiderte die alte Vettel. »Aber wie kommst du auf mich?«

»Edelweiß schickt mich zu dir. Sie versprach mir deine Hilfe …«

»Hm. Hm. Hm«, machte die uralte Hexe und meckerte. »Dann ist es dir wohl gelungen, die Eiskönigin zu zähmen, ja? Hm. Hm.«

»Sie zahlt einen hohen Preis dafür, dass sie ihre Tochter liebt«, flüsterte Herr Wurzlbein. »Nun ist sie eine Menschenfrau …«

Das Lachen des Spinnwebweibs unterbrach ihn. »Das ist aber mal eine neue Geschichte!«, quietschte sie und schlug sich aufs Bein. »Oh, die arme Windsbraut!« Leise keckernd wischte sie die Lachtränen von ihren runzligen Wangen, und mit plötzlich erwachtem Mitleid fuhr sie fort: »Und du liebst sie wohl arg, ja, du armer Menschling?«

»Ja!«, brüllte Herr Wurzlbein verzweifelt. »Hilfe, ich falle ...« Er schloss die Augen vor Entsetzen, um seinen eigenen Fall nicht sehen zu müssen, und voller Ergebenheit wartete er auf den zerschmetternden Aufprall auf der Erde.

»Bist du eingeschlafen?«, durchdrang eine freundliche Ziegenstimme den Nebel in seinem Verstand. Verblüfft riss Hans Wurzlbein die Augen auf und fand sich im Schloss der Hexe wieder. Er war so erleichtert, dass er am liebsten laut aufgeschrien hätte, aber die merkwürdige Ausstrahlung des Spinnwebweibs, das ihn mit nachdenklichen, boshaft blinzelnden Augen musterte, hielt ihn zurück.

»Nun, nun«, sagte sie langsam und sog genüsslich an einer riesigen Wasserpfeife, der üble Gerüche entströmten. »Dann wollen wir mal sehen, Was wir tun können. Ich habe eine Schwäche für Verlierer. Hum.« Sie versank in minutenlanger Grübelei, schmatzte an dem Mundstück der Pfeife und verbreitete gewaltige brodelnde Dämpfe um sich herum. Herr Wurzlbein nieste und hustete, betrachtete jedoch das blubbernde Gebräu in der Glaskugel voller Interesse.

»Ich hab's!«, rief die Hexe plötzlich. »Die Eisblume ist der Schlüssel!«

Herr Wurzlbein sah sie nachdenklich an. »Das wusste ich bereits vorher«, meinte er aufrichtig.

»Ach ja? Interessant, sehr interessant. Aber wie man sie nutzt, weißt du nicht, wie?«

»Nein.«

»Dumm. Das ist sehr dumm. Überaus dümmlich, sozusagen.«

»Ich dachte, dass du das wüsstest«, sagte Herr Wurzlbein vorsichtig.

»Ich? Ja, schon möglich. Kann sein. Warte, ich denke nach.«

»Oh, bitte. Ich warte gern.«

Sie schwiegen einige Zeit, jeder in seiner eigenen Welt versunken.

»Ach was, Spielerei«, murrte das Spinnwebweib plötzlich ärgerlich. »In Anderswelt kann das jeder. Aber du bist ja nur ein dummer Mensch. Kannst du wenigstens zuhören?«

Herr Wurzlbein nickte schüchtern.

»Wenigstens etwas. Hör zu, mein Junge, in Anderswelt vergeht die Zeit viel langsamer, und während du es dir hier bei mir gemütlich machst, ist bei dir bereits der Abend hereingebrochen. Du solltest dich also ein wenig mit deiner Rettungsaktion beeilen. Also, das mit der Eisblume ist so:« Das Spinnwebweib setzte eine wichtige Miene auf, und Herr Wurzlbein sah sie hoffnungsvoll an, aber sein Strahlen erlosch, als sie sich resigniert am Kopf kratzte. »Ich hab's vergessen, wie das ist. Einfach weg!« Sie sog heftig an der Pfeife, verschluckte sich und hustete. »Nein, hilft nichts. Ich weiß es nicht mehr. Ach was, gib sie einfach deiner Tochter. Sie weiß schon, was zu tun ist. Ich bring dich zu ihr, und sobald sie die Eisblume hat, zerbeißt du diese Kapsel hier und schließt die Augen. Dann bist du wieder zu Hause.« Sie überreichte ihm eine kleine schwarze Kugel.

»Und Schneeblume?«, fragte Herr Wurzlbein leise.

»Sie ist dann frei und die Eiskönigin. Erwarte nicht, dass sie mit dir geht. Ihr ist ein anderer Weg bestimmt. Du gehörst zu deiner Frau.«

»Aber ... werde ich meine Tochter denn nie mehr wiedersehen?«

»Vielleicht. Woher soll ich das wissen? Du wirst es erfahren.«

Herr Wurzlbein kämpfte einige Augenblicke mit den Tränen.

»Es ist hart«, flüsterte er verzagt. »So von einem Augenblick zum anderen sein Glück wieder hergeben zu müssen.« Dann richtete er sich auf. »Aber Edelweiß ist noch da ... wenn sie wartet.«

»Sie wird.« Das Spinnwebweib schmunzelte. »Und ebenso wird es Zeit, dass der Flötenspieler endlich eins aufs Dach kriegt. Macht ihn fertig! Also schließe die Augen, dann bist du im nächsten Augenblick bei deiner Tochter.«

Herr Wurzlbein gehorchte, und als er die Augen wieder öffnete, fand er sich tatsächlich in einem schwarzen Schloss wieder, mitten in einem großen Saal. Der Flötenspieler und Schneeblume saßen allein an einer riesigen Tafel, umringt von zehn aufmerksamen krötengesichtigen Dienern. Schneeblume sah blass und schmal aus, aber der Stolz brannte in ihren Augen, und sie weigerte sich standhaft, auch nur einen

Bissen von den verlockenden Speisen zu sich zu nehmen. Der Flötenspieler versuchte mit unendlicher Geduld, sie zu überreden; da Menschenblut in Schneeblumes Adern floss, hatte er erst dann wirkliche Gewalt über sie, wenn sie die Früchte der Anderswelt gekostet hatte. Das wusste jeder Mensch aus den Geschichten.

Ohne einen Augenblick zu zögern, rannte Herr Wurzlbein laut rufend auf seine Tochter zu. Der Flötenspieler sprang zornentbrannt auf und befahl seinen Dienern mit schriller Stimme, den Eindringling zu töten. Schneeblume war aber schneller und stürzte weinend in die Arme ihres Vaters, der ihr wortlos die Eisblume in die Hand drückte und sie gleichzeitig noch einmal zärtlich küsste, ehe er auf die Kapsel biss. Noch während Raum und Zeit um ihn herum schwanden, sah er das Erkennen und die wachsende Macht in den Augen des Mädchens und hörte den gellenden Entsetzensschrei des Flötenspielers.

Die Leute erzählen sich noch heute, dass es kurz vor Sonnenaufgang nach der 1angen, nervenaufreibenden Suche nach Familie Wurzlbein eine schreckliche Erschütterung, ja, ein wahres Erdbeben mit einem fürchterlichen Donnerschlag gegeben hatte, ganz in der Nähe vom Hof des kleinen Bauern. Voller Schrecken rannten die Leute dorthin und erwarteten Verwüstungen, aber zu ihrem großen Erstaunen war alles unversehrt, und auf der Bank vor dem Haus saßen Hand in Hand zwei lächelnde alte Leutchen. Den Mann erkannte man durch seinen Buckel als Hans Wurzlbein, und die Frau schien das seltsame Mütterchen zu sein, das man am Tag zuvor zum ersten Mal hier weinend entdeckt hatte. Da die beiden so vertraut miteinander waren, schien die Frage nach Frau Edelweiß nur allzu berechtigt, und vor allem war auch Schneeblume nirgends zu sehen. Der alte Mann erwiderte lächelnd, seine Frau sitze ja neben ihm, und seine liebliche Tochter lebe nun als Edeldame in einem anderen Land. Und das alles in einer Nacht?, schrien die Leute, und hätte denn Frau Edelweiß vorher nicht ganz anders ausgesehen?

Die beiden Leutchen sahen sich an und kicherten. »Wir sind glücklich«, sagte Herr Wurzlbein fröhlich. »Und weil ihr nicht glücklich seid, seht ihr die Dinge auch verkehrt.«

Die Menschen schüttelten die Köpfe und kamen überein, dass die beiden Alten nicht mehr ganz bei Trost waren, und sie gingen ratlos und verärgert nach Hause.

Die seltsamen Vorgänge an Schneeblumes siebzehntem Geburtstag konnten niemals aufgeklärt werden, aber jedenfalls war es eine Tatsache, dass noch für lange Zeit auf dem Hof von Herrn Wurzlbein zwei glückliche, versponnene alte Leute lebten und jeden Winter den Besuch von einer blendend schönen, schneeweißen Frau in prachtvollen eisfunkelnden Königsgewändern erhielten.

Die Feentochter

Ich hatte immer ein wenig Angst vor Auntie G. Nicht etwa, weil sie böse war. Ich kann mich nicht daran erinnern, dass sie jemals zornig oder ungerecht wurde. Aber sie gab sich stets unnahbar, und sie strahlte eine strenge Autorität aus. Auntie G widersprach man nicht.

Sie war groß und sehr dünn. Ihr Haar war vorzeitig ergraut, was kein Wunder war, da sie es ständig in einen festen Dutt einsperrte. Ihr Gesicht war hager, die Lippen schmal. Ihre Augen wurden zumeist von starken, ungezupften Augenbrauen beschattet, konnten jedoch unerwartet leuchtendgrüne Blitze verschießen. Das erlebte ich selbst oft genug, wenn ich wieder einmal etwas sagte, das ihr nicht gefiel. Dann hatte ich jedes Mal das Gefühl, gleich zu einem Häufchen Asche zu verkohlen.

Ich weiß nicht genau, wie alt sie war. Ich glaube, sie war niemals wirklich jung, und das machte sie irgendwie geheimnisvoll. Die Erwachsenen im Dorf fürchteten sie ebenfalls, aber sie lehnten sie deswegen nicht ab, sondern achteten sie. Die kleinen Kinder jedoch nannten sie eine Hexe und liefen vor ihr davon.

Wir waren in London, während Vater sich in Indien mit einem kleinen kahlköpfigen Inder mit Brille auseinandersetzte, der in Hungerstreik getreten war, um Freiheit von der britischen Kolonialherrschaft zu erlangen. Er war schon Wochen dort und würde noch weitere Wochen bleiben müssen. Denn er war auf der Seite des Inders und arbeitete daran, dass seine Vorgesetzten und die Regierung einsehen würden, dass das der richtige Weg war.

Als es Mamaí, die stets etwas kränkelte, eines Morgens ziemlich schlecht ging, schrillte plötzlich das Telefon. Ich hob ab.

»Ich will deine Mutter sprechen«, erklang Auntie Gs strenge, kühle Stimme am fernen Ende, bevor ich einen Ton sagen konnte.

»Auntie G, welche Freude«, sagte ich lahm.

»Verstelle dich nicht, Samantha«, unterbrach sie mich barsch. »Ich kann Heuchelei nicht ausstehen. Falls du je auf den entsetzlichen Gedanken kommen solltest, Schauspielerin werden zu wollen, so schlag ihn dir gleich aus dem Kopf. Du bist so untalentiert wie nur möglich. Und jetzt gib mir deine Mutter.«

Ich gehorchte wortlos, nahm mir den Zweithörer und lauschte gespannt darauf, was Auntie G zu sagen hatte.

»G«, sagte Mamaí aufrichtig erfreut, »ich bin ...«

»Du kommst sofort zu mir«, erstickte Auntie G auch ihre Begrüßung rigoros. »Sarah, deine Stimme klingt erschreckend schwach, und so muss ich annehmen, dass es dir noch schlechter geht als ich befürchtet habe.«

»Woher weißt du ...«, begann Mamaí zaghaft, wurde jedoch wiederum kurz und trocken unterbrochen.

»Ich weiß immer alles, wie oft muss ich dir das noch sagen? Nun, jedenfalls erwarte ich dich und die Kinder in den nächsten Tagen. Ich habe dir von Anfang an gesagt, dass die giftige Londoner Luft nichts für dich ist.«

»Ich kann doch nicht ...«

»Keine Ausflüchte«, beharrte Auntie G. »Es sind Sommerferien, die Kinder kommen mit. Und du bist immer noch eine McCormac und gehörst ins Grüne, nach Irland. - Samantha, du als die Älteste wirst deine Mutter unterstützen, verstanden?« Sie wusste es, dass ich mitlauschte. *Natürlich* wusste sie es. Ich sah ihre blitzenden grünen Augen förmlich vor mir und bekam wie immer einen heißen, knallroten Kopf. Ich hasste es, dass sie alles wusste, und ich hasste es noch mehr, dass sie mich »Samantha« nannte. Niemand nannte mich so, nicht einmal Mamaí. Und schließlich ließ Auntie G sich auch nur mit einem einzigen Buchstaben anreden, selbst von ihrer Schwester.

»Ja, Auntie G«, murmelte ich, dachte aber: *Alte Hexe.*

Am liebsten hätte ich Mamaí die Reise ausgeredet. Aber es ging ihr wunderbarerweise gleich besser, und die Zwillinge waren sofort Feuer und Flamme. »Nach Irland!«, jubelten sie. »Zu den Feen und Kobolden!«

Ich hätte ihnen gern gesagt, dass das alles nur dumme Kindergeschichten sind, an die kein vernünftiger Mensch glaubt. Aber ich schwieg.

Bald darauf waren wir unterwegs auf der weiten Reise. Der Frühsommer war bereits wie aus dem Bilderbuch, und wir wurden immer aufgeregter, je näher wir dem Ziel kamen. Am Bahnhof erwartete uns Frankie, Auntie Gs »Mann für alles«, und wir quetschten uns in das Automobil, das uns asthmatisch keuchend aufs Land transportierte.

Ich war zwei Jahre nicht mehr hier gewesen, und ich hatte ganz vergessen, wie schön es doch war. Nirgends war das Gras grüner, der Himmel blauer, der Duft der Blumen intensiver, nirgends gab es prächtigeres Vieh, wuchs das Getreide auf den Äckern so hoch und fett. Auch Mamaí hörte gar nicht mehr auf zu lächeln, und sie erzählte immerzu Geschichten von Kräuterhexen, mächtigen Zauberköniginnen, Druidensteinen, dem Feenvolk. Die Zwillinge lauschten gebannt, klar, sie waren ja auch erst acht. Ich fand mich schon ein bisschen zu alt für solche Geschichten. In London ging es doch ein bisschen moderner zu.

Auntie G erwartete uns vor dem großen, alten Haus, dessen Steinmauern größtenteils von Efeu bewachsen waren. Das Haus stand im Schatten von drei mächtigen, uralten Eichen. Innen gab es sehr viel Holz, so dass es immer leise knarzte und stöhnte.

Als ich noch klein gewesen war, hatte ich mich manchmal vor diesen Geräuschen gefürchtet, weil ich dachte, dass jeden Moment Geister aus den Wänden gekrochen kämen. Aber Auntie G hatte mir erklärt, dass es so etwas wie der *Lebensatem* des Hauses sei, dessen Wände mich schützend umgaben und nichts Böses hereinließen. Seither fühlte ich mich immer geborgen.

Am großen Kamin konnte man sich wärmen und träumen, die Betten hatten Baldachine, und in der Küche stand ein riesiger Eichentisch mit Bänken darum herum. So unnahbar Auntie G war, so heimelig und gemütlich war ihr Haus.

Natürlich hatte sie gleich etwas an uns auszusetzen: »Rose, dein Zopf ist schlampig; Roger, du bist und bleibst ein Ferkel, sieh mal deine Hose an! Samantha, deine Hautfarbe ist ungesund blass, und du bist viel zu dünn«, so begrüßte sie uns.

»Hallo, Auntie G«, stieß ich nervös hervor und wich ihrem Blick aus. Die Zwillinge traten verlegen und unruhig von einem Fuß auf den anderen, rempelten sich dann gegenseitig an und rannten davon.

»Jetzt komm erst mal ins Haus«, sagte Auntie G zu meiner Mutter nach der schwesterlichen Umarmung, »ich habe eine Erfrischung für dich vorbereitet. Wie schrecklich schwach du bist, Sarah, es war höchste Zeit für dich! Nun bist du endlich da, und ehe du dich versiehst, wirst du wieder gesund sein.«

Auntie G ließ sogleich alles Mögliche auftischen, das gut duftete und tatsächlich meinen Hunger weckte. Das meiste hatte sie selbst gekocht, deswegen musste sie öfter nach einer neuen Köchin suchen, weil die sich das auf Dauer nicht bieten ließen.

Hühnchen und Gemüse aus dem eigenen Garten, und ein leckerer Brombeerkuchen zum Nachtisch. Das lockte sogar die Zwillinge an. Eigentlich, dachte ich bei mir, war es hier gar nicht so schlecht!

»Iss deinen Teller leer«, unterbrach Auntie G barsch meine Gedanken. »Vom Träumen wird man weder satt noch kräftig.«

»Ich kann aber nicht mehr«, protestierte ich zaghaft.

Mamaí lächelte. »Sie kommt mehr nach dir«, sagte sie sanft zu ihrer Schwester.

»Das will ich nicht hoffen«, erwiderte Auntie G.

Ausnahmsweise war ich da einmal ihrer Meinung. Aber die behielt ich lieber für mich.

Auntie G ließ es aber noch nicht auf sich beruhen. Sie fixierte mich mit durchdringenden Augen. »Oder *willst* du etwa so sein wie ich?«, fuhr sie fort. »Eine hässliche alte Krähe, wie man so sagt?«

Erschrocken und verunsichert sah ich zu Mamaí, die auffordernd nickte. »Nein«, sagte ich aufrichtig.

»Sehr gut. Du möchtest wohl lieber so sein wie deine Mutter?«, fuhr Auntie G fort.

»Aber natürlich!«, rief ich eifrig. Mamaí war wunderschön, feingliedrig, elegant, und immer lächelnd. Als kleines Kind habe ich immer Mamaí vor mir gesehen, wenn sie mir irische Märchen erzählte, und mir vorgestellt, dass die Feen so aussahen wie sie.

»Nun, Samantha«, sagte Auntie G ruhig, »um das zu erreichen, braucht es eigentlich nicht viel. Soll ich es dir verraten?«

Hoffnungsvoll blickte ich auf.

»Iss deinen Teller leer.«

Ich senkte die Augen und griff schweigend nach der Gabel.

Die Tage vergingen schnell. Die Zwillinge waren immer irgendwo bei den Bauern und spielten mit den Hoftieren, und ich ging hin und wieder ins Dorf, dort gab es ein paar Läden und eine hübsche Teestube, in der es auch einen Raum für junge Leute gab. Es brauchte allerdings eine Weile, bis ich von den anderen Mädchen und Jungs akzeptiert wurde. Immerhin nannten sie mich »Sam«, und im Großen und Ganzen waren sie nett. Manchmal gingen wir auch ins Public House und spielten im Nebenraum Snooker.

Eines Tages, auf dem Heimweg, begegnete ich einem Fremden.

Er war nicht viel älter als ich, vielleicht achtzehn, hatte unordentliche blonde Haare, funkelnde blaue Augen und ein herablassendes, freches Grinsen, das mich sofort auf die Palme brachte.

»Was ist so lustig?«, herrschte ich ihn an.

»Ich wollte nur sehen, ob es stimmt, was man über dich sagt«, entgegnete er mit einer Kopfbewegung zur Seite. »Du bist die Nichte der alten G, stimmt's?«

Die Beleidigung meiner Tante nahm ich vorerst hin, denn erstmal ging es um mich. »Was sagt man denn über mich?«, fragte ich herausfordernd zurück.

»Dass du ihr ziemlich ähnlich bist«, antwortete er, immer noch mit diesem Grinsen.

Unerhört! Oder doch nicht? Ich war verwirrt. Was sollte ich darauf sagen?

»Und weshalb interessiert dich das?« Ich runzelte die Stirn und überlegte, ob ich weitergehen sollte. Er sah ziemlich abgerissen aus, außerdem mochte ich seine überhebliche Art nicht. Er tat so, als gehörte hier alles ihm.

Er zuckte die Achseln. »Nur so. Bin neugierig.«

»Hast du auch einen Namen?«

»Oh. Aber natürlich! Ich bin Robin.«

»Na schön, Robin *Hood*«, sagte ich langsam und deutlich, wie Auntie G oft sprach, um ihren Worten mehr Gewicht zu verleihen. »Nun ist deine Neugier hoffentlich befriedigt. Mach's gut.« Ich setzte hoch erhobenen Hauptes meinen Weg fort.

»Du weißt, was man über sie sagt, nicht wahr?«, rief Robin mir nach.

»Nein«, gab ich über die Schulter zurück, obwohl ich es genau wusste, »und es interessiert mich wirklich nicht.«

»Eine Hexe!«, sagte er lachend. »Ja wirklich, viele sagen, dass sie geheimnisvolle Kräfte hat!«

»Du quakst Quark!«, rief ich. »Man nennt sie so, weil sie einschüchternd und dünn ist, aber nicht, weil man daran glaubt! Das tut heutzutage keiner mehr. Wir sind schon lange im 20. Jahrhundert!«

»Hier lebt man aber noch hinterm Mond! Was hast du erwartet?« Als ich zurücksah, lehnte Robin wieder am Zaun, mit diesem unverschämten selbstsicheren Grinsen, und kaute an einem Halm. »Das ist Irland, Sam! Gewöhn dich dran, schließlich bist du eine von uns!«

»Ich bin bestimmt nicht aus einem Misthaufen gekrochen, so wie du!«, erwiderte ich, dann lief ich schneller. Robins Gelächter verfolgte mich noch lange und machte mich immer wütender. So wie er war ich bestimmt nicht. Und auch nicht wie Auntie G.

Es traf mich dennoch ziemlich, dass Robin sich über Auntie G lustig gemacht hatte. Immerhin war sie meine Tante, Mamaís Schwester, und *ich* konnte von ihr halten, was ich wollte. Aber niemand hatte das Recht, in *meiner* Gegenwart über sie herzuziehen. Und über mich erst recht nicht!

Was man über dich redet. So also ist das! Mir gegenüber schöntun, und hinter meinem Rücken über mich tuscheln! *Eine von uns.* So bestimmt nicht! Die konnten mir in Zukunft alle gestohlen bleiben.

Na wartet, dachte ich empört. *Euch werde ich's zeigen!*

Als ich nach Hause kam, war ich ziemlich außer Atem und immer noch sauer auf meine sogenannten Freunde.

»Samantha, zieh dich sofort um, sonst holst du dir noch eine Lungenentzündung«, sagte Auntie G missbilligend. »Ich dachte, Mädchen in deinem Alter wären vernünftiger.«

»Ich habe Hunger«, keuchte ich.

»*Du* hast Hunger?«, fragte sie. »Samantha, eine von uns beiden ist verrückt geworden, und diese eine kenne ich fast so gut wie mich. Sofort gehst du auf dein Zimmer und ziehst dich um, dann kannst du essen.«

»Ja, ja.« Ich drückte Mamaí einen raschen Kuss auf die Wange und flüchtete nach oben.

Ich schlüpfte in mein Nachmittagsgewand und ging wieder nach unten.

»Setz dich, wir warten auf dich mit dem Essen«, sagte Auntie G, während sie eine dampfende Schüssel auf den Tisch stellte.

»Danke, ich habe keinen Hunger«, erwiderte ich.

Auntie G bedachte mich mit einem langen nachdenklichen Blick. »Samantha, du bist der einzige Mensch auf dieser großen Welt, der es schafft, mich immer wieder in Erstaunen zu versetzen«, meinte sie.

Meine Mutter lachte laut und fröhlich. Die wenigen Tage, die wir hier waren, hatten sie bereits nahezu gesunden lassen. *Sie war zu Hause.* Lag es daran? Oder an Auntie Gs Pflege? Vielleicht hatte Auntie G wirklich Heilkräfte; so langsam war ich mir nicht mehr sicher, ob alles nur Aberglaube war.

»Samantha, was geht nur in deinem Kopf vor?«, fragte Auntie G unvermittelt, und wieder einmal hatte ich das Gefühl, als hätte sie meine Gedanken gelesen.

»Nichts«, murmelte ich, rot geworden, griff nach der Gabel und stopfte wahllos Kartoffeln und Hackbraten in mich hinein.

»Das habe ich befürchtet«, seufzte Auntie G.

Die Zwillinge kicherten unverschämt und fuhren erschrocken unter Auntie Gs strengem Tadel zusammen: »Setzt euch gerade hin! Und esst wie gesittete Menschen, wir sind hier nicht im Schweinestall!«

Mamaí beugte sich tief über ihren Teller, ihre Schultern zuckten in der verzweifelten Anstrengung, nicht laut zu lachen.

Die Zwillinge streckten mir die Zunge heraus, und ich antwortete ihnen ebenso.

Dabei fiel mein Blick auf eines von Mamaís Magazinen, *Vogue* oder so ähnlich. Spindeldürre Frauen zeigten die brandneueste Mode aus Amerika. Die bei uns als ruchlos und verpönt galt. »Sieh doch mal!«, platzte ich heraus, packte die Zeitung und wedelte damit vor Auntie G's Gesicht. »Die sind auch dünn, das muss man nämlich heutzutage sein, bei dieser Mode! Es ist nicht mehr so wie früher!«

Auntie G musterte die Bilder und hob sacht eine Braue. »Gut«, sagte sie dann. »Wenn du so sein willst und solche Fetzen trägst, werde ich dich sogar Sam nennen.«

»Wirklich?«, schrie ich begeistert. »Du wirst mich Sam nennen?«

»Ja«, antwortete sie. »Sam, den Stallburschen, denn dann hast du nichts von einer Frau mehr an dir, und ich werde dir Hausverbot erteilen, du wirst im Stall schlafen und Knecht sein, so lange, bis du wieder *weiblich* aussehen willst.«

Ich plumpste auf den Stuhl zurück. »Das ist nicht ganz das, was ich meinte«, erklärte ich zaghaft.

»Schon recht«, sagte Auntie G ruhig. »Und jetzt iss deinen Teller leer.«

Als ich später still am Fenster stand und den Zwillingen beim Toben draußen zuschaute, kam Auntie G zu mir. »Was bedrückt dich?«

Ich war erstaunt. Auntie G hatte uns noch nie gefragt, wie wir uns fühlten. Sie wusste es einfach immer. Und dass sie jetzt ausgerechnet so eine persönliche Frage stellte, ließ sie auf einmal in einem ganz anderen Licht erscheinen. Nicht mehr so unnahbar, kühl. Ich hatte in ihrer Nähe bisher immer Angst gehabt, etwas falsch zu machen.

»Na ja …«, druckste ich herum. Ich hätte gern gesagt »nichts«, aber das traute ich mich nicht. Andererseits wusste ich auch nicht, wie ich es sagen sollte.

»Raus damit, Kind. In unserer Familie kann man über alles sprechen, das solltest du wissen.«

»Aber es ist nicht so einfach …«, flüsterte ich.

Sie hob eine Braue. »Warum?«

»Äh …« Auf einmal kam ich mir dumm und kindisch vor.

»Denkst du, ich nehme dich nicht ernst? Du bist noch nicht erwachsen, aber auch kein Kind mehr.«

Ich schüttelte den Kopf. Auntie G behandelte jeden gleich, ob Erwachsener oder Kind. Das war es nicht.

Sie legte einen Finger unter mein Kinn und drehte meinen Kopf zu sich. »Sag es einfach«, forderte sie mich mit ungewohnt sanfter Stimme auf. »Unter meinem Dach soll es keine Sorgen und Nöte geben.«

»Sie sagen, du bist eine Hexe«, quetschte ich hervor und fühlte, wie mein Gesicht heiß wurde.

»Das ist nichts Neues.«

»Nein, sie meinen das echt, nicht so wie eine Beschimpfung als alte Krähe oder so.«

»Macht dir das etwas aus, Samantha?«

Ich nickte stumm und schloss die Augen.

Sie ließ mein Kinn los und schwieg eine Weile. »Ich hätte dich für klüger gehalten«, sagte sie schließlich. »Denkst du, mich kümmert das Gerede der anderen? Und du solltest dir auch nichts daraus machen.«

»Aber die anderen Mädchen reden deswegen über mich. Ich weiß nicht, woran ich bei ihnen bin. Vielleicht machen sie sich nur lustig über mich und wollen gar nicht befreundet sein mit mir.«

»Das geht jedem so, der als Fremder in eine Gruppe einbricht. Du musst dir ihr Vertrauen verdienen, Samantha, anders geht es nicht.«

»Und wie kann ich das?«

»Nicht durch Mutproben oder sonstige Dummheiten«, erwiderte Auntie G. »Auch nicht dadurch, indem du dich ihnen mit Gewalt anpassen willst. Sei einfach du selbst. Du hast doch Selbstbewusstsein, Samantha. Die anderen haben genauso Fehler wie du. Mache dir diese Schwächen zunutze. Mit dem Vorurteil, die Nichte einer Hexe zu sein, wirst du immer leben müssen. Aber das sollte kein Problem sein.«

»Nein?«

Ich glaube, in diesem Moment sah ich zum ersten Mal den Anflug eines Lächelns bei ihr.

»Natürlich nicht«, sagte Auntie G ruhig. »Denn wenn es stimmt, kann ich sie alle zur Strafe verhexen. Und wenn es nicht stimmt, müssen sie sich schämen und entschuldigen.

So oder so kannst du nicht verlieren, denkst du nicht?«
Da musste ich doch lachen.

Als ich das nächste Mal ins Dorf ging, um Auntie Gs Rat auszuprobieren, begegnete ich Robin wieder. Ich war nicht besonders erfreut, ihn zu sehen, denn er schien wirklich ein ziemlicher Angeber zu sein, so lässig, wie er sich gab.

»Dia dhuit, Sam«, sagte er und kam an meine Seite, als ich nicht stehen blieb.

»Dia dhuit«, murmelte ich und gab mich abweisend.

»Schon wieder schlechte Laune?«

»Nur, wenn ich dich sehe.«

Robin grinste. »Du magst wohl keine Jungs.«

Ich schüttelte den Kopf. »Nicht besonders. Bisher sind mir nur Angeber wie du begegnet, oder alberne Kindsköpfe. Die meisten wollen mir vorschreiben, wie ich zu sein habe.«

»Sieh mal an«, sagte Robin, »und ich finde, dass Mädchen meistens ziemliche Zicken sind. Gucken nur in den Spiegel und haben keine andere Unterhaltung als über Jungs herzuziehen.«

Ich blieb stehen. »Wenn du so eine hohe Meinung von uns hast, was willst du dann von mir?«

»Du bist anders, Sam. Du bist eine von uns.«

»Was redest du immer für einen Blödsinn?« Ich wurde ärgerlich. »Ich stamme aus gutem Haus und habe mit den Tinkern nichts gemein. Und das bist du doch, oder? Geh einfach und lass mich in Ruhe, ich will nichts mit dir zu tun haben!«

Als ich weiterging, folgte er mir tatsächlich nicht. Obwohl ich es nicht wollte, drehte ich mich doch noch einmal zu ihm um. Robin stand auf der Straße und sah mir nach, mit einem merkwürdigen Gesichtsausdruck, der ein Magenkribbeln in mir auslöste.

»Du wirst deine Meinung, ändern, Sam«, rief er mir hinterher, »ganz bestimmt. Wir sehen uns wieder!«

»Von mir aus nicht«, gab ich zurück und drehte absichtlich den Kopf von ihm weg, um ihm zu zeigen, dass ich ihn wirklich verachtete. Als ich dann nochmal zurückblickte, war er weg.

An dieses Gespräch erinnerte ich mich wieder, als ich knapp zwei Wochen später auf dem Weg zu meinem ersten Rendezvous war. War es falsch, was ich tat? Ich hatte Robin in der Zwischenzeit nämlich *doch* mehrmals für ein paar Momente gesehen, wenn ich von Treffen mit den anderen unterwegs nach Hause ging.

Und ja, er hatte recht gehabt. Seine Hartnäckigkeit machte sich belohnt. Je besser ich ihn kennenlernte, desto mehr mochte ich ihn. Er war unterhaltsam, fröhlich, und er wusste viel über Tiere und Pflanzen. Er konnte mir noch was beibringen, und ich hörte gern zu.

Es war nur eines merkwürdig, dass ihn nämlich keiner von den anderen kannte. Sie sahen ihn nicht einmal, wenn ich ihm schon von weitem zuwinkte, was ich allerdings auf meine guten Augen schob.

Als ich jedoch merkte, dass die anderen anfingen, dumme Bemerkungen zu machen und mich scheel ansahen, lachte ich sie aus und erklärte, sie wären nur auf einen Streich hereingefallen. Ich weiß nicht, ob sie mir glaubten; jedenfalls gab ich keinen Anlass zu Spekulationen mehr und nahm mir vor, dieses Geheimnis von nun an für mich zu behalten.

Robin wartete an der alten Weide unten am Bach auf mich; er hatte sich extra fein herausgeputzt und überreichte mir den ersten Blumenstrauß meines Lebens: ein schlaffes, lappriges Gebilde aus Wiesengewächsen, deren starker Geruch mich zum Niesen reizte. Ich freute mich so sehr darüber, dass ich am liebsten laut geschrien hätte. Stattdessen kratzte ich meine bedauernswert lückenhafte Erinnerung an streng eingepaukte Verhaltensregeln zusammen, ging mit gemessenen, kleinen Schritten auf ihn zu und begrüßte ihn kühl und zurückhaltend.

»Hallo! (Schnauf) Wartest du schon lange? Ist der Strauß für mich? Der ist ja so schön! Ich weiß gar nicht, was ich sagen soll! Ich freue mich so!«

Robin hielt mir den Strauß direkt unter die Nase, mein Verstand wurde ganz betäubt von dem sonnenerhitzten Pollendampf, und ein Blütenregen ging auf die Erde nieder, als ich explosionsartig nieste.

»Tut mir leid«, sagte Robin ernst. »Bist du allergisch auf Wiesenblumen?«

»Nein, gar nicht«, versicherte ich eindringlich unter wiederholtem Niesen und Räuspern; hastig wischte ich Augen und Nase und hoffte, nicht zu verrotzt vor ihm zu stehen. Ich packte die Blumen und drückte sie an meine Brust. »Wohin wollen wir gehen, Robin?«

»In eine wunderschöne Gegend. Ich sagte dir ja, dass ich dir das Land zeigen will.«

»Ich habe aber nicht lang Zeit! Sonst fällt mein ganzes Lügengebäude in sich zusammen, und ich würde mich nie mehr unter Auntie Gs Augen wagen.«

»Es ist nicht weit.« Er berührte kurz meine Schulter. »Das Wichtigste ist, dass wir zusammen sind. Es ist schön, dass du gekommen bist.«

Das Herz klopfte mir bis zum Hals, und innerlich zitterte ich wie Espenlaub, als er mich fest und durchdringend ansah. »Dann - dann lass uns gehen«, stieß ich mühsam hervor, und ich glaube, ich grinste dazu wie jemand, der nicht ganz richtig im Kopf ist. Robin lächelte so strahlend zurück, dass Feuerwerksraketen in meinem Kopf explodierten; zum Glück drehte er sich gleich um, so dass er mein trunkenes Schwanken nicht bemerkte, als ich hinter ihm hertappte; in meinem Kopf sangen Vögel, und die Welt war eine einzige, nach Rosen duftende Wolke.

Wir redeten entweder gleichzeitig oder sprachen gar nichts. Der Himmel war mit uns, denn der Tag war herrlich - warm, sonnig, verspielt. Robin führte mich in eine Gegend, die wie eine fremde, verzauberte Welt war: so schön, so vollkommen, dass ich es nicht beschreiben kann. Ich hatte das Gefühl gehabt, durch einen Schleier zu treten und fremden Boden unter mir zu fühlen.

Wir trieben all den Blödsinn, den jung Verliebte so treiben - spielten Fangen, kletterten auf Bäume und streiften durchs Land, bis mir die Puste ausging; keuchend ließ ich mich ins Gras fallen, wo ich gerade stand. Über mir war dunkelblauer Himmel, die Sonne stand schon schräg und umhüllte Robins Kopf mit einer rotgoldenen Aura, als er sich über mich beugte.

»Du bist sehr schön, Sam«, sagte er leise und blies mir seinen warmen Atem ins Gesicht, dass es mir bis in die Fußspitzen kribbelte, und ich zuckte zusammen, als er mich vorsichtig an der Wange berührte.

»Mir ist heiß«, wisperte ich, nur um etwas zu sagen, und das Herz hämmerte in meinen Schläfen. Für einen Moment wollte ich voller Panik aufspringen und davonlaufen, aber da berührten mich schon seine Lippen, ganz warm und weich, und ich kostete die Süße des ersten richtigen Kusses.

Wenige Sekunden später schoss ich hoch, verwirrt und heillos durcheinander.

»Ich muss zurück!«, rief ich. »Ich komme zu spät!« Hastig sprang ich auf, versuchte meine zerwühlten Kleider in Ordnung zu bringen und rannte los.

»Sam!«, rief Robin und stürzte mir nach; ich lief so schnell, dass er mich erst auf einem Hügel einholen und aufhalten konnte. »Sam, versprich mir, dass ich dich wiedersehen darf«, keuchte er. »Ich liebe dich. Ich lass dich nicht gehn, bevor du mir nicht sagst, dass du wiederkommst.«

Ich sah in seine Augen, die so tiefblau wie der Sommerhimmel waren, und erkannte, dass es ihm ernst war. So, wie ich in seinen Augen las, las er wohl in den meinen, denn er riss mich in seine Arme und küsste mich, wild und verlangend wie ein Mann, intensiver als zuvor.

»Ich weiß, du liebst mich auch, Sam«, flüsterte er in mein Ohr, »wir sind einander bestimmt. Du wirst wiederkommen.«

»Ich muss gehen«, flehte ich verzweifelt; die Erregung drohte mich zu übermannen, als er mich so fest an sich presste. »Ich bekomme bestimmt eine schreckliche Szene, weil ich zu spät komme.«

»Weshalb?«, fragte er erstaunt und deutete den Hügel hinunter. »Du bist doch schon zu Hause.«

Ich folgte seiner Hand und riss erstaunt die Augen auf, als ich tatsächlich das Haus sah; es war *unser* Hügel, und auf der Veranda saß Mamaí, die Zwillinge spielten im Garten.

»Aber … aber wir waren vorher doch mindestens eine halbe Stunde unterwegs!«, stieß ich fassungslos hervor. »Das ist unmöglich!«

»Nichts ist unmöglich in diesem Land«, sagte Robin lächelnd.

Ich lief knallrot an, als mir bewusst wurde, dass ich mich vor allen zur Schau gestellt hatte, und knuffte Robin heftig in die Seite. »Du … du solltest dich schämen, du ekelhafter Kerl!«, schrie ich zornentbrannt. »Mich so zu blamieren! Was glaubst du, wie sie über mich herziehen werden!«

»Ach was!« Er lachte, schlug aus dem Stand einen Salto rückwärts und lief über die Wiesen davon. »Auf bald!«

Ich rannte wütend, mit einem kurzen Schleier vor den Augen, die andere Seite des Hügels hinunter, aufs Haus zu. »Bin ich zu spät?«, platzte ich gleich heraus, kaum dass ich ankam, und erwartete die Strafpredigt.

Mamaí klappte ihr Buch zu und sah mich milde lächelnd an. »Nun, ich sah dich doch schon von weitem kommen, Kind«, sagte sie. »Du hättest nicht so zu laufen brauchen.«

Die kleinen Rangen kamen herbei, als sie mich bemerkten. »Hu, die schaut zerzaust aus!«, krähten sie. »Die war doch mit 'nem Jungen unterwegs!«

»Haltet den Mund!«, keifte ich und glättete meine Haare, nicht ohne einen erschrockenen Blick auf mein Spiegelbild im Fenster zu werfen.

»Kinder, Kinder«, warf Mamaí beschwichtigend ein. »Ihr Kleinen habt noch keine Ahnung von diesen Dingen. Wenn Sam sich wirklich mit einem jungen Mann getroffen hätte, hätte sie einen Blumenstrauß bekommen, und den lässt kein Mädchen nach dem ersten Rendezvous liegen.«

Doch, ich, dachte ich in siedend heißem Schrecken; was mich aber bedeutend mehr verblüffte war die Tatsache, dass niemand Robin auf dem Hügel gesehen hatte. Worüber ich nicht unglücklich war, denn dann hatten sie den leidenschaftlichen Kuss auch verpasst. Aber … wie konnte das sein?

In diesem Moment kam Auntie G aus dem Haus, und nichts wäre mir lieber gewesen als ihre vernichtende Stimme; aber sie musterte mich nur mit diesem langen, nachdenklichen Blick, der mich mehr als alles andere beunruhigte, und sagte ohne eine Miene zu verziehen: »Kommt alle ins Haus. Das Essen ist fertig.«

Ich saß sehr still am Tisch und stocherte in meinem Essen herum; Mamaí griff mir besorgt an die Stirn und zuckte erschrocken zurück.

»Kind, du bist ja glühend heiß!«, rief sie. »Du wirst doch nicht einen Sonnenstich bekommen haben?«

»Nein, nein, mir geht es gut«, beeilte ich mich eifrig zu versichern. »Ich bin nur sehr müde. Weil ich Angst hatte zu spät zu kommen, bin ich den ganzen Weg gerannt.«

»Ich glaube auch nicht, dass sie Fieber hat«, mischte Auntie G sich ein. »Aber ich denke, es ist besser, wenn sie gleich zu Bett geht. Junge Mädchen in diesem Alter haben oftmals Schwächeanfälle, das ist nichts Beunruhigendes. Du warst genau so, Sarah, das weißt du nur nicht mehr.« Sie erhob sich. »Geh nur schon voran, Samantha, ich hole inzwischen zur Vorbeugung ein Glas von meinem Kräutersaft.«

Folgsam ging ich nach oben, zog mich aus und legte mich ins Bett. Auntie G kam kurz darauf mit einem Glas, in dem eine giftgrüne Flüssigkeit schwappte, und ich schloss die Augen und trank das bittere Zeug in einem Zug aus.

»Auntie G«, sagte ich leise, »kann es sein, dass es mehr als nur eine Welt gibt, die manche Menschen sehen und manche nicht?«

»Kinderträume«, gab sie zur Antwort. »Jedes Kind sieht Welten, die es nicht gibt, und in deinem Alter weiß ein Mensch noch nicht, wohin er gehört: in die Welt der Kinder oder der Erwachsenen. Du bist jetzt in einer Zwischenwelt, in der viele Dinge seltsame Formen annehmen, aber bald wirst du zu den Erwachsenen gehören, Samantha, wenn du gelernt hast, dich von deinen Kinderträumen zu trennen.« Sie drückte mich in die Kissen und deckte mich zu.

»Aber ich träume bestimmt nicht«, protestierte ich schüchtern.

»Schnickschnack«, unterbrach sie mich. »Es gibt nur eine Welt, sogar hier auf dem Land, egal was andere sagen mögen. Das sind nur Märchen. Es gibt keine Feen.«

Sie löschte das Licht und ging aus dem Zimmer; ich war schon am Einschlummern, aber dann schreckte ich noch einmal hoch und starrte aus dem Fenster. Von *Feen* hatte ich doch gar nichts gesagt?

Der Sommer verging schnell. Ich feierte meinen sechzehnten Geburtstag, alle ließen mich hochleben, es war wirklich sehr schön, und ich fühlte mich glücklich und geborgen.

Mamaí war wieder gesund und unternahm oft lange, einsame Spaziergänge, weswegen mir mein eigenes Herumstreifen nicht zum Vorwurf gemacht wurde; außer von Auntie G natürlich, aber das machte mich trotzig und ich ging erst recht fort.

Wir haben kein weiteres »Frauengespräch« mehr geführt. Das Geheimnis wahrte ich weiterhin für mich, was nicht sonderlich schwer war.

Denn außer mir kannte niemand Robin, und egal wie lange wir im Land unterwegs waren, der Rückweg dauerte immer nur fünf Minuten. Nun ja, so ist das halt, wenn man verliebt ist, dann ist alles wie ein Märchen. Dachte ich so bei mir.

Die Realität holte mich ein, als Mamaí unsere baldige Heimkehr nach London ankündigte und somit vorhersehbar war, dass Robins und meine gemeinsame Zeit zu Ende ging.

Mamaí entging meine mangelnde Begeisterung nicht, und sie sprach mich darauf an. »Ich dachte, du würdest dich darüber freuen?«

Ich schüttelte den Kopf. Die Zwillinge hatten sich ebenfalls nicht gefreut und waren davongerannt, um noch jede Sekunde in Freiheit zu genießen. In London gab es wieder Schule und Anstandsunterricht und strenge Regeln. Wobei ich gegen das Lernen an sich gar nichts hatte. Ich liebte Vaters Bibliothek in London, und im Gegensatz zu anderen Mädchen durfte ich sie jederzeit frequentieren.

»Bist du verliebt?«, forschte Mamaí weiter.

»Ich glaube schon«, antwortete ich. Mamaí log man nicht an. »Aber jetzt ist es ja vorbei.« Ich brach plötzlich in Tränen aus, und Mamaí nahm mich in die Arme.

»Mein armer Liebling«, flüsterte sie zärtlich. »Die Erste Liebe ist zumeist unerfüllt und sehr schmerzlich.«

Aber das wollte ich nicht. Robin und ich, wie gehörten zusammen, für immer. So durfte es nicht enden!

Genau wie die Zwillinge auch lief ich davon, um Robin von meiner bevorstehenden Abreise zu berichten.

»Damit war doch zu rechnen, Sam«, sagte er erstaunlich ruhig. »Der Sommer ist fast vorüber. Und auch meine Zeit hier geht zu Ende.«

»Können wir denn nichts tun?«, fragte ich unter Tränen.

»Doch«, sagte er daraufhin. »Du könntest mit mir kommen. Heute Nacht noch.«

Hm? Also, ich war eher von leidenschaftlichen Briefwechseln bis zum nächsten Wiedersehen ausgegangen. Oder dass er mich in London besuchte.

»W…was? Aber wo sollen wir leben? Und wie?«

»Bei meiner Familie. Sie werden dich gern aufnehmen, du wirst sehr willkommen sein. Ich habe ihnen schon viel von dir erzählt.«

Weglaufen? Meine Familie verlassen? »Und dann ziehe ich mit euch Tinkern übers Land?«, rief ich.

Er lachte. »Sam, ich habe nie gesagt, dass wir Tinker sind, das hast du immer nur angenommen. Tatsächlich ist mein Vater vermögend, und wir leben in einem Schloss, genau wie jeder Landadel.«

»Aber das hast du mir nie erzählt!« Ich war empört.

»Das hatte den Grund, weil ich nach einer Frau gesucht habe, die mich liebt, wie ich bin. Und nicht für das, was ich habe.«

Mir war schwindlig. »Robin, ich … ich kann nicht einfach weglaufen«, stammelte ich. »Ich liebe meine Mutter, das kann ich ihr nicht antun. Meine Eltern waren immer gut zu mir und vertrauen mir.«

Robins Miene versteinerte. »Dann werden wir uns nie mehr wiedersehen«, sagte er kühl. »Denk darüber nach. Ich werde auf dich warten, auf unserem Hügel, heute Nacht. Wenn du nicht kommst, ist es vorbei.« Er drehte sich um und ließ mich in Tränen aufgelöst zurück.

Das Abendessen verlief sehr still. Weil die Zwillinge ebenfalls Kummer wegen der Abreise hatten, machte niemand eine Bemerkung darüber, dass ich mein Essen nicht anrührte.

Ich ging früh zu Bett, warf mich herum, grübelte und weinte.

Dann traf ich eine Entscheidung: ich würde nicht weglaufen, aber ich wollte mich von Robin verabschieden. Er hatte mich einfach stehengelassen, das wollte ich nicht auf sich beruhen lassen. Wenn er mich wirklich liebte, konnten wir einen Weg für unsere Zukunft finden, aber nicht auf diese Weise, dass er allein über mich entschied. Das würden auch meine Eltern nicht für mich wollen. Gerade – und ausgerechnet! - mein Vater war dafür, dass Frauen mehr Selbstständigkeit und Rechte eingeräumt werden sollten. Das Wahlrecht sei nur der Anfang, hatte er betont.

Das war mir ein Trost. Meine Eltern hatten sich sehr jung kennengelernt, und Welten hatten sie getrennt. Ihre beiden Familien wollten nicht zulassen, dass sie zusammenkamen. Sie aber hatten *gemeinsam* um ihre Liebe gekämpft und gewonnen.

Und so konnten Robin und ich das auch schaffen. Nicht auf die übliche Weise wie in den Märchen und Liedern, dass die Jungen fortlaufen, weil die Alten über ihr Leben bestimmen - und dann irgendwo ersoffen im Shannon rumliegen; diese Geschichten gingen selten gut aus. Und was wusste ich schon über Robin? Bisher hatte er nur behauptet, aber nichts bewiesen. So romantisch und verliebt ich auch war, kopflos davonzustürmen war nicht mein Weg. Ich musste mit ihm reden!

Ich wartete, bis alles schlief, dann zog ich mich an und schlich in aller Heimlichkeit aus dem Haus.

Es war eine sternklare, warme Nacht, aber ich hatte keinen Sinn dafür. Mein Herz raste, das Blut rauschte in meinen Ohren, als ich den Hügel hinauf rannte. Mehrmals stolperte ich, aber mehr über meine eigenen Füße. Ich kannte den Weg inzwischen so gut, dass ich mich auch in der Dunkelheit zurechtfand.

Der Mond war hell genug, dass ich eine Silhouette auf dem Hügel erkennen konnte. Robin wartete also wirklich auf mich!

»Ich wusste es!«, rief er mir freudestrahlend entgegen. Kaum war ich angekommen, packte er meine Hand und zog mich mit sich. »Es wird wundervoll!«

Ich hatte wie schon so oft das eigenartige Gefühl, durch einen Schleier zu treten, und riss mich von ihm los. »Nein, so nicht!«

Er verharrte verwirrt.

Ich starrte ihn keuchend an. »Ich kann nicht mit dir gehen, Robin, das sagte ich dir schon«, stieß ich hervor. »Aber ich bin hier, um dir zu sagen, dass ich dich liebe und dass ich warten werde, bis wir zusammen sein können.«

»Das können wir jetzt schon«, sagte er ernst.

»In Ordnung. Aber das sagen wir meiner Mutter. Gleich morgen früh. Sie muss wissen, auf wen ich mich eingelassen habe, und ich will ihren Segen dazu.«

Er schüttelte den Kopf. »Das ist unmöglich.«

»Aber warum?«, rief ich. »Du weißt doch gar nicht, wie sie reagieren wird, du kennst sie nicht, sie ist voller Verständnis und Güte. Und ich weiß nicht, wie deine Familie auf mich reagieren wird, wenn ich mitten in der Nacht bei euch hereinplatze.«

»Ich habe dich schon angekündigt …«

»Es geht auf Mitternacht zu, Robin! Kein normaler Mensch empfängt da noch Besuch. Warum machen wir es nicht so: Du schickst morgen an uns eine offizielle Einladung zu deinen Eltern auf ihr Schloss, und meine Mutter und ich kommen zu euch. Und wenn alle einverstanden sind, können wir uns offiziell verloben und in wenigen Jahren heiraten!«

»Nein, das geht nicht.«

»Aber warum denn nicht? Wir reisen erst in drei Tagen ab! Zeit genug! Die wir auch noch für uns hätten.«

»Es geht nicht, weil …«

»Weil er gar kein Schloss hat«, erklang da eine weitere Stimme hinter mir. Mein Herzschlag setzte für eine Sekunde aus, dann fuhr ich herum.

Nein, dachte ich, *nein, das kann nicht sein.* Ich wollte, ich konnte es nicht glauben. Es war absolut unmöglich, und doch war es ihre Stimme, die klang wie keine andere.

Sie kam den Hügel herauf.

»Auntie G«, stieß ich hervor. »Du bist mir gefolgt?«

»Sam, komm!«, schrie Robin und wollte meine Hand erneut packen, doch instinktiv zog ich zurück. Allmählich bekam ich es mit der Angst.

»Halt den Mund, Robin!«, sagte Auntie G streng.

Sie … sie *kannte* seinen Namen. Sie *sah* ihn!

»Diesmal nicht«, fuhr sie fort.

Und dann war sie oben angekommen.

Und überschritt die Schwelle, genauso wie ich vorhin und jedes Mal, wenn ich das Gefühl mit dem Schleier hatte.

Und mir klappte die Kinnlade herunter.

»Auntie G …«, hauchte ich.

In meinem Verstand hakte etwas aus, da ich sie so leibhaftig und völlig unerwartet neben mir sah, und ich glaubte zu träumen, denn ich erkannte sie nicht wieder, so verändert, so … *schön* war sie. Sie war *jung*, das Gesicht völlig ebenmäßig, die grünen Augen sprühten wie Smaragdfeuer, und ihr goldblondes Haar floss befreit und lang über die Schultern hinab.

»Oh Robin«, sagte Auntie G mit leisem, traurigen Vorwurf. »Was hast du nur getan? Du hast gegen die Vereinbarung verstoßen. Wie konntest du mir das nur antun!«

»Ich … ich musste es tun«, stammelte Robin. »Sam bedeutet mir alles.«

Mir wurde schwindlig und übel, und ich schloss für einen Moment die Augen. »Auntie G«, flüsterte ich. »Was ist hier los?«

»Ein Märchen«, sagte sie.

»Die Geschichte ist schnell erzählt«, fuhr Auntie G fort, während meine Blicke zwischen ihr und Robin wechselten. »Deine Urgroßmutter war den Lockungen einst erlegen. Unsere Familie lebte damals bereits auf diesem Land. In gewissen Zeitabständen werden die Grenzen zwischen der Anderswelt und der unseren an diesem Ort durchlässig. Und dann für einen Sommer.«

»So wie … jetzt …« Ich wandte mich Robin zu. »Das also haben deine seltsamen Bemerkungen zu bedeuten. Aber warum hast du immer gesagt, dass ich eine von euch bin?«

»Weil du es bist«, murmelte er. »Du hast das Blut in dir.«

Ich blickte wieder zu Auntie G. Ich war innerlich so erstarrt, dass ich in diesem Moment gar nichts fühlte.

»Deine Urgroßmutter hatte das Blut nicht, aber die seltene Gabe, die andere Welt zu sehen«, setzte Auntie G die Erzählung fort. »Sie ließ sich verführen, und als sie zurückkam, war sie schwanger. Zum Glück fand sich ein anständiger Mann – ihr Verlobter, der nie aufgehört hatte sie zu lieben und auf sie zu warten. Dadurch, dass sie drei Jahre lang auf geheimnisvolle Weise verschwunden war, war er einfach nur glücklich, sie gesund wiederzusehen. Er nahm das Kind als seines an. Das war deine Großmutter – meine und Sarahs Mutter.«

»Wir wollten nicht, dass sie geht!«, rief Robin.

»Aber sie hat es zum Glück geschafft, von eurer langweiligen Eintönigkeit wegzukommen!«, fuhr Auntie G ihn an. »Menschen und ihr – das passt schon lange nicht mehr zusammen. Weil es durch die Flucht meiner Großmutter einen mordsmäßigen Skandal in Robins Welt gegeben hatte, traf sie eine Vereinbarung mit dem König, dass unsere Familie nie mehr behelligt würde. Was bis zu Robins unrühmlichen Auftritt auch eingehalten wurde!«

»Du hast es gewusst ... die ganze Zeit ...« Ich fühlte, wie eine Welt in mir zusammenbrach. »Deshalb hast du diese Bemerkung gemacht ...«

»Es war unbedacht«, sagte sie seufzend. »Aber du wärst auch so dahinter gekommen, da kann man nichts dagegen machen, wenn es in einem erwacht. Zum Glück erwacht es nicht in jedem – in unserer Mutter nicht, in meiner Schwester nicht, und in den Zwillingen auch nicht.«

»Aber in dir schon ...«

»Ja, und leider auch in dir. Ich habe es schon befürchtet, als ihr angekommen seid, ich sah es in deinen Augen.«

Ich schluckte. »Und dennoch hast du es mir nicht verboten, immer wieder zu gehen ...«

»Wie sollte ich?«, erwiderte sie. »Du bist alt genug, deine eigenen Entscheidungen zu treffen. Verbote hätten nichts gebracht außer noch mehr Trotz, als du ohnehin schon gezeigt hast, wenn ich dich wegen deiner Ausflüge in der üblichen Weise rügte. Das Blut ist in dir erwacht, ich hätte es nicht verhindern können, dass du hinübertrittst. Also verhielt ich mich wie gewohnt wie deine strenge Tante und passte insgeheim auf dich auf, um rechtzeitig eingreifen zu können. Und das ist jetzt der Fall.«

»Ich werde Sam mitnehmen«, sagte Robin dazwischen. »Und niemand wird mich hindern!«

Da sah Auntie G mich lächelnd an. Und ich nickte ihr zu.

»Das verstehst du also unter Liebe?«, sagte ich zu ihm. »Gewalt?«

»Was? Nein, Sam, aber du musst einsehen, dass wir zusammengehören und ...«

»Hör auf!« Ich hielt mir die Hände an die Ohren. »Ich habe genug. Wenn ich mit dir gehe, dann *freiwillig* und nicht, weil du es willst. Verstehst du das nicht?«

»Ich … nein«, gab er ratlos zu.

Ich sah ihm an, dass er mich einfach packen und fortschleifen wollte, und ich hätte nichts dagegen unternehmen können. Er tat es nur nicht aus Angst vor Auntie G, deren Macht ich spüren konnte. Und sie war zudem eine körperlich starke Frau.

Aber was ich nicht verstand - wieso kannten sie sich trotz der Vereinbarung? Ich wurde immer verwirrter.

Gesetzt den Fall, Robin hätte es getan, mich entführt. Dann wären wir irgendwo in der Anderswelt gelandet, und er hätte mir meinen Willen genommen und ich wäre sein Spielzeug gewesen, solange er wollte. Und irgendwann, wenn er meiner überdrüssig geworden wäre, hätte er mich entsorgt.

»Meine Urgroßmutter wollte dieses Leben nicht, sie konnte sich sogar aus eurem Bann befreien, bevor ihr sie selbst irgendwann verstoßen hättet. Und ich stehe nicht unter deinem Bann«, stellte ich klar.

»Bei uns ist es wundervoll …«

»Robin, du bist so ein Idiot«, stieß ich unter Tränen hervor. »Ich liebe dich *wirklich*, um deiner selbst willen. Alles, was ich wollte, waren die Jahre bis zu meiner Erwachsenwerdung zu warten. Damit wir beide über unsere Gefühle im Klaren werden konnten. So schnell kann und will ich meine Welt nicht verlassen - so wie du offensichtlich deine nicht verlassen willst. Ich bin erst sechzehn!«

»Du hast angenommen, sie wäre ein naives, unbescholtenes Kind vom Lande aus kargen Verhältnissen und wüsste nichts vom guten Leben. Du bist davon ausgegangen, sie würde aus Liebe blindlings folgen, hinein ins aufregende Abenteuer mit ihrem Märchenprinzen«, fügte Auntie G hinzu. »Samantha aber ist gebildet, und sie wurde zur Selbstständigkeit erzogen. Sie kennt das Leben nicht nur aus Büchern, denn ihr Vater hat sie überallhin mitgenommen. Sie hat gelernt, einen eigenen Willen zu entwickeln, und sie wurde stets darin gefördert, eigene Entscheidungen zu treffen. Sie hat eine klare Sicht auf die Dinge. Es ist nicht mehr so wie einst.«

Nun lag Mitleid auf ihren Zügen. »Robin, die Entführung meiner Großmutter durch deinen Bruder liegt für euch erst kurze Zeit zurück. Aber inzwischen sind bei uns viele Jahrzehnte vergangen. Du hast nie darüber nachgedacht, in der wievielten Generation ich schon bin, nicht wahr? Nun! Die Welt der Menschen hat sich gewandelt. Sie ist nicht mehr so, wie ihr sie kennt. Wenn ihr weiterhin mit uns Verbindungen eingehen wollt, dann müsst ihr lernen, euch uns anzupassen. Anders funktioniert das nicht. Eure Verführung hat keine magische Wirkung mehr.«

Robin sah mich an.

Dann drehte er sich um und ging schweigend davon.

Als wir den Hügel hinunter aufs Haus zugingen, legte Auntie G mir plötzlich den Arm um die Schultern. Ich drückte meinen Kopf schutzsuchend an ihre Schulter, damals war sie noch so viel größer als ich.

»Weiß Mamaí Bescheid?«, fragte ich leise.

»Nein. Ich habe sie nie darüber aufgeklärt. Wir Erwachten können unsere Geheimnisse wahren. Ich werde dir beibringen, wie.«

»Du bist dort drüben so schön … und nimmst das hier auf dich.«

»Na, na«, machte sie. »Wer sagt, dass das eine Bürde ist?«

Sie blieb stehen, hielt meine Schultern und drehte mich vor sie. »Robin hat bei unseren seltenen Begegnungen nie darüber nachgedacht, dass ich jederzeit da hinübergehen und zurückkehren kann, ohne irgendeinen Zeitverlust.«

»Ehrlich?« Ich riss die Augen auf.

»Ich werde es dir zeigen. Aber du wirst das nicht oft machen, wenn überhaupt je, denn auf dich warten andere Aufgaben.«

»Aufgaben …?«

»Du hast das Privileg, in deinem Vater einen besonderen Mann zu haben, der sehr modern ausgerichtet ist. Ich habe dieses Leben hier gewählt, weil ich unabhängig sein und so leben wollte, wie es mir gefällt. Der Dorfgemeinschaft gefällt das natürlich nicht, aber sie hat sich daran gewöhnt.« Sie schmunzelte. »Und manchmal, wenn es zu schwierig wurde, habe ich ein bisschen nachgeholfen. Ein Vorteil, den unsereins in dieser Welt hat.«

»Oh …«

»Auch das werde ich dir beibringen. Jedenfalls wollte ich für meine Schwester, dass sie ähnlich frei ist. Sie ist anders als ich, sie wollte einen Mann und Familie. Ich habe daher darauf geachtet, wen Sarah als Mann auserwählt, und ich habe den beiden geholfen, sich gegen unsere Familien durchzusetzen. Dein Vater wird dir ein Studium ermöglichen. Du wirst deinen Weg als Frau machen in dieser Gesellschaft. Du bist intelligent und hast so viele Fähigkeiten - nutze sie.«

Studieren? Ernsthaft? Das wäre … phänomenal. Wirklich!

»Das werde ich«, versprach ich.

»Und dann, wenn es soweit ist und dein Werk getan, dann erst übertrittst du die Schwelle. Dir stehen zwei Welten offen, vergiss das nie. Egal wie verzweifelt du bist, die andere Welt wartet auf dich. Das mag ein Trost sein in den Zeiten, die auf dich zukommen werden. Aber folge dem Weg erst, wenn du dein Menschenleben erfüllt hast.«

Ich umarmte sie.

Sie erwiderte die Umarmung.

»Du machst das schon, Sam«, sagte sie.

Es war das einzige Mal, dass sie mich Sam nannte, und dafür liebte ich sie.

Der Rest ist schnell erzählt.

Kaum lag ich wieder geborgen im Bett, überwältigte mich der Liebeskummer, und es versteht sich von selbst, dass ich den ganzen Weg bis London weinte und dort noch ein paar Wochen weiter.

Mamaí tröstete mich mit großer Einfühlsamkeit, und ihre von Grund auf fröhliche Natur brachte mich schließlich aus dem Loch heraus. Sie erfuhr nie, dass sie das Feenblut in sich hatte, wie es mit Auntie G vereinbart war. Aber es machte sie auch ohne dieses Wissen, ohne dass die Macht in ihr erwachte, zu einem besonderen, einzigartigen Menschen, in dessen Nähe es niemandem schlecht ergehen konnte. Im Krieg war sie die beste Pflegerin, die man sich vorstellen kann.

Ich schrieb regelmäßig Briefe an Auntie G, und sie antwortete mir. Wir entwickelten einen Geheimcode, falls die Briefe doch mal in die falschen Hände geraten sollten.

Nach Vaters Rückkehr ging ich energisch ans Lernen, damit ich nach Oxford gehen konnte, seit kurzem wurden Frauen dort nämlich als Vollmitglied anerkannt.

Und so machte ich meinen Weg, wie ich es Auntie G versprochen hatte. Ich unterstützte selbstständige, intelligente Frauen darin, eine gute Ausbildung und bessere Stellung in der Gesellschaft zu erhalten. Mein Wirken war begrenzt, meine Lebenszeit kurz, aber ich tat mein Bestes. Ein paar hundert Frauen waren es schon, die mein Erbe weitertrugen, und wenn die Hürden zu hoch schienen, half ich eben ein wenig mit meiner Macht nach. Auntie G hatte ganz recht gehabt - wenn wir schon solche Gaben besaßen, sollten wir sie auch nutzen. Bei den Feen war immer alles gleich, aber wir Menschen hatten noch die Chance auf Weiterentwicklung.

Und nun bin ich alt und lebe seit meiner Emeritierung allein auf dem alten Familiensitz in Irland. Ich habe nie geheiratet, genau wie Auntie G, dafür war einfach keine Zeit gewesen. Und Robin hatte mir ein so großes Loch ins Herz gerissen, dass kein anderer es mehr füllen konnte.

Längst erobern die nächsten Generationen meiner Familie die Welt, die Zwillinge haben großartige Kinder, und diese wiederum bringen ebenfalls lebensfrohe, bodenständige Nachkommen hervor. Was so ein bisschen Feenblut doch mit einem machen kann, nicht wahr? Zum Glück ist es in keinem der anderen je erwacht.

Nun aber muss ich schließen und mich auf den Weg machen. Sie wollen morgen kommen und mich wegholen, denn ich sei inzwischen zu alt und gebrechlich, sagen sie, und bräuchte Fürsorge.

Keine Einwände! Ich *bin* alt und gebrechlich und *brauche* Fürsorge.

Aber nicht so wie die denken. Hi, hi.

Heute Nacht werde ich ein letztes Mal auf den Hügel steigen und durch den Schleier gehen nach drüben.

Und etwas in mir sagt, dass dort nicht nur Auntie G auf mich wartet, sondern auch Robin.

Stunde des Abschieds

Es war ein langer und anstrengender Tag gewesen, und er war rechtschaffen froh, endlich zu Hause zu sein. Auf dem Tisch stand die übliche karge Mahlzeit bereit, die er mit der üblichen Gleichgültigkeit zu sich nahm. Danach jedoch lehnte er sich behaglich in seinem großen Lehnstuhl zurück und hob den antiken Römer, gefüllt mit dem edlen Rebensaft jenes Landes, in dem man angeblich wie Gott lebte. Er prostete sich selbst zu und trank in kleinen, hingebungsvollen Schlucken. Ein stilles Lächeln huschte über seine unscheinbaren grauen Gesichtszüge: Der Genuss von Wein war unüblich, und er wusste von keinem anderen, der gleichfalls diese Vorliebe hatte – jedenfalls nicht diese.

Jeder von ihnen hatte eine andere kleine Schwäche; sei es, sich ein Haustier zu halten, mit einem Kind befreundet zu sein, Rosen zu züchten oder so manch Unbeschreibliches derjenigen, die sehr weit weg, manche gar am Ende des Universums, ihre Arbeit verrichteten.

Es war sicherlich ungewöhnlich für ihre Art, etwas *Weltliches* zu tun, aber schließlich gab es nichts Vollkommenes. Deshalb war bei den meisten der Genuss von Nahrungsmitteln auch beibehalten worden, obwohl das eigentlich nicht mehr notwendig war; es war ein uraltes Ritual, das für einen Moment weltliche Ruhe gestattete und dem Körper eine gewisse Befriedigung verschaffte. Unvollkommenheit war ein anderes Wort für *Leben*: Evolution und Selektion; Bewegung; Gutes und Schlechtes, Schönes und Hässliches, Lachen und Weinen, Werden und Vergehen. Veränderung.

Es gab keine Ausnahme, nicht einmal hier. *Selbstverständlich* nicht einmal hier, schließlich änderte sich die Welt täglich, die Arbeit war nie dieselbe, auch wenn sie stets zum selben Ergebnis führte. Und auch er konnte nicht abstreiten, dass er sich verändert hatte: er war nun alt und erfahren, keineswegs mehr der ernste, eifrige und unerfahrene Anwärter zu jener Zeit, als er die Nachfolge angetreten hatte.

Oh ja, er hatte sein Bestes gegeben, das war die Wahrheit, sachlich und ungeschönt. Gefühle wie Stolz, Triumph oder gar Hochmut waren ihm fremd. In der ganzen langen Zeit hatte er nicht ein einziges Mal versagt - was nicht unbedingt etwas zu bedeuten hatte. Er hatte es niemals erlebt, dass einer von ihnen je versagte. Sie kannten ihre Pflicht. Ja, sie war ihr *Leben*, wenn man es so ausdrücken wollte. Sie waren lange darauf vorbereitet worden und hatten den Eid im vollen Bewusstsein abgelegt, ihn nie zu brechen.

Was nicht bedeutete, dass die Arbeit nicht manchmal Schmerzen bereitete, wenn sie das Umfeld sehen mussten und das, was aus der Welt wurde. So fühlten sie Schmerz und eine gewisse Erleichterung zugleich, denn auf ihre Weise konnten sie helfen. Manchmal, wenn sie sich in gewissen Abständen trafen, sprachen sie darüber und diskutieren Möglichkeiten, wie diese furchtbare Entwicklung aufgehalten werden konnte. Obwohl sie wussten, dass sie nicht dafür bestimmt waren, *aktiv* einzugreifen. Das war der einzige Schmerz, denn ihre Herzen waren voller Liebe, und ihre Möglichkeiten, sie zu geben, waren so beschränkt.

Er stand auf und trat langsam, das Weinglas noch in der Hand, vor das große Fenster und sah hinaus. Die grauen Nebelwolken zogen eilig dahin, hin und wieder blitzte noch ein einzelner Sonnenstrahl hindurch und warf die Schatten der Fensterkreuze auf sein Gesicht. Seltsam, dass er heute an diese Dinge dachte. Er konnte sich nicht erinnern, jemals zuvor so viel gegrübelt zu haben. Aber er fühlte sich irgendwie - *müde*, zum ersten Mal.

Ein seltsamer Tag, wahrlich. Ein paar Stunden Ruhe, dann würde er die Nachtschicht beginnen; bis dahin war er sicherlich wieder vollkommen in Ordnung. Wer sagte, dass es nicht auch bei einem wie ihm solche Augenblicke geben konnte?

Er führte das Glas behutsam an die Lippen und trank bedächtig. Als er die Hand sinken ließ, spürte er einen feinen Luftzug an seinem Arm; er wusste ohne hinzusehen, dass das Glas aufgefüllt wurde. Ja, dieses Glas noch, dann würde er ruhen. Er würde sich auf den großen Opalthron setzen und sich versenken, für einen Moment den Blick von der Welt abwenden. Für einen Moment würde er sich im Nichts verlieren und Kräfte schöpfen. Dann, wenn er rechtzeitig genug erwachte, würde er mit dem einen oder anderen seiner Freunde Kontakt aufnehmen, zu einem kurzen Gedankenaustausch.

Im Lauf der Zeit entwickelten sich solche Freundschaften, zumeist bei denen, die in nachbarlichen Regionen arbeiteten, denn manchmal war ein Zusammentreffen unvermeidlich. Man sprach hauptsächlich über die Arbeit, und über das Befinden, über manchen Klatsch, wer neu dazugekommen und wer versetzt worden war.

Auf galaktischen Treffen wurde auch viel über die Arbeitsmethoden gesprochen, jeder hatte so seine eigene Vorgehensweise. Dafür waren diese Treffen da: um sich kennenzulernen und den Kontakt untereinander zu halten, um dazuzulernen, über die Arbeit zu sprechen.

Manchmal sprachen sie dabei auch über diejenigen, die für Sonnen und Planeten und dergleichen zuständig waren, aber nur verschämt, schüchtern, hinter vorgehaltener Hand. Jene Großen schienen nahezu ewig zu währen, und sie waren so fremd, dass mit ihnen nicht mehr auf normalem Wege kommuniziert werden konnte, sie hatten auch keine Gestalt. Man wusste von ihnen und erlebte manchmal ihr Wirken, wenn eine Supernova entstand oder ein Schwarzes Loch sich wandelte.

Die Treffen verliefen stets sehr ausgeglichen und angenehm, einmal eine Abwechslung von der Einsamkeit. Es tat gut, die sanften, freundlichen Gefühle zu teilen und sich zu verbinden.

Denn, man musste ganz ehrlich sein, die Arbeit war eine Bürde.

Was dachte er denn da? Was ging mit ihm vor? Er schüttelte den Kopf und trank den nächsten Schluck. Wenn er ein Mensch gewesen wäre, hätte er vielleicht Angstzustände bekommen angesichts der Verwirrung in seinem Verstand. Aber er war weder ein Mensch noch kannte er Angst. Das war vorbei, schon seit sehr langer Zeit.

Zeit. Immer dieses Wort. Was bedeutete es schon? Nur Bewegung, nichts sonst. Für ihn hatte es niemals eine Bedeutung gehabt, nicht, seit er den Eid abgelegt hatte.

Und dennoch …

Er schaltete für ein paar Momente die Gedanken ab und ließ den Blick draußen umherschweifen. Wie sehr er diesen Anblick immer geliebt hatte, das Spiel der Sonnenstrahlen mit den Nebelwolken am Tag, und den Glanz des Sternenhimmels mit dem weißkalten Mond in der Nacht.

Nun, das musste genügen. Der letzte Schluck Wein, dann die Meditation auf dem Thron. Plötzlich sehnte er sich danach, nach diesem kostbaren Augenblick im Nichts, der nie begann, nie verging und nie endete. Und dennoch war.

Er löste den Griff von dem Glas, das von unsichtbarer Hand aufgefangen wurde, und begab sich ins Observatorium, in dem der riesige Opalthron stand. Für einen kurzen Moment blieb er davor stehen und atmete tief durch, bevor er sich langsam auf dem Sitz niederließ und die mächtigen Hände auf die Lehnen legte.

Einen Augenblick, mein Freund.

Er zuckte zusammen und öffnete die Augen.

Noch nie hatte ein anderer als er das Observatorium betreten.

Bis auf …

Ihn selbst. Damals, als er das erste Mal die Halle betreten hatte. Da hatte ein anderer auf dem Thron gesessen, und der hatte ihn erwartet …

»Nein«, flüsterte er. Der Klang seiner sanften, tiefen Stimme hallte wie das kurze Pfeifen eines aufkommenden Sturmwinds durch die Kuppel.

»Es ist soweit«, sagte die andere, die nur ein paar Meter entfernt vor dem Thron stand. Wie er selbst einst vor dem Thron gestanden hatte, erschienen aus dem Irgendwo.

»Aber … warum? Ich habe mich nicht vorbereitet …«

Die andere schob ihre Kapuze zurück. Sie war noch sehr jung, das Gesicht ganz ohne Falten, von dunkelgrauer Farbe. Das Licht in ihren Augen war hell und lebendig. Die Ähnlichkeit mit ihm selbst, damals, als er angefangen hatte, war erschreckend. Und ohne in einen Spiegel sehen zu müssen, denn hier gab es keine Spiegel, wusste er, dass die Junge recht hatte.

Er war alt geworden, das Licht in seinen Augen nur noch ein matter Glanz. Und er *hatte* sich vorbereitet, in gewisser Weise, als er in Gedanken versunken vor dem Fenster gestanden hatte. Es war ihm nur nicht richtig bewusst geworden.

Dennoch …

»Ich will dich nicht drängen«, sagte die Junge sanft. »Ich weiß nur, dass es Zeit ist.«

»Zeit, ja. Man sollte denken, dass sie für uns keine Bedeutung hat.«

Die Junge lachte, hell und klar. Es war das erste Lachen seit Äonen, das in dieser Halle erklang. »Nun verstehe ich dein Erschrecken, mein Freund. In deinem Herzen bist du jung geblieben, und sogar die Erinnerung an die Menschen steckt noch tief in dir.«

»Ich habe täglich mit ihnen zu tun, Junge«, antwortete der Alte. »Zunächst bedeutet es dir nichts, doch dann, je mehr du damit zu tun hast, desto mehr nimmst du daran teil. Denn jeder von ihnen ist anders, manche leiden still, manche schreien laut, sie sind alt und jung, Mann, Frau und alles dazwischen. Mit manchen von ihnen unterhalte ich mich, und das ... nun, das färbt ab. Man beginnt, dieselben Phrasen zu gebrauchen, ahmt sie in gewisser Weise nach.«

Das Licht in den Augen der Jungen leuchtete stärker. »Das hätte ich mir nie erträumt«, sagte sie ergriffen. »Denn die Tiere sterben alle auf dieselbe Weise: sie geben auf, und ihre kleinen Seelen brennen hell, wenn ich sie aufnehme, sie sind scheu und neugierig zugleich, zutraulich und anschmiegsam.«

»Erwarte dir nicht zu viel«, warnte der Alte. »Die Welt der Menschen taumelt dem Untergang immer näher entgegen. Täglich erfinden sie neue Grausamkeiten, Kriege, zerstörerische Kräfte. Ihre Selbstzerstörungswut kennt keine Grenzen, und sie werden nicht eher einhalten, bis nichts mehr übrig ist. Es ist eine harte, aufopfernde Arbeit, die auf dich wartet.« Er verlagerte kurz seine Haltung. »Hast du dich bereits in deiner Region umgesehen?«

Die Junge schüttelte den Kopf. »Ich dachte, du würdest mich begleiten auf meinem ersten Gang.«

»Nein«, lehnte der Alte ab. »Das ist nicht üblich, und das weißt du. Du musst allein gehen.«

»Aber wo werde ich die Grenzen erkennen?«

»Du wirst es wissen. Sieh dich im Schloss um, setze dich auf den Thron. Nimm den ersten Kontakt mit deinen Nachbarn auf. Sie sind gute Freunde von mir und werden dir gerne Rat geben. Dann erst beginne deine Schicht: morgen früh.«

»Aber … dann werden heute Nacht hier keine Menschen sterben!«

Der Alte lächelte, ein stilles Lächeln voller Heiterkeit. »Nun, dann ist diese Region eben für eine Nacht unsterblich«, sagte er sanft. Und er dachte: *Ein kleines Abschiedsgeschenk von mir.*

Für manche gab es somit noch eine Schonfrist, ihren Frieden zu schließen. Ein kostbares Geschenk.

Er war nun bereit. Kurz hatte er sich aufgebäumt, weil er überrascht gewesen war, aber das war vorbei. Er kannte keinen Ehrgeiz, ewig an seiner Aufgabe festzuhalten, für ihn gab es kein Streben, keine sehnsüchtigen Wünsche.

»Erlaubst du mir noch eine Frage?«, sagte die Junge zaghaft.

Das Lächeln des Alten vertiefte sich. Er kannte diese Frage. Er hatte sie einst selbst gestellt. Überhaupt war dieses Gespräch eine Wiederholung von damals, wie wahrscheinlich jedes Gespräch zuvor, nur mit vertauschten Rollen. »Stelle sie.«

»Welchen Sinn hat dieser … Wechsel? Unsere eigene … ja, ich möchte sagen: Sterblichkeit?«

»Weil es Einen gibt, der von uns in Schach gehalten werden muss«, antwortete der Alte. »Das ist der Tobende Tod, der Krieger unter uns, der Gewalttätige, Grausame. Er ist ein flammendes Inferno, ein leuchtendes Gerippe, eine rasende Maschine. Was immer du dir vorstellen kannst. Wo er wütet, gibt es nichts Lebendiges mehr. Er holt nicht die Seelen, deren Flamme erlischt, ob durch Krankheit, Unfall, Selbstmord oder Mord, sondern überfällt wie ein rasender Orkan die Welten und streckt alles nieder, wahllos und sinnlos. Er trifft keine natürliche Auswahl, er unterstützt nicht die Evolution oder hilft den Leidenden. Er ist der Zerstörer, der Unveränderliche. Aber solange wir uns immer wieder verjüngen, sind wir stark genug, ihn zurückzuhalten. Wir werden abgelöst, bevor wir nachlässig werden, zu routiniert, ja, vielleicht auch zu alt. Selbst wenn du unsterblich bist, bist du irgendwann alt im Geiste bei all dem, was du siehst, worüber du nachdenkst. Du wirst wahnsinnig oder müde oder fahrlässig. Der Tobende Tod hätte dann leichtes Spiel. Wir haben deshalb dafür Sorge zu tragen, dass das Leben bestehen bleibt, sich entwickelt und verändert. Daher wird auch für dich dereinst der Moment kommen, da du auf diesem Thron sitzt und mit deinem Nachfolger sprichst, und es werden dieselben Worte sein, die ihr tauschen werdet.«

»Gibt es nie eine Änderung bei uns?«

»Aber das ist doch die Änderung, liebe Freundin. Wir haben unsere Bestimmung, und so lange wir sie erfüllen, halten sich Ordnung und Chaos die Waage. Wenn du den immer gleichen Ablauf unseres Wechsels meinst, so ist es wohl unveränderlich. Wenn es dereinst eine Änderung gibt, werden wir sie erfahren. Aber *wir* werden sie *nicht* verursachen, verstehst du? Wir sind Tod. Damit ist alles zu Ende.«

»Auch für dich? Ich meine, jetzt? Darüber erfahren wir nichts …«

»Möglicherweise. Niemand von uns weiß das vorher. Ich glaube, nicht einmal die, die Sonnen und Monde und Planeten holen. Aber ich, ich werde es bald wissen. Wenigstens für einen winzigkurzen Augenblick. Denn nichts währt ewig. Was entsteht, vergeht.«

»Was entsteht, vergeht«, murmelte sie automatisch nach, das ewige Mantra des Todes.

»Lebe wohl, meine junge Freundin, und erfülle deinen Eid.«

»Mit Freude.«

Die rituellen Abschiedsworte.

Der Alte lehnte sich entspannt zurück, schloss die Augen und versenkte sich, wie er es immer getan hatte, um zu ruhen. Doch nun würde er nicht mehr zurückkehren.

Die Junge sah, wie ein Zittern durch den Körper des Alten ging, ein kurzes Zucken, dann löste er sich auf.

Langsam ging die Junge zu dem leeren Opalthron, der nun der ihre war, und setzte sich darauf. Sie stützte die starken Hände auf die Lehnen, senkte die Lider und rief nach ihren Brüdern und Schwestern und allen, die sie hören konnten.

Flaumfeder

Erst als der Abend hereinbrach, legte sich der Sturm, der schrecklicher gewesen war als das schlimmste, durch Legenden bekannte Unwetter; es schien, als hätte sich der Wahnsinn, der die Leute wie eine ansteckende gefährliche Seuche befallen hatte, auch auf die Natur übertragen. Männer und Frauen mit hassverzerrten Gesichtern rannten suchend in den Felsen herum, ohne auf die scharfen Kanten zu achten, die ihnen Kleidung und Haut zerrissen; ihre Stimmen waren schon ganz heiser, aber sie schrien weiter und stachelten sich gegenseitig immer wieder an, wenn so mancher der beginnenden Erschöpfung nachgeben wollte.

Es war ein Kind, das sie suchten, ein verkrüppeltes kleines Mädchen, dessen graue, lederartige Haut mit weißen Flaumfedern bedeckt war. Sie hatten das Kind den ganzen Tag gehetzt, nachdem sie seine Mutter in der Früh in blinder Raserei gesteinigt hatten.

Das Leben war stets hart gewesen in Sturmtal, dem Reich des Adlers, nahe an den Bergen des Wahnsinns. Das Land war rau und trocken, das Wetter kühl und stürmisch. Die Menschen, die in weit verstreuten Dörfern lebten, waren hochgewachsene, starke, schwarzhäutige Bauern, die ihr Leben in Demut und geistiger Reinigung verbrachten. Der Gott, der sie beschützte, war Elnadir, der Schwarze Adler, und sie nannten sich die *Telmadren*, die Auserwählten, die sich im ewigen Kampf gegen Trandar, den mächtigen Weißen Dämon des Todes, bis zum heutigen Tag behauptet hatten. Trandar war der Weiße Adler, der Herr des Schnees, der die Dörfer seit Äonen jedes Jahr überfiel und seiner grausamen Macht zu unterwerfen suchte. Jährlich starben hunderte von Menschen unter Qualen, aber selbst im Tode noch kam kein Fluch über ihre verzerrten Lippen; im letzten Atemzug dachten sie an Elnadir, den Alten Gott, der nicht mehr die Kraft besaß, den Dämon zu vernichten und sein Volk in die Freiheit zu führen.

Die Telmadren waren Abkömmlinge eines vertriebenen Volkes, das sich an jenem Ort vor nahezu zweitausend Jahren nach langer Flucht niedergelassen hatte, um Kraft zu schöpfen. Nach den Überlieferungen sollte es eines Tages den gläubigsten Propheten gelingen, die Berge des Wahnsinns zu überschreiten und das Reich der Goldenen Bäume zu erreichen, wo der Frühling ewig herrschte und die Früchte in den Mund wuchsen. Den Propheten sollte daraufhin auf dem vorgezeichneten Weg bald das gesamte Menschenvolk von Sturmtal folgen können und Trandar dem Fluch der Einsamkeit aussetzen; Elnadir aber, der Schwarze Adler, sollte in ihrem starken Glauben mit ihnen gehen und seine Jugend im Land der Goldenen Bäume zurückerhalten.

Seit Beginn der Legende überflog Elnadir alle zwölf Jahre sein Reich, um nach den ersehnten Propheten Ausschau zu halten, um bei ihnen zu landen und ihnen seinen göttlichen Atem zu geben, damit sie für die lange gefahrvolle Reise hinreichend gerüstet waren. Die Telmadren hatten die Hoffnung die vielen Jahre hindurch niemals aufgegeben; sie wurde durch Elnadirs regelmäßiges Erscheinen am Leben erhalten und sogar noch bestärkt, wenn er sich über einem Dorf besonders lang zeigte. Und vor einigen Jahren entstand die Meinung, dass die nahezu vollkommenen Menschen des Dorfes Andacht eines Tages die Propheten sein würden, denn sie waren die Aufrichtigsten und Gläubigsten, und Elnadir hatte zwölf Jahre zuvor sehr lange über dem Dorf gekreist. Seit dieser Zeit gaben sich die Menschen in Andacht ihrer göttlichen Demut noch eifriger hin, in Gebeten, harter Arbeit, geistiger und körperlicher Reinigung und Läuterung und vielem mehr.

Sechs Jahre standen die Zeichen sehr gut, selbst Trandar schien die Veränderung in Andacht zu bemerken, denn er zeigte sich nun häufig und in vielerlei Gestalt und versuchte sich als Verführer, nicht als grausamer Herrscher. Doch dann wurde eine junge Frau, die bis dahin in tiefer Religiosität und Keuschheit gelebt hatte, plötzlich schwanger, und als sie das Kind geboren hatte, wussten die Alten, dass das Mädchen der Fluch des Dämons war, Trandars Tochter, denn es war klein und verkrüppelt: Die Füße waren gebogene Klauen, die Hände verkrümmt, und weicher weißer Flaum bedeckte die viel zu helle, graue Haut. In ihrer Frömmigkeit hofften die Menschen zunächst nur, dass das Kind bald sterben würde;

aber die Mutter, die ihre Tochter innig liebte, sorgte aufopfernd für sie und beschützte sie vor allem Übel.

Das Mädchen wuchs schneller heran als andere Menschenkinder; es war körperlich zwar schwach, aber im Geiste den Erwachsenen schon mit einem Jahr überlegen, es konnte auch bereits fließend sprechen und Gedanken in Worte kleiden, gab sich selbst den Namen Flaumfeder und versuchte in unendlicher Geduld, die Liebe in den Herzen der Menschen zu erwecken.

Doch je mehr Jahre vergingen und je näher der Flug des Adlers rückte, desto stärker wuchs der Aberglaube unter den Dorfleuten, der sich schließlich zu Hass steigerte, aufgestachelt und genährt von den Alten, die schließlich *wussten*, was seine Richtigkeit haben musste. Sie hatten ihr Leben lang alle Zeichen beobachtet und waren sicher, dass der Tag gekommen war, an dem Elnadir landen und ihnen seinen göttlichen Atem geben würde.

Doch nun, da sich die Sehnsucht der Telmadren erfüllen sollte und die Erlösung aus den jahrhundertelangen Kümmernissen nahe war, lebte mitten unter ihnen die Tochter des Dämons und besudelte ihre göttliche Reinheit und Ehre! Sie gaben Mutter und Kind die Schuld an allen schlechten Vorkommnissen, an Missernten, Fehlgeburten, Krankheiten; ohne nachzudenken behaupteten sie kühn, dass diese Unglücksfälle vor Flaumfeders Geburt niemals so häufig geschehen wären. Wenn überhaupt je!

Noch war die Furcht vor dem Zorn Gottes größer als die Mordgefühle, aber als der Tag des Adlers gekommen war, brachen sie hervor. Die Alten, um sich nicht mit Schuld zu beladen, forderten Flaumfeders Mutter auf, mit ihrem Kind in die Eiswüste zu ziehen, um dort zu sterben und den Fluch von Andacht abzuwenden. Die Mutter riss ihr Kind an sich und spuckte dem Ältesten ins Gesicht, der hysterisch zu kreischen begann und die Dorfleute mit seinem hasserfüllten Gebrüll tobsüchtig machte.

Schon bückten sich die ersten nach Steinen und steckten die anderen rasch an; und während die Mutter klaglos und stumm unter dem Hass der Menschen fiel, rannte Flaumfeder schreiend davon, so schnell ihre verkrüppelten Beine sie tragen konnten. Die Telmadren, blind in ihrer Raserei, schlugen so lange auf die ermordete Frau ein, bis sie nur noch ein blutiger, im letzten Aufbäumen der Muskeln zuckender Fleischklumpen war; dann erst erinnerten sie sich des Kindes, und sie jagten ihm hinterher.

Doch Flaumfeders Vorsprung war groß. Sie hatte die Felsen vor ihren Verfolgern erreicht und verbarg sich zitternd in einer winzigen Spalte. Gerade noch, bevor ihr Wimmern die Jäger auf ihre Spur bringen konnte, setzte der Sturm ein und riss ihr dünnes, hilfloses Stimmchen mit sich fort.

Den ganzen Tag rannten und stolperten die Menschen in den Felsen umher und suchten das gut verborgene Kind, das sich reglos verhielt, und als gegen Abend der Wind endlich wieder schwieg, hallte die hypnotische Stimmkraft des Dorfältesten bis zu Flaumfeder herüber.

»Sucht weiter!«, schrie der Alte und bewegte wild die Arme, und seine Augen glühten fanatisch. »Noch ehe der Ruf des Adlers erklingt, muss die Tochter des Dämons gefunden sein! Denkt immer daran, dass dies die göttliche Prüfung für unseren starken und heiligen Willen ist!«

Seine leidenschaftlichen Worte rissen die erschöpften Menschen mit, und sie machten sich wieder auf die Suche und drehten jeden Stein um, als plötzlich ein riesiger Schatten die untergehende Sonne verdunkelte. Viele sanken in Ohnmacht, die anderen fielen mit dem Gesicht voran in den Staub, als der heisere, erschütternde Schrei des Gottes erscholl.

Und Elnadir landete, wie es die Legende so lange versprochen hatte, und er landete in Andacht, genau in den Felsen und direkt bei Flaumfeder.

So erblickte der Gott in einer Felsspalte ein völlig verstörtes und verängstigtes kleines Mädchen in zerrissener Kleidung, das Gesichtchen von Schmutz und Tränen verschmiert. Zitternd und unbeholfen drückte es mit seinen verkrümmten Händen ein armloses Püppchen an sich und starrte aus geweiteten Augen furchtsam auf den mächtigen Schwarzen Adler.

Elnadir wurde von den traurigen Kinderaugen berührt, und sein wilder dunkler Adlerblick wurde ruhig und weich. »Warum bist du nicht bei den andern?«, fragte er mit rauer Stimme.

Das Kind zuckte unter der göttlichen Kraft seiner Stimme zusammen, aber es kam ein wenig näher. »Sie haben meine Mutter gesteinigt«, flüsterte Flaumfeder schluchzend. »Und der Weise sagt, dass sie mich auch töten sollen.«

Der Schwarze Adler wandte seinen mächtigen Kopf zu den Menschen, die unter ihm im Staub lagen. »Elnadirs Tochter töten?«, fragte er erstaunt.

»Ich bin Elnadirs Verderben!«, wimmerte Flaumfeder. »Trandar ist mein Vater, denn weißer Flaum verunstaltet meine viel zu helle Haut! Deine Federn sind schwarz, Trandars Federn aber sind weiß!«

»Diese Dummköpfe«, sprach Elnadir kopfschüttelnd und in tiefer Resignation. »Wissen sie denn nicht, dass alle Adlerjungen weißen Flaum und eine helle Haut haben? Ich wollte ihnen ein Zeichen geben, damit sie vorbereitet wären. Sie sollten durch dich die Gewissheit bekommen, die Propheten zu sein. Ich habe sie so lange geprüft und war mir so sicher … sie erschienen so stark und rein …«

Er machte eine kurze, von Trauer erfüllte Pause.

»Du, meine Tochter«, fuhr er dann fort, »du hättest sie führen sollen mit deiner großen göttlichen Macht und deiner Jugend, da ich die meine im Kampf gegen Trandar verloren habe. Im Land der Goldenen Bäume herrschen viele mächtige Götter, und ich brauche starke Menschen, die treu zu mir halten, um dorthin gelangen und überleben zu können. Es ist ein Pakt auf Gegenseitigkeit, denn im Ausgleich dafür hätten sie als erste Menschen die Berge des Wahnsinns überquert und das Wunderbare Land des Friedens und Reichtums erreicht. Trandars Macht in Sturmtal wächst stetig, und ich sehne mich nach grünen Wiesen. Ja … dieses Jahr wären die ersten aus dem Volk soweit gewesen, um den großen Aufbruch zu wagen, der uns alle, auch mich und dich, in ein besseres Leben gebracht hätte. Aber niemand hat meine Zeichen verstanden, stattdessen wurde ein grausamer Mord begangen. Nun muss ich wieder weiterziehen und suchen …«

Er verstummte und versank in Gedanken, doch dann hob er plötzlich den Kopf und sprach mit von neuer Kraft erfüllter Stimme: »Aber ganz habe ich die Hoffnung nicht verloren, denn jetzt bist du bei mir, meine Tochter; deine jungen Augen sehen schärfer als meine alten, und du wirst den Weg für uns beide suchen, und mit unserer gemeinsamen Kraft können wir es schaffen … auch ohne Menschen.«

Er stieß einen amüsierten Pfiff aus. »Es wird vermutlich das erste und einzige Mal in der Geschichte sein, dass ein Gott seine Gläubigen verlässt, anstatt umgekehrt. Aber wozu noch länger warten? Komm, Tochter, erhebe dich und folge mir.«

Er breitete seine Schwingen aus, und Flaumfeder kroch aus ihrer Nische hervor; und als sie die Ärmchen nach ihm ausstreckte, wurden Flügel daraus, ihre Beine bogen sich zu scharfen Fängen, ihr Mund streckte sich zu einem Hakenschnabel. Bald bedeckte ein langes schwarzes Federkleid ihren ganzen Körper, ihr Kopf veränderte sich zu der schmalen stolzen Form des Adlers, und als sie an der Seite ihres Vaters langsam in die Lüfte aufstieg, stürzten die Menschen schreiend und händeringend hinterher, doch zu spät, viel zu spät.

Drachenherz

Ein eiskalter Wind fegte von den Berggipfeln herunter, der die Menschen im Lager erschauern ließ. Die Gefolgsleute des Königs waren leicht gekleidet, denn unten im Tiefland war der Frühling schon angebrochen.

Der König beobachtete in amüsierter Boshaftigkeit die frierenden Höflinge, die sich zitternd zusammendrängten und nun trotz ihrer festlichen, reich geschmückten Aufmachung keineswegs mehr prächtig wirkten. Ein Glück, dass der König und seine Tochter den Rat des Söldners befolgt und sich in feste, warme Stoffe gehüllt hatten!

Der gesamte Hofstaat war aufgebrochen, um den Söldner bis zum Rand des Gebirges zu begleiten und ihn mit Feierlichkeiten, Gesängen und dramatische Tränen auf die große Reise zu schicken. Immerhin ging es um die Erfüllung einer Prophezeiung. Nach Jahrhunderten sollte es diesem Helden gelingen, das Herz des Drachen zu erlangen und im Triumph ins Tiefland zu bringen.

Es hieß, dass das Herz des Drachen ewiges Glück und Reichtum bescherte. In der großen Halle des Schlosses sollte es aufgehängt werden, um von dort aus das ganze Land zu schützen. Niemand würde es mehr wagen, das Reich anzugreifen. Des Königs Tochter würde unter allen großen Männern der Welt wählen dürfen, weil sie eine stattliche Mitgift bieten konnte. Das kleine, ärmliche Tiefland würde zu einem mächtigen Staat werden, nicht mehr länger verhöhnt und verachtet.

Der König wurde von seinen Träumen abgelenkt, als der Söldner an seine Seite kam; ein hochgewachsener, muskulöser Mann in den besten Jahren. Gesicht und Körper trugen die Spuren unzähliger Kämpfe. Seine verkrüppelte linke Hand steckte in einer gut beweglichen Panzerfaust, die schon Granit zertrümmert hatte. Erstaunlicherweise besaß der Söldner noch alle Zähne, die spitz zugefeilt waren. Das drahtige dunkle Haar war an der Seite zu einem dicken langen Zopf geflochten, er trug nach Sitte der Steppenkrieger ein ledernes Stirnband und Raubtierfelle. Im breiten Gürtel steckten Schwert und Axt, über der Schulter hing ein Bogen, am rechten Unterarm ruhte ein Stilett in einem ledernen Köcher.

Der Söldner begegnete dem hochmütigen Blick des Königs aus ruhigen, hellgrauen Augen, in denen keine Lebensfreude lag.

»Wir müssen die Zelte besonders sichern«, sagte der Söldner. »Heute Nacht wird es einen Sturm geben. Er wird gegen Morgen versiegen. Dann werde ich aufbrechen.«

Der König fragte nicht, woher der Söldner dies wusste. Momentan war der Himmel noch wolkenlos, aber möglicherweise war der eisige Wind bereits ein Vorbote. Der Söldner entstammte der Steppe und hatte fast sein ganzes Leben unter freiem Himmel verbracht; er kannte sicher alle Zeichen.

»Ich werde dafür sorgen, dass das Lager abgesichert wird«, antwortete der König. »Seid Ihr sicher, dass Ihr morgen früh schon aufbrecht, Ragorn? Mein Hofstaat wollte Euch zu Ehren ein Fest veranstalten …«

Der Söldner wandte den Kopf zur Seite und spuckte aus. Der König zuckte mit keiner Wimper, er kannte die ungehobelten Manieren der Steppenkrieger. Doch er tadelte den Söldner nicht. Der König musste behutsam sein, er hatte sehr lange nach einem geeigneten Mann gesucht, der für diesen Auftrag in Frage kam. Es ging nicht allein um die Gefahr, sondern auch darum, nicht betrogen zu werden …

Ragorn war der bekannteste aller Steppenkrieger. Sein Vater hatte ihn aus Armut im Alter von zwölf Jahren an den ersten Dienstherrn verkauft. Siebzehn Jahre lang diente er verschiedenen Herren, kam weit herum und machte sich einen Namen als Held.

»Ich habe einen Auftrag zu erledigen«, sagte Ragorn. »Für höfische Tändel habe ich keine Zeit. Eure Hofschranzen mit albernen Possen aus ihrer Langeweile zu reißen ist Aufgabe des Narren, nicht die meine.«

»Natürlich nicht«, erwiderte der König geduldig. »Sie halten es für festwürdig, wenn es sich um etwas derart Bedeutungsvolles handelt.«

»Wenn Ihr meint …« Ragorn zuckte die Achseln.

»Glaubt Ihr etwa nicht daran?«

»An geschenkte Glückseligkeit?« Der Steppenkrieger lachte. »Auf all meinen Reisen bin ich immer nur einem vergeblichen Wunschtraum begegnet, den keiner zu erreichen vermag, Majestät. Mit dem Herz des Drachen wird es nicht anders sein. Für mich zählt nur der klingende Sold. Damit kann ich mir Nahrung und Kleidung kaufen, eines Tages vielleicht sogar einen Hof. Vor allem erkaufe ich mir damit meine Freiheit.«

Der König musterte Ragorn misstrauisch. Noch immer wusste er nicht, ob er dem Söldner trauen konnte. Nicht auszudenken, wenn er das Herz des Drachen für sich selbst behielt …

»Weshalb begebt Ihr Euch dann überhaupt auf diese gefahrvolle Reise?«, fragte der König. »Ihr könntet Euren Sold leichter verdienen.«

»Euer Angebot ist gut, König, und derzeit habe ich keine anderen Herausforderungen zu bestehen, weil mein Dienstherr mich für Euch freigestellt hat. Dem kann ich mich nicht verwehren.« Ragorn deutete auf den Gürtel des Königs, an dem ein Beutel hing. Eine Schriftrolle ragte daraus hervor. »Zudem habt ihr als König die Möglichkeit, mich freizusetzen. Seit ich verkauft wurde, hat man mich von Herrn zu Herrn geschickt. Ich habe gute Arbeit geleistet. Aber ich will endlich frei sein - solange ich noch nicht grau und zahnlos geworden bin.«

»Ich werde Euch mit Reichtum überschütten, wie versprochen«, sagte der König, »denn wir werden alle im Überfluss schwelgen, wenn Ihr den Auftrag erfüllt. Und ich werde die Urkunde für Eure Freiheit unterschreiben, sobald Ihr zurück seid. Denkt daran, dass das Herz seine Macht nur in den Händen eines Königs entfalten und nur in einem Schloss aufbewahrt werden kann, sonst zerfällt es.«

»Ich werde mich an die Vereinbarung halten«, sagte Ragorn. »Ihr wisst von meiner Vergangenheit, dass ich stets zu meinem Wort stehe. Ich hoffe nur, Ihr tut das auch.«

»Zweifelt Ihr etwa an dem Versprechen eines Königs?«, brauste der Herrscher auf.

Ragorns Miene wurde düster. »Adel bedeutet nicht unbedingt auch Edelmut, mein König. Ich habe edelmütige Menschen getroffen, die kaum ein Hemd auf dem Leib und einen hungrigen Magen hatten. Und ich habe vornehme Herrschaften erlebt, die diesen Leuten ihr hart erworbenes Brot wegnahmen und sich über sie lustig machten. Und als König an der Spitze der Macht steht es Euch zu, Euch über alle Moral und Ehre hinwegzusetzen.«

Der König presste die Lippen zusammen, bis sie nur noch einen schmalen Strich bildeten.

Ragorn war sich bewusst, dass ihm solche Meinungsäußerungen nicht zustanden. Doch er glaubte keinen Moment daran, dass der König jemals sein Wort halten würde, zumindest nicht auf ehrenvolle Weise. Wenn Ragorn das Herz erst einmal übergeben hatte, war sein Schicksal wie versprochen besiegelt, und er würde frei sein - aber im Tode.

Deshalb wollte Ragorn wenigstens den Nutzen daraus ziehen, einmal im Leben das zu sagen, was er dachte, ohne wie die vergangenen siebzehn Jahre hindurch schweigen und sich selbst erniedrigen zu müssen. Denn der König *brauchte* ihn. Er war der Einzige, der bereit und vielleicht sogar auch dazu in der Lage war, den Auftrag zu erfüllen. Natürlich hatte es vorher andere gegeben, doch ihnen war kein Erfolg beschieden. Keiner war je zurückgekehrt.

Kein freier Söldner erklärte sich mehr bereit, das Wagnis auf sich zu nehmen, denn das Drachenherz war schließlich nicht mehr als eine Mär. Und von den Unfreien war nun einmal keiner so gut wie Ragorn.

Ragorn genoss es, dass der König von ihm abhängig war. In diesem kurzen, kostbaren Moment waren ihre Rollen vertauscht. Und allein das war diese gefährliche Reise wert.

»Geht und bereitet Euch auf die Erfüllung Eures Auftrags vor«, presste der König mühsam hervor.

Ragorn nickte und verneigte sich. Wortlos drehte er sich um und verließ den König, und zum ersten Mal seit siebzehn Jahren lag ein besonderer Glanz in seinen Augen.

Der Sturm kam, wie Ragorn es vorhergesagt hatte. Der Hofstaat bereute längst, dem König in diese unwirtliche Gegend gefolgt zu sein. Die vornehmen Leute hatten auf einen abwechslungsreichen, aber angenehmen Ausflug erhofft. Doch nun kauerten sie angstschlotternd in den sturmumtosten Zelten, jeden Moment darauf gefasst, vom Wind fortgeblasen zu werden. Bald tropfte der Regen schwer durch die dünnen Zeltdächer, überall sickerte Wasser herein, und es war bitterkalt.

Ragorn, der kein Zelt zugewiesen bekommen hatte, suchte Schutz unter einem Felsüberhang, der kaum Platz bot. Aber ihm machte das Unwetter nichts aus, er war daran gewöhnt. Er fror schon sein ganzes Leben lang und kannte weder die Behaglichkeit einer warmen Hütte noch die eines weichen Bettes.

Nach so einem Auftrag hatte er sich gesehnt, um seinem Wunsch nach Freiheit endlich näher zu kommen. Es wenigstens zu versuchen, so unwahrscheinlich der Erfolg auch sein mochte. Der gierige König war natürlich besorgt, dass Ragorn das Herz für sich behalten und die Macht an sich reißen würde, so, wie er selbst es an Ragorns Stelle vermutlich tun würde. Aber der Söldner interessierte sich nicht für Macht. Er hatte gesehen, was sie aus guten Männern machte.

Vielleicht, dachte Ragorn bei sich, vielleicht würde das Drachenherz ja diesen König erweichen und Güte in ihm erwecken, ihn im letzten Moment doch noch bekehren und ihn dazu bringen, sein Versprechen einzulösen. Vielleicht musste das Herz deshalb in ein Schloss gebracht werden, zu einem Herrscher, weil es Gutes bringen sollte, für das Volk, nicht für den König. Es gab viele Geschichten über das Drachenherz. Sie konnten alle wahr oder erfunden sein, doch *diese* Möglichkeit gefiel Ragorn am besten.

Kurz vor Sonnenaufgang flaute der Sturm ab. Ragorn kämpfte sich auf die Beine; die Gliedmaßen waren steif von der unbequemen Haltung. Aber seine Miene hellte sich zusehends auf, als er den ersten Sonnenstrahl durch die Wolkendecke drängen sah. Der Söldner packte seine wenigen Sachen, die er in einer schmalen Felsspalte verstaut hatte, und machte sich auf den Weg, ohne auf den König zu warten.

Als man im Lager unten merkte, dass Ragorn fort war, kletterte er bereits ein ganzes Stück oben in den Felsen. Die Rufe der Menschen schallten bis zu ihm hinauf, doch er gab keine Antwort. Langsam hangelte er sich immer weiter nach oben, überwand die steile Felswand trotz der weitgehend unbrauchbaren linken Hand.

Irgendwann verlor Ragorn jegliches Zeitgefühl. Das Gebirge erstreckte sich, soweit das Auge reichte. Das Tiefland lag weit hinter dem Söldner, tief unter einer Nebeldecke verborgen. Vor ihm lagen schneebedeckte, zerklüftete Bergriesen, deren Spitzen bis in den Himmel zu reichen schienen. Schmale Grate führten zu ihnen, über tief hinabfallende Täler hinweg.

Ragorn verstand nun, weshalb sich so viele Legenden um dieses Gebiet rankten. Vor ihm hatten sich schon viele auf den Weg gemacht, das Drachenherz zu finden. Die meisten waren arme Schlucker gewesen wie er, egal ob frei oder unfrei.

Wo sich das Drachenherz genau befand, wusste natürlich niemand. Es gab keine Karten von dem Gebirge. Niemand, der sich hierher aufgemacht hatte, war je zurückgekehrt. Was nicht unbedingt immer den Tod bedeuten musste, es gab verschiedene Möglichkeiten, sich von seinem Ziel abzuwenden.

Ragorn konnte sich nur aufs Geratewohl irgendwohin wenden.

Und so wanderte der Söldner durch das Gebirge, stets auf der Suche nach einem Pfad, der ihn weiterführte. Manchmal musste er umkehren, weil er in einer Sackgasse landete, etwa vor einer unüberwindlichen Steilwand oder einem Abgrund. Er kämpfte sich durch meterhoch liegenden, kristallglitzernden Schnee, schlitterte über Eisfelder, hangelte sich über Felsen weiter nach oben.

Die mitgenommenen Vorräte gingen zur Neige, obwohl er sehr sparsam damit umging. Ragorn musste auf die Jagd gehen, was nicht einfach war in diesen Höhen. Die seltenen Tiere waren scheu und verstanden sich bestens auf Tarnung.

Unten im Tal hielt der Sommer Einzug, gefolgt vom Herbst, gefolgt vom Winter und vom nächsten Frühjahr.

So lange war Ragorn nun schon unterwegs, hatte nur wenige Begegnungen mit einsamen nichtmenschlichen Berghirten und anderen Wesen gehabt. Man hatte ihm Gastfreundschaft gewährt, wie es in solcher Abgeschiedenheit üblich war, vor allem war er der einzige Mensch hier oben. Keiner, versicherte man ihm, sei je soweit gekommen.

Ragorn mochte das glauben, denn die menschlichen Überreste und Knochen, die er noch zu Beginn am Wegesrand gefunden hatte, waren immer spärlicher geworden und hörten schließlich ganz auf.

Eines Tages, als Ragorn wieder einmal eine Bergspitze erklommen hatte, sah er ihn. Aus einem großen, dichtbewaldeten Tal heraus erhob sich ein Solitär, ein einzelner, schwarzer Berg, dessen Spitze von Wolken verhüllt war. Dort oben schien ein ewiges Gewitter zu herrschen, es blitzte und donnerte unablässig. Das war eindeutig Magie, also konnte nur dies Ragorns Ziel sein. Wer außer dem Drachen sollte dort leben?

Von seiner Position aus sah Ragorn nur einen einzigen Zugang zu dem Berg, ohne das Tal durchqueren zu müssen. Ein Steinbogen führte hinüber, wie eine Brücke. Der Steg war sehr schmal, aber Ragorn war, obwohl Steppenkrieger, schwindelfrei und verfügte über einen guten Gleichgewichtssinn. Das hatte er längst gelernt. Er war so weit gegangen, nun würde er es wagen.

Erst gegen Abend erreichte Ragorn die Brücke nach einem mühsamen Weg. Seine verkrüppelte Hand schmerzte, die Panzerfaust war hier kaum von Nutzen. Der Söldner kauerte sich unter einen Vorsprung, nagte an einem Streifen gefrorenem Fleisch und betrachtete die Brücke, bis es dunkel wurde. Dann zog er die Felle um sich und schlief ein.

Im Morgengrauen erwachte Ragorn, schüttelte Erschöpfung und Schmerz aus den Gliedern und betrat den Brückenbogen. Er hielt stand, auch nach weiteren Schritten. Forsch ging er voran, zuversichtlich, das andere Ende heil zu erreichen.

Kurz vor der Hälfte jedoch merkte Ragorn, dass etwas anders wurde. Als ob er eine unsichtbare Barriere überschritten hätte, wurde die Luft plötzlich wärmer, drückend und schwer, der Berg schien näher zu rücken, bedrohlich nahe sogar. Über ihm zogen sich Wolken zusammen, und bald brach ein Gewitter los. Der Regen peitschte ihm ins Gesicht, der Wind versuchte, ihn von der Brücke zu blasen.

Aber Ragorn trotzte dem Sturm und kämpfte sich weiter voran. Seine Freiheit war ihm so nahe. Schlimmer konnte es ja nicht mehr werden, oder?

Es *wurde* schlimmer. Schließlich konnte er nur noch auf allen vieren vorankriechen. Das hielt ihn nicht ab. Solange er noch vorwärts kam, würde er nicht aufgeben.

Und dann kam der Drache.

Ragorn konnte ihn kaum erkennen, denn es war fast nachtfinster, wenn nicht Blitze für wenige Herzschläge die tosende Welt erhellten. Der Söldner war inzwischen bis auf die Haut durchnässt, die vollgesogenen Felle hingen schwer an ihm, noch schwerer wogen seine Waffen.

Der mächtige Leib des Drachen schälte sich langsam durch Nebel- und Regenschleier. Sein langer, gewundener Hals wölbte sich zu dem jungen Menschen herunter, gelbe Augen glühten in einem hornbewehrten Schädel. Er öffnete den Rachen, seine lange gespaltene Zunge schoss zwischen spitzen scharfen Zähnen hervor, und er zischte.

Ragorn kämpfte sich auf die Beine, stülpte die Panzerfaust über die linke Hand und zog sein Schwert.

Gerade im rechten Moment, schon griff der Drache an. Ragorn wehrte ihn ab und versuchte gleichzeitig, vorwärts zu kommen.

Der Söldner war ein geübter Kämpfer, aber er hatte noch nie gegen einen Drachen gekämpft. Er kannte sich nicht mit der Tücke und Hinterlist eines so mächtigen magischen Wesens aus, das zudem zwanzigmal größer war als er.

Aber er lernte schnell, verlor weder den Mut noch den Halt, kam Schritt für Schritt auf dem schmalen Steg voran. Der Drache schlug mit den ledrigen Flügeln, aber er traf Ragorn nicht. Wohin auch der Drachenkopf stieß, stets wurde er von Ragorns Schwert abgewehrt.

Der Kampf wogte hin und her. Ragorns Schwertarm wurde immer schwerer, er konnte sich bald kaum mehr auf den Beinen halten vor Müdigkeit und Schmerz. Aber es trieb ihn weiter. Stets sah er das Dokument in des Königs Händen vor sich, das seine Freiheit besiegelte. Er durfte nicht versagen! Er hatte mehr Angst, in Schande zurückzukehren und unfrei zu sterben, als vor den Zähnen des mächtigen Geschöpfes.

Schließlich aber musste Ragorn einsehen, dass er nicht mehr konnte. Er würde den Drachen niemals besiegen. Er hatte gerade die Spitze des Bogens überwunden und immer noch sehr viel Weg vor sich. Auf dieser Brücke gab es keine Deckung, keine Möglichkeit, für einen Moment zu ruhen. Und dazu noch der Sturm, dessen Kraft nicht nachließ!

Erschöpft hob er den Arm und schrie: »Halt ein! Hör auf! Ich will, ich kann nicht mehr!«

Dann ließ er den Arm sinken und fiel auf die Knie, wartete erschöpft mit gesenktem Kopf auf den tödlichen Biss des Drachen.

Als nichts geschah, hob Ragorn den Kopf und blinzelte vorsichtig nach oben. Zu seinem Erstaunen war das Gewitter vorbei, der Regen hatte fast aufgehört, und es wurde langsam heller. Über ihm thronte regungslos der Drache und starrte aus gelbglühenden Augen auf ihn herunter.

»Nun?«, sagte der Drache.

Ragorn wischte sich den Regen aus dem Gesicht und stand langsam auf. »Was meinst du damit: nun?«, gab er verblüfft zurück.

»Ich möchte erfahren, was du jetzt vorhast«, antwortete der Drache. Seine Stimme war tief und grollend, mit einem metallischen Klang.

»Aber … ich … du …«, stotterte Ragorn zusammenhanglos. »Wirst du mich denn nicht fressen?«

»Warum sollte ich?«, fragte der Drache.

»Du hast mich angegriffen!«

»Ich dachte, du wolltest mich töten.«

Ragorn blinzelte verwirrt. Dann schüttelte er den Kopf. »Das dachte ich von dir auch.«

»Aha«, machte der Drache. »Soll das heißen, dass eigentlich keiner von uns beiden den anderen töten will?«

»Ich … ich …«, stammelte Ragorn, dann atmete er einmal tief durch. »Nein. Nein, ich glaube, das will ich gar nicht.«

»Hmmmm.« Der Drache senkte seinen Kopf, bis er Auge in Auge mit Ragorn war. »Aber früher hast du doch getötet?«

Ragorn nickte. »Wenn es mir befohlen wurde. Ich bin ein unfreier Söldner. Und ich bin verdammt gut darin, hab mir einen ausgezeichneten Ruf geschaffen. Aber jetzt … bin ich nicht sicher. Mein Auftrag lautet, das Herz des Drachen zu finden und dem König zu bringen. Er hat nicht verlangt, dass ich dafür einen Drachen töten muss. Demnach ist das nicht Bestandteil meines Auftrags. Also: nein, ich habe nicht vor, dich zu töten«, schloss er nun mit Überzeugung.

»Dann nimmst du also nicht an, dass es *mein* Herz ist, das du aus mir herausschneiden musst?«

»Ich bin davon ausgegangen, dass es ein Symbol ist, wie ein Edelstein. Ein Glücksbringer. Ein möglichst pompös und geheimnisvoll klingender Name für irgendwas Magisches, das sich auf einem Drachenhort befindet. Aber doch kein *echtes* Herz, ich bitte dich. Falls ich überhaupt in der Lage wäre, es zu transportieren – das vergammelt ja, sobald ich das Frostgebirge verlasse.«

»Du scheinst mir sehr bodenständig zu sein.« Der Drache stieß ein Geräusch aus, das einem menschlichen Lachen nahekam. »Glaubst du etwa nicht an Glücksbringer?«

Ragorn schüttelte den Kopf. »Nur an meine Freiheit.«

Der Drache gluckste. »Denkst du nicht, dass du längst frei bist?«

»Nicht in der Welt der Menschen.«

»Das hier ist nicht die Welt der Menschen. Hier wohne nur ich, du Naseweis. Und ich kann dir nichts geben, was du nicht selbst hast.«

»Du sprichst in Rätseln«, stellte Ragorn ärgerlich fest.

»Ich bin ja auch ein Drache«, erwiderte der Drache.

»Dann … war meine Reise ganz umsonst?«, fragte Ragorn leise.

»Das kannst nur du entscheiden«, antwortete der Drache.

Ragorn schwankte vor Müdigkeit, ihm schwirrte der Kopf. Beinahe hätte er den Halt verloren, doch der Drache fing ihn mit einem Flügel auf und stützte ihn behutsam.

»Findest du nicht, dass du zu jung für eine solche Aufgabe bist? Oder zum Sterben?«

Ragorn schubste den Flügel weg. »Was kümmert's dich?«

Der Drache stieß zwei kleine Dampfwölkchen durch die Nüstern aus. »Hör zu. Wie ich das sehe, warst du einst so arm, dass du nicht einmal eine Kindheit besessen hast. Du hast schon in frühen Jahren das Leben eines erwachsenen

Mannes führen müssen. Und dazu bist du noch mit körperlichem Leid geschlagen.« Er schnaubte ein Wölkchen in Richtung der Panzerfaust, die auf dem Brückenbogen lag. Ragorns verkrüppelte Hand hing nutzlos an seinem Arm herunter. »Aber dieses harte Leben hat dich nicht zerbrochen. Nicht nur, dass du es geschafft hast, so lange zu überleben. Ich spüre in dir immer noch ein warmes Herz schlagen, das niemals die Hoffnung aufgegeben hat. Deshalb bist du auch auf diese Reise gegangen, nicht wahr? Weil du immer noch Träume und Sehnsüchte hast. Weil du dieses Leben nicht führen willst. Weil du nicht willst, dass irgendjemand dieses Leben führen sollte.«

»Ich will nur frei sein«, flüsterte Ragorn.

»Aber das bist du doch längst, närrischer Felshüpfer, wie ich es bereits sagte. Du musst nur den Mut haben, den ersten Schritt zu tun.«

»So einfach ist das nicht.«

»Ich weiß nicht«, seufzte der Drache, »warum ihr Menschen es euch immer so schwer machen müsst. Der König ist blind vor Gier und feige. Wenn er das Drachenherz haben will, soll er es sich selber holen. Wie will er das Drachenherz nutzen, wenn er es nicht selbst erobert hat? Er will sich mit dem Verdienst eines anderen schmücken. Denkst du, er würde irgendjemandem etwas davon gönnen, was das Drachenherz spendet?«

»Dann gibst du es mir nicht?«, fragte Ragorn.

»Das kann ich nicht«, antwortete der Drache, und es klang tatsächlich aufrichtig.

Ragorn ließ den Kopf sinken. Alle seine Träume zerstoben.

»Auch du könntest es nicht an den König weitergeben«, fuhr der Drache fort. »Denn *du* besitzt das Herz. Du hast es immer besessen, aber es nie wahrgenommen. Es ist *in* dir, verstehst du? Dein Mut! Dein Lebenswille! Weil du es schaffst, deine Angst zu überwinden, weil du dein Leben gemeistert hast, ohne zu zerbrechen, weil du nie aufgibst. Und die allerhöchste Tat: Du hast den Mut gehabt, unseren Kampf zu beenden, obwohl du nicht wusstest, was dann geschieht. Du warst bereit, dafür den Tod auf dich zu nehmen. Wenn das nicht bedeutet, dass du das Herz eines Drachen besitzt, dann weiß ich auch nicht.«

Ragorn schwieg eine Weile. Dann meinte er: »Und was soll ich jetzt tun?«

»Was möchtest du denn tun?«

»Eigentlich den Auftrag erfüllen. Das habe ich stets getan. Und wenn ich mit leeren Händen zu dem König zurückkehre, schlägt er mir den Kopf ab, und dann bin ich zwar frei, habe aber nichts mehr davon.«

»Und du denkst, wenn du ihm das bringst, was er möchte, lässt er dich frei? Lebend?«

»Ich … na ja, eigentlich nicht. Wäre nichts Neues. Aber … es besteht eine winzige Chance, dass er sein Wort hält, und daran klammere ich mich.«

»Hrrmm. Nun, ich schlage vor, du erholst dich erst mal ein bisschen, und anschließend überlegen wir, was du dem König bringst, das ihn so zufriedenstellt, dass er dich nicht hinrichten lässt, sondern dein Dokument unterzeichnet und dich freigibt, einverstanden?«, schlug der Drache vor.

»Das kann ich nicht …«

»Doch, doch, doch. Würde mich freuen, wenn du mit zu mir kommst! Ein bequemes Gästebett habe ich auch! Ich habe leider nicht oft Gäste, weißt du. Keine Ahnung, woran das liegt, aber nun bist du ja hier! Ich finde bestimmt irgendwo ein Fässchen Wein und Knabberzeug, und auf meinem Schatzberg türmt sich jede Menge Gerümpel, das ich nie im Leben brauche. Auch magisches Zeug ist darunter. Da finden wir schon was Passendes für den König, das dich am Leben erhält und befreit. Und …«

Der Drache redete munter weiter, während er sich behäbig umdrehte, einmal mit den Flügeln schlug und über dem Steg zurück zu dem schwarzen Berg schwebte. An der Flanke landete er und winkte Ragorn, ihm zu folgen.

Der Söldner zögerte nicht. Eine Erholung würde ihm wirklich guttun. Ein richtiges Bett! Etwa mit einer richtigen Matratze? Nun ja, was der Drache auch darunter verstehen mochte. Aber in jedem Fall etwas Wärme, etwas zu essen. Wein!

Das Weitere würde sich zeigen. Schließlich besaß Ragorn das Drachenherz, den Schlüssel zur Glückseligkeit. So wusste es die Legende.

Der Dolch des Ritters

1

Es sei wieder einmal an der Zeit, befand Magister Brady Langfried, um Mathlatha, der schönen Stadt der Künste im Südreich von Albalon, seine Aufwartung zu machen. Er brauchte neue Schreibfedern, Tinte, Folianten, Papier und, das Wichtigste von allem: neue Augengläser. Magister Langfried kam in die Jahre, und seine Augen ließen zusehends nach.

»Pack unsere Sachen, Kobbi, wir gehen auf die Reise!«

»Ja, Meister«, antwortete der junge Bogin und fragte sich, was genau er packen sollte, da er noch nie verreist war.

Er war in der beschaulichen kleinen Stadt Tyvert geboren und aufgewachsen und erst vor kurzem in Magister Brady Langfrieds Dienste getreten. Der hoch angesehene Gelehrte war geduldig mit ihm, denn Kobbi musste viel lernen. Aber er war gewitzt und aufmerksam, und so kamen die beiden bald gut miteinander zurecht. Kobbi hatte unter anderem schnell herausgefunden, dass Meister Brady wie so viele Männer der geistigen Wissenschaften häufig zerstreut war, und passte auf, dass er stets korrekt gekleidet war und das Essen nicht vergaß.

Doch kaum war der junge Bogin davon überzeugt, gut zurechtzukommen, wurde ihm diese neue heikle Aufgabe gestellt. So stand er vor dem Schrank, fuhr sich durch die wirren, dunkelbraunen Haare, kratzte sich die ausgeprägte Nase und seufzte dann unsicher. Den Meister zu fragen unterließ er besser, denn der würde ja doch nur seine gesamten Schreibutensilien, seine Bibliothek und am liebsten noch das Schreibpult mitnehmen, dafür aber kein einziges Stück Kleidung.

Nach einigem Suchen fand Kobbi eine größere schwarze Ledertasche, die so aussah, als könnte man eine Menge hineinpacken. Insgesamt viermal packte er ein und aus, bis er beim fünften Mal das richtige Maß an passender Kleidung für alle Wetterverhältnisse gefunden hatte. An Schuhwerk stellte er für seinen Meister robuste Reiseschuhe bereit und packte blank polierte Schnallenschuhe für die große Stadt ein. Er selbst würde bei dem einen Paar Stiefel bleiben, das er für Einkäufe besaß, und auf die Hausschuhe verzichten. Wer wusste schon, wie schmutzig es in den fremden Städten und Häusern war.

»Kennt Ihr den Weg, Meister?«, fragte er seinen Dienstherrn aufgeregt am Abend vor der Abreise. Er war sicher, kein Auge schließen zu können. Schließlich wusste er überhaupt nicht, was sie unterwegs erwarten würde.

»Aber sicher, ich bin ihn schließlich hundert Mal gegangen«, antwortete Magister Brady gut gelaunt. Er schien sich auf die bevorstehende Reise und die »Einkäufe« zu freuen. »Es ist überhaupt nichts dabei, wir wandern eine gut ausgebaute Straße entlang schnurstracks nach Mathlatha und können uns überhaupt nicht verirren.«

»Wir … wir nehmen keinen Karren?«, fragte Kobbi entgeistert. »Aber … aber die Reisetasche … die kann ich nie und nimmer den ganzen Weg tragen!« Offen gestanden vermochte er sie nicht mal anzuheben. Doch er konnte unmöglich auf nur ein einziges Utensil darin verzichten, es ging um das Wohl seines gebrechlich werdenden Herrn.

»Ein wenig Bewegung wird uns guttun.«

»Mit Verlaub, Meister, aber ich glaube nicht, dass Eure Füße noch so stark sind wie früher, um Euch viele Meilen weit zu tragen, und das Stunden über Stunden am Tag, ununterbrochen.«

»Dann trage ich eben die Tasche, und du trägst mich.« Magister Brady schmunzelte, dann lachte er laut und klopfte dem Bogin auf die Schulter. »Ich habe nur gescherzt, Kobbi, natürlich nehmen wir den Karren. Und ich werde ihn sogar selbst lenken, denn ich weiß ja, wie du zu Pferden stehst.«

Pferde und Bogins, das passte nicht sonderlich gut zusammen. Im Haus wurden sie nun einmal nicht gebraucht, und selbiges wiederum verließ ein Bogin nur selten. Deshalb gefiel Kobbi der Gedanke auch nicht sonderlich, sich auf einem schaukelnden Karren fortbewegen zu müssen, aber Tasche schleppen *und* Herrn stützen, das ging einfach nicht. Ein ausgewachsener Bogin war nicht größer als ein zwölfjähriges

Menschenkind und zwar von kräftiger Statur, aber alles hatte Grenzen.

Noch dazu, da Magister Brady am folgenden Morgen mit einer weiteren dick bepackten Tasche keuchend ankam.

»Meister, was hat das zu bedeuten?«, fragte Kobbi entgeistert.

»Gestern kam ein Brief von Magister Brychan«, antwortete der Gelehrte vergnügt. »Man hat Kunde von meiner Anreise erhalten und lädt mich nun ein, während meines Aufenthaltes einen oder zwei Vorträge an der Akademie zu halten, um die Studierenden zu erbauen.«

Kobbi überschlug in Gedanken, wie lange sie nun verreisen würden, und stellte fest, dass er noch mindestens eine weitere Reisetasche benötigte.

»Ach was!«, wehrte Magister Brady munter ab. »Ich werde fürstlich entlohnt, und deshalb werden wir uns eine neue Garderobe leisten - ja, auch eine für dich. Es wird dir dort gefallen, und du wirst nicht allein sein. Brychan hat uns zu sich eingeladen, und in seinem Haus lebt ein ziemlich kluger Bogin. Er heißt Tiw.«

»Tiw? Aber Ihr habt ihn seinerzeit als Griesgram bezeichnet.«

»Nun … ja. Das ist er wohl. Aber er ist auch sehr gebildet, du kannst eine Menge von ihm lernen. Und nun lass uns endlich abreisen!« Er nahm auf dem Kutschbock Platz und griff nach den Zügeln. Kobbi kletterte auf die Sitzbank hinten, kontrollierte, ob die Taschen auch gut verstaut waren, und schloss dann die Augen. Er wollte weder den Abschied noch den Ausblick erleben. Im Augenblick fühlte er sich einfach nur schrecklich.

»Mach schon die Augen auf!«, mahnte sein Herr.

»Woher wollt Ihr denn …«

»Ich weiß genau, was du tust, junger Mann. Und jetzt lüpfe gefälligst die Lider und sieh dich um. Es ist ein herrlicher Tag. Du wirst nicht oft solch einen Anblick vorgesetzt bekommen, denn wenn wir erst wieder zurück sind, habe ich viel zu tun und benötige dich im Studierzimmer.«

Kobbi brauchte noch einige Zeit, bis er es über sich brachte, vorsichtig zu blinzeln. Ihm war von dem Schaukeln und

Schütteln jämmerlich übel. Nachdem sich der Schwindel einigermaßen gelegt hatte, sah er sich um. Sie rumpelten einen Karrenweg, keine Straße entlang, der mitten durch goldene Kornfelder führte. Blau wölbte sich der Himmel darüber, und Eichen mit weit gespannten Wipfeln lockerten in schwungvollem Grün das zweifarbige Bild auf.

»Und, was sagst du?«

»Ja, ganz nett.«

»Ganz nett? *Ganz nett?* Ich biete dir eine Gelegenheit, wie sie nicht viele Bogins erfahren dürfen, und du nennst es *ganz nett?*«

»Verzeihung, Meister.« Kobbi zog einen Flunsch und schämte sich ein bisschen. Er klang ziemlich undankbar, das wusste er. Aber dafür konnte er nichts. Er hatte Angst vor der Weite, da konnte man sich ja verlieren.

Sie machten zweimal Rast unterwegs, und dann ging es weiter bis in die Abendstunden. Kobbi atmete erleichtert auf, als er vor ihnen einen kleinen Marktflecken entdeckte, der sich malerisch an einem Flüsschen entlang ausbreitete. Dünne Rauchsäulen stiegen in den Abendhimmel, der in Rot und Violett leuchtete. Es waren nicht mehr als zwei oder drei Dutzend Höfe mit einem Marktplatz und einem Gasthaus im Zentrum, direkt am Fluss. Rundherum erstreckten sich Felder, Wiesen und Wälder, sogar ein paar Felsformationen gab es.

Das sah vielversprechend aus. Bisher hatte es nämlich keine richtige Mahlzeit, nicht einmal eine annehmbare Vesper gegeben. Entsprechend ungehalten war Kobbis Magen, diese Entbehrungen war er nicht gewöhnt.

»Dort werden wir einkehren und einen vergnügten Abend verbringen«, erklärte Magister Brady und schlug die Zügel an, um das brave Pferd anzutreiben. »Und morgen Abend sind wir dann schon in Mathlatha. Du siehst, es ist leicht zu bewältigen.«

Es gab jeweils ein Zimmer für den Magister und seinen Diener, die miteinander durch eine Tür verbunden waren. Der Wirt hatte so getan, als hätten sie großes Glück - doch in Wirklichkeit waren sie die einzigen Übernachtungsgäste.

Kobbi verschwand fast in dem Bett, in dem ein ausgewachsener Oger Platz gefunden hätte, und die Zimmerdecke war ein wenig hoch. Abgesehen davon war es erträglich.

Vor allem aber freute er sich auf einen reichlich gefüllten Teller und dazu ein schäumendes Bier. Da es wohl kein spätes Mahl mehr geben würde, musste er jetzt alles aufholen und sich hinreichend versorgen, um bis zum Morgenmahl durchzuhalten. Noch dazu, da er eine nahezu schlaflose Nacht und einen sehr aufregenden Tag hinter sich gebracht hatte, was alles an den Kräften zehrte.

Die Gaststube war gut besetzt, und es waren wohl größtenteils Einheimische, ihren misstrauischen und prüfenden Blicken nach zu urteilen, mit denen sie Magister Brady und den Bogin unverhohlen musterten. Die Reisenden setzten sich an einen freien Tisch und wurden flink bedient. Kobbi war glücklich, weil keine Wünsche offenblieben. Trotzdem blieb ihm der erste Bissen im Halse stecken, denn er fühlte nach wie vor viele Augenpaare durchbohrend auf sich gerichtet.

»Meister, das ist unheimlich«, flüsterte er seinem Herrn zu.

»Ach was, das sind doch nur Menschen - wie ich«, winkte der Magister ab und nahm einen kräftigen Zug aus seinem schäumenden Krug.

»Die Stimmung ist … gereizt«, fuhr Kobbi unbeirrt fort. Bogins hatten ein sehr feines Gespür für so etwas. Sie hörten selbst noch den Atem des wachsenden Korns. »Mir scheint, wir sind zu einem ungünstigen Moment hier erschienen.«

»Welche Lebensweisheit«, spottete sein Herr. »Hat dir noch niemand gesagt, dass es in der Fremde keinen günstigen Moment gibt?«

»Aber das scheint mir ein *besonders* ungünstiger Moment zu sein«, beharrte Kobbi und begann hastig zu essen. Eigentlich ungebührlich, aber die Mahlzeit, die lediglich gut ausgesehen hatte, war ziemlich fad, auch am Salz war gespart worden. Also keine Spur von Genuss. Immerhin sättigte sie, und darauf kam es auf einer Reise an. Und das Bier schmeckte.

Der junge Bogin nahm gerade die letzten Soßenreste mit einem Brotstückchen auf, als jemand an ihren Tisch trat. Ein Bauer, ohne jeden Zweifel, in Landtracht und mit Schaffellweste. In der schwieligen Linken hielt er einen Bierkrug. Sein Gesicht war unrasiert und nur mäßig gereinigt. Er schwankte leicht. Offenbar hatte er dem Bier schon ordentlich zugesprochen, und auch dem *Schnappihndir*, kurz *Schnappes* genannt, der unaufhörlich in kleine Gläser eingeschenkt und auf einen Zug geleert wurde. Im Gegensatz zu dem von den Bogins bevorzugten Brandy war er von klarer Farbe.

»So«, begann der Mann, während die Gespräche im Raum verstummten. Niemand wollte sich entgehen lassen, was der Bauer zu sagen haben mochte. »Seid ihr von *drüben* geschickt worden?«

»Niemand schickt uns, mein guter Freund, wir sind aus Tyvert angereist und machen im schönen Beenstock Rast, um morgen nach Mathlatha weiterzufahren«, antwortete Magister Brady freundlich und wies auf den freien Stuhl neben sich. »Aber nimm doch Platz, guter Mann, und trink einen mit uns.«

»Und ihr habt nicht erst in Wesperton Station genommen?«

Kobbi konnte sich nicht erinnern, unterwegs einen weiteren Markt gesehen zu haben, lediglich verstreut liegende Gehöfte.

Auch sein Meister hob die fein geschwungenen Brauen. »Aber das wäre doch ein Umweg«, antwortete er. »Wesperton liegt eine gute halbe Wegstunde ostwärts entfernt, noch dazu jenseits des Flusses. Wir reisen aber nordwestlich, wohin uns diese Straße führt.« Er wies auf seine traditionelle Kleidung, die ihn als Gelehrten auswies. Es gab sonst kaum jemanden, der farbige lange Gewänder trug und samtene Kopfbedeckungen, von denen keine der anderen glich. Außerdem ließ er den Kinnbart länger wachsen als an den Wangen, damit er »schön gezwirbelt« werden konnte, was »beim Nachdenken« half, wie Magister Brady sich auszudrücken pflegte. »Kennst du jemanden von meiner Zunft, der sich an anderen Orten als einem Studierzimmer aufhält? Nein? Dann darfst du annehmen, dass ich die Reise unverzüglich hinter mich bringen will, um an der Akademie in Mathlatha anzukommen und mich mit wohlvertrautem Staub alter Lehren und Bücherkrebsen zu umgeben.«

Der Bauer schien über die Worte nachzudenken. Er sah nicht so aus, als habe er viel verstanden. Doch *etwas* war hängen geblieben. »Einverstanden, lass uns einen heben!« Er quälte die Bodendielen, die sich schnarrend und knarzend beschwerten, als er den Stuhl fest niedergedrückt zurückschob und sich dann darauf fallen ließ, dass das Holz nur so krachte. Dann hob er den Krug und blickte um sich. »Der Magister lädt ein zur Lokalrunde!«

Kobbi öffnete erschrocken den Mund, doch sein Herr drückte energisch seinen Arm und bedeutete ihm, still zu sein. Der junge Bogin sah den Magister bittend an. Es waren doch eine Menge Männer und Frauen anwesend, das würde ein tiefes Loch in den Beutel seines Herrn reißen.

Und es kam noch schlimmer. Dies war lediglich der Auftakt zu einem ausgiebigen Zechgelage, zu dem der Reihe nach eingeladen wurde, und der gebrechlich werdende Magister musste jedes Mal mithalten. *Jedes Mal*. Und nicht nur mit Bier, sondern auch mit Schnappes. Wie sollte Magister Brady das durchhalten, bis jeder dran gewesen war?

»Sollten wir uns nicht abwechseln?«, zischte Kobbi dem Gelehrten zu.

»Ich schaffe das schon, Junge«, raunte Brady. »In meiner Jugend habe ich ordentlich mithalten können, da hat mir keiner so schnell etwas vorgemacht. Ich war nicht immer so ein vertrockneter Knochen wie jetzt.«

»Aber Ihr seid nicht mehr jung!«, entfuhr es Kobbi, und er zog den Kopf ein. »Ist doch wahr, bei allem nötigen Respekt.«

»Lass mich nur machen! Das Bier ist süffig, der Schnappes wärmt meine alten Knochen, und ich fühle mich bereits zehn Jahre jünger.« Magister Brady wirkte recht vergnügt, seine hageren Wangen und seine Nasenspitze nahmen einen rosigen Schimmer an. Kobbi hatte keine Wahl. Er musste nachgeben.

Die Stimmung wurde mit der Zeit sehr heiter, man sang Lieder, erzählte sich haarsträubendes Abenteuergarn, das keiner von ihnen je gestrickt haben konnte, und keinesfalls erlebt hatten sie auch nur eines der pikanten Details angeblicher diverser amouröser Begebenheiten. Die anwesenden Frauen amüsierten sich königlich darüber und hatten jede Menge Anmerkungen dazu parat, und Kobbi trieb es die Schamröte ins Gesicht.

Er fuhr zusammen, als sich plötzlich jemand dicht neben ihn setzte. Ein blonder junger Mann, etwa im selben Alter wie er, mit dem unvermeidlichen Krug in der Hand und einer enormen Fahne im Gesicht.

»So!«, sagte er. »Und was bist du für einer?«

»Ich bin ein Bogin«, antwortete Kobbi wahrheitsgetreu, weil er gar nicht anders konnte.

Blaue Augen musterten ihn kühl, wenn nicht abfällig. »*Bucca!*«, zischte der Zecher.

»Das ist ein Irrtum. Wir gehören zu den Kleinen Völkern.« Kobbi war leicht ungehalten; Trunkenheit hin oder her, das war noch lange kein Grund, unhöflich zu sein.

Doch der Bursche setzte noch einen drauf. »Immer noch *Bucca!*«, beschimpfte er den Bogin erneut.

Aufgeblasene Backe, bedeutete das, eine üble Beleidigung der großen Leute, die durch Wiederholung nicht abgemildert wurde. Weil alle Bogins über rosige Wangen verfügten, ein Zeichen ihrer strotzenden Gesundheit. Und genau deswegen wurden sie beschimpft. Alles nur Neid, hatte Magister Brady ihn einmal getröstet, als er weinend vom Markt heimgekommen war.

Kobbi schoss die Röte ins Gesicht wie nie zuvor und unterstrich damit noch die Beleidigung.

Der Blonde schlug sich johlend auf die Schenkel. »Feist und rosig wie ein blank geputztes Schwein!«

Was sollte er darauf erwidern? Er war viel kleiner als der kräftig gebaute junge Bauersmann. Kobbi hatte noch nie in seinem Leben schwer auf dem Felde gearbeitet oder gar Holz gehackt. Seine Kräfte hielten sich in Grenzen. Bogins waren zudem freundliche, friedliche und sanfte Geschöpfe, die das Leben lieber genossen anstatt Streit zu suchen.

Kobbi saß zitternd da, zornig über die Schmach, zornig auf sich, weil er sie sich gefallen ließ, und zornig auf seinen Meister, der ihn nicht verteidigte. Aber Magister Brady war damit beschäftigt, einen Vortrag über richtiges Mälzen zu halten.

Schwer atmend fand er zu keiner Entscheidung. Er hob den Blick und starrte dem Menschen aus vorwurfsvollen dunklen Augen ins Gesicht.

Der Bursche grinste, trank und wischte sich den Schaum von den Lippen. Sein Gesicht war glatt rasiert, und eigentlich sah er gut aus für so einen ungehobelten Holzklotz, fand Kobbi. So männlich-markant, wie ein Bogin nie aussehen könnte. Das könnte Kobbi ändern, wenn er dem frechen Kerl jetzt sofort seinen Bierkrug mitten auf die Nase pflanzte.

Der junge Bauersmann erkannte seine Gedanken und grinste noch breiter. »Nur zu, Bucca! Versuch dein Glück.«

Kobbi bewegte langsam verneinend den Kopf, ohne den Blick von ihm zu nehmen. Bogins verabscheuten sinnlose Gewalt. Sie zogen und nährten Pflanzen und Tiere, ließen wachsen und gedeihen. Sie zerstörten nicht.

»Du bist ein Feigling!«

Kobbi hatte sich wieder in der Gewalt. Zum zweiten Mal schüttelte er den Kopf. Diese Menschen begriffen den Unterschied einfach nicht. »Ich bin nicht wie du«, sagte er langsam.

»Das ist wohl wahr.« Plötzlich sprang der blonde Mann auf und packte Kobbi am Arm. »Komm mit, ich zeige dir was.«

Der Bogin wollte sich wehren, doch gegen diese Bärenkräfte kam er nicht an. Hilflos blickte er zu seinem Herrn, doch der war dermaßen beschäftigt und abgelenkt, dass er von der Entführung nichts mitbekam. Und laut um Hilfe rufen wollte Kobbi nicht, diese Demütigung tat er sich nicht an. Er würde schon einen anderen Weg finden, den jungen Mann zur Besinnung zu bringen. Also ließ er sich mitschleifen.

2

Sie gingen den kurzen Weg zum Fluss, dann bog der Blonde nach links ab. Die an den Straßenseiten aufgesteckten Fackeln blieben schließlich zurück und sie tauchten in die Nacht ein. Kobbis Augen gewöhnten sich schnell an die Dunkelheit. Wie viele der Kleinen Völker konnte er sich nachts, solange es freien Himmel gab, ganz gut zurechtfinden. Besser jedenfalls als dieser Mensch, der mehrmals neben ihm stolperte, sodass Kobbi ihn stützte und schließlich führte und sich dabei fragte, was hier verkehrt lief.

Nach etwa hundert Schritten verhielt der junge Mann und wies zum Fluss. Das Mondlicht tanzte auf den kleinen Wellen, die glucksend gegen einen Pier stießen. »Unsere Fähre.«

»Ja.«

»Sie führt hinüber nach Wesperton.«

Kobbi sah die Lichter am anderen Ufer und vermutete, dass der dortige Marktflecken sich kaum von diesem hier unterschied.

Der junge Mann packte den Bogin vorn am Kragen und riss ihn zu sich her. Sein Atem roch so stark nach Alkohol, dass es Kobbi schwindlig wurde. »Wer hat dich geschickt?«, zischte er. »Jarod? Oder …«, er stockte kurz und schluckte. »Oder etwa Malin?«

»Ich habe keine Ahnung, wer das ist, oder wer du bist«, erwiderte Kobbi. »Und wenn du nun die Güte hättest, mich loszulassen …«

Der Blonde ließ ihn tatsächlich los und trat einen Schritt zurück. »Ich bin Garber«, stellte er sich vor.

»Mein Name ist Kobbi. Und wie wär's, wenn du endlich mal damit rausrücken würdest, was du eigentlich von mir willst? Ich habe bis zum heutigen Tag meine Heimatstadt nie verlassen. Weil ich ein Bogin bin. Du weißt, was das bedeutet?«

»Redet ihr Kurzen eigentlich immer so viel?«, brummte Garber.

»Dann beantworte doch endlich meine Fragen, und wir können zum Bier zurückkehren. Ich muss sowieso nach meinem Meister sehen. Es ist höchst unanständig, was ihr mit ihm da drin anstellt.«

»Wie hält dein Meister das nur mit dir aus?« Garber hielt sich die Ohren zu. »Du bist schlimmer als meine Mutter!«

Kobbi hob daraufhin die Arme und nickte auffordernd, ohne ein weiteres Wort zu sagen.

»Ich bin Zimmermannsgeselle *und* Schiffsbauer«, rückte Garber mit der Sprache heraus. »Hab die Fähre mit zusammengeschustert. Viel lieber würde ich eine Brücke nach drüben bauen. Aber das wird wohl nie geschehen.«

Kobbi, der eigentlich zurück ins Gasthaus gehen wollte, verharrte. »Warum nicht?«

»Ist so eine Sache der Alten«, antwortete Garber, und seine breiten Schultern zuckten. »Schon ewig. Sie behaupten, das würde den Frieden gefährden. Es ist alles so idiotisch.« Seine Angriffslust war völlig dahin, jetzt schien er eher kurz davor, in Tränen auszubrechen.

»Ich verstehe nicht …«

»Vielleicht wäre alles anders, wenn ich den Dolch hätte!«, rief Garber plötzlich aus.

»Welchen Dolch?« Kobbi war vollends verwirrt.

»Du gehst mit! Du hast die besseren Augen, Bogin.«

Garber packte seinen Arm, hielt ihn so fest, dass er den Griff unmöglich lösen konnte, und zerrte den jungen Bogin mit sich, auf ein Wäldchen zu. Der Mond war inzwischen vollends aufgegangen und strahlte so hell, dass sich auch ein Mensch zurechtfinden konnte. Dennoch waren die Schatten so dunkel und scharf vom Licht abgegrenzt, dass Garber mehr dahinstolperte als forsch ausschritt, weil er Hindernisse auf dem Boden nicht rechtzeitig erkennen konnte.

»Lass mich doch endlich los!«, beschwerte sich Kobbi. Er versuchte, sich gegen den Zug zu stemmen, aber genauso gut hätte er auch einen Ochsen wegschieben können.

»Wir sind gleich da«, versetzte Garber. »Und du wirst mir helfen!«

»Wobei denn? Und warum? Ich denke überhaupt nicht daran!«

»Hör zu!« Garber blieb abrupt stehen, wirbelte zu Kobbi herum, beugte sich zu ihm herab und hielt den gestreckten Zeigefinger dicht vor sein Gesicht. Seine Miene war bedrohlich verzerrt.

»Du wirst tun, was ich sage, oder ich töte dich, verstanden?«

Dem jungen Bogin wurden die Knie weich. Er zweifelte nicht an der Ernsthaftigkeit der Drohung. Dennoch gab er nicht so leicht nach. »Das ist streng verboten, das weißt du«, stieß er mit etwas quietschender Stimme hervor. »Die Àrdbéana persönlich ahndet dieses Verbrechen, und du wirst zum Tode verurteilt … zu einem sehr unschönen Tod.«

»Dazu müssen sie erst einmal erfahren, dass ein unbedeutender kleiner Wicht tief im Wald vergraben liegt«, zischte Garber, doch seine Augen flackerten leicht.

»Mein Meister ist hier«, fuhr Kobbi fort. »Er wird mich suchen. Oder willst du ihn auch umbringen und verscharren? Dann werden die Gelehrten von der Akademie kommen und nach ihm forschen. In weniger als einer Woche sind sie hier.«

Garber versetzte ihm einen Stoß, der ihn rücklings ins Moos warf. »Du bist eben ein Feigling!«

»Und du noch viel mehr!«, gab Kobbi wütend zurück, während er sich die schmerzende Brust hielt. »Oder weshalb willst du ausgerechnet Hilfe von mir, den du dauernd beleidigst und für unwürdig erachtest – ein großer und starker Kerl wie du?«

Garber ließ sich zu Boden sinken und vergrub den Kopf zwischen den Armen. Er sagte kein Wort mehr.

Kobbi rappelte sich auf. »Also, worum geht es hier wirklich?«

»Geh zurück zu deinem Meister, kleiner Mann«, murmelte Garber, den Kopf immer noch verborgen. »Du hast hier nichts verloren.«

»Das habe ich schon die ganze Zeit versucht, dir begreiflich zu machen«, sagte Kobbi. »Aber nun bin ich hier.«

»Ich wollte wissen, ob sie dich geschickt haben.«

»Und ich habe dir geantwortet, dass ich noch nie da drüben war. Was noch?«

»Es ist … ich …«

Kobbi gab jetzt nicht nach. »Wenn ich das recht sehe, bin ich der Einzige, mit dem du reden kannst, weil ich nicht von hier stamme. Und dir liegt gewaltig etwas auf der Seele, das du offenbar loswerden willst. Bevor wir also die ganze Nacht mit sinnloser Diskussion verbringen, solltest du reden.«

»Ich hatte so sehr gehofft, du habest eine Botschaft von Malin für mich«, flüsterte Garber.

»Hm«, machte Kobbi und warf einen Blick zum Fluss. »Sie ist aus Wesperton?«

»Ja.«

»Und Jarod ist ihr …«

»Bruder. Er weiß, dass ich Malin … nun, dass sie mir … äh, gefällt. Und er macht sich lustig über mich. Ich bin seiner schönen Schwester, die sich einen Adligen aussuchen kann, nicht würdig, sagt er. Dabei … dabei könnte ich so viele Sachen zimmern … bauen … ich bin gut darin, weißt du? Und eine Brücke … sie würde unsere Dörfer zusammenwachsen lassen, und … ach, du verstehst das nicht.« Garber hob den Kopf. »Niemand versteht das!«, rief er. »Sie halten es nur für Hirngespinste. Wegen der Tradition, und weil doch alles bestens ist. Aber was spricht dagegen, es *noch besser* zu machen? Und ich … wäre Malin endlich näher.«

Kobbi saß völlig verdattert da. Dieser verzweifelte junge Mann hatte überhaupt nichts mehr mit dem angriffslustigen angetrunkenen Burschen aus der Schenke gemein. Anscheinend bekam der Alkohol ihm nicht und machte ihn schwermütig.

»Morgen gehen alle jungen Männer beider Dörfer zum Fluss«, fuhr Garber fort. »Wir werden kämpfen. Und ich … ich stehe mit leeren Händen da.«

Kobbi erinnerte sich, dass Garber vorhin einen Dolch erwähnt hatte. »Also deswegen der Dolch«, sagte er. »Aber wie kommst du darauf, dass der Wald ihn hat? Und was hat es mit diesem Mordwerkzeug auf sich, was ein anderer Kehlendurchschneider nicht zu bieten hat?«

In dem blonden jungen Mann wallte wieder Zorn auf. Eine derartige Launenhaftigkeit kannte Kobbi bei den Bogins nicht, das musste eine menschliche Eigenart sein.

»Es ist ein ganz besonderer Dolch, der eines Helden!«, fauchte er, und seine Augen glitzerten wild. Er fuchtelte mit der Hand hinter sich, auf den Wald weisend. »Da gibt es ein Hünengrab, wo er begraben liegt, ein Ritter aus lang vergangener Zeit …«

»*Ritter*«, spottete Kobbi. »Die sind nur Legende, ein Wunschtraum von euch Menschen, die ihr den Elben ihre vorherrschende Stellung neidet! Es hat nie Ritter gegeben!«

»*Diesen* schon!«, beharrte Garber, und nun wurde er von Eifer erfüllt. »Sein Andenken wird seit Jahrhunderten bewahrt, oder weshalb sonst, glaubst du, wurde ihm ein unvergängliches steinernes Hünengrab geschaffen, Herr Bogin? Selbst die Elben ehren das Grab, wenn sie im Frühjahr hier hindurch ziehen und diese Stätte besuchen!«

»Elben verehren einen Menschen? Nun hör aber auf.« Kobbi verdrehte die Augen. Aber es hatte wohl keinen Sinn, Garber überzeugen zu wollen. Vielleicht konnte Magister Brady ihm morgen alles erklären, er war in der Historie Albalons bestens bewandert. »Wir sollten zurückgehen und …«

»Wir gehen da jetzt rein und holen den Dolch, du und ich!«, verlangte Garber und umschloss Kobbis Handgelenk mit eisernem Griff. Eindringlich zog er ihn näher zu sich. »Mit dem

Dolch in der Hand wird mir alles gelingen! Ich werde im Kampf siegen, und ich werde Malin gewinnen. Ich werde eine Brücke bauen!«

»Sp-spinnst du?«, stotterte Kobbi und riss so fest er nur konnte seinen Arm zurück, aber wie jedes Mal zuvor vergeblich. »Ich gehe doch nicht mitten in der Nacht in ein Hünengrab und begehe Leichenfledderei!«

»Es ist schon lange her …«

»Es ist *Schändung!* Ruchloser Diebstahl! Und hast du noch nie von den Grabwächtern gehört, die genau solche abscheulichen Taten verhindern?«

Garber interessierte das nicht. »Deine Augen sind besser als meine. Gemeinsam können wir es schaffen. Die Grabwächter fürchte ich nicht.«

»Warum hast du den Dolch dann nicht schon längst geholt, und zwar bei Tage?«, schnaubte der Bogin und duckte sich rechtzeitig, weil er schon geahnt hatte, dass Garber ihn dafür schlagen würde.

Kobbi hielt sich für nicht besonders mutig. Aber Garber war es noch viel weniger. Zum Helden taugte er ganz und gar nicht. Kein Wunder, dass es ihn umtrieb, dass Jarod ihn verachtete und Malin ihn nicht wahrnahm. Kobbi war hin- und hergerissen zwischen Mitleid, Zorn und Verachtung. Was ging ihn das alles überhaupt an? Er war ein Bogin, Garber ein Mensch, und fertig! Sie hatten nichts gemein, außer dass Bogins den Menschen dienten, so wie Kobbi Magister Brady.

Himmel, sein Herr! Wie mochte es ihm inzwischen ergehen? Und wenn er erst herausfand, dass Kobbi ohne sein Wissen das Gasthaus verlassen hatte! Am Ende brauchte er seine Hilfe, und er war nicht da!

»Hör endlich auf!«, schnarrte Garber, während er den Bogin hinter sich herzog, in den finsteren Wald hinein. Hoffentlich fand er den Weg auch blind, ansonsten waren sie rettungslos verloren. Kobbi besaß überhaupt keinen Orientierungssinn, da er seine vertraute Stätte nur zum Einkaufen auf bekannten Wegen verlassen hatte. »Selbst deine Gedanken sind so laut, die bringen noch jeden Troll in der Umgebung auf unsere Spur!«

»Trolle?« Kobbi kreischte beinahe. Es war tiefste Nacht, also genau die beste Zeit für Trolle, auf die Jagd zu gehen. Friedensvertrag hin oder her, wer sich in ihr Revier verirrte, wurde verspeist, da kannten sie nichts. Und sie verschmähten auch einen Happen Bogin nicht als Vorspeise. »Kehr sofort um! Keinen Schritt gehe ich mehr weiter, du bist ja wahnsinnig! Wieso willst du deinen Heldenmut mir gegenüber beweisen? Hol doch Malin zu diesem Abenteuer, dann kann sie dich bewundern! Ist es nicht das, was du willst?«

»Du zeterst wie ein Waschweib, dem man die Wäsche gestohlen hat.«

»Und du hast bald keine Zähne mehr, da ist ein *Baum!*«

Garber bremste gerade noch ab und stieß einen Fluch aus.

So kämpften sie sich mühsam durch den Wald. Kobbi warnte Garber vor Hindernissen, und Garber verließ sich auf seine Erinnerung, wo das Hünengrab sein mochte, weil er angeblich schon so oft dort gewesen war. Aber nie hineingegangen.

Kobbi hatte nicht daran geglaubt, aber plötzlich standen sie davor, auf einer kleinen, mondbeschienenen Lichtung. Weiße, flach gehauene Steine, die mit der Spitze nach oben aufrecht in den Boden versenkt waren, mit Decksteinen darauf. Keine leichte Arbeit, jeder einzelne Stein wog wahrscheinlich mehr als drei gemästete Ochsen. Ein gewisses Schimmern ging von dem Grab aus, und Kobbi musste schlucken. An diesem Ort *war* etwas Besonderes, das musste er zugeben. Wer auch immer hier begraben lag, war von großer Bedeutung gewesen, die Erinnerung an ihn hielt sich immer noch wie ein feiner Dunst hier auf. Kobbi nahm an, dass es ein Elb gewesen war, wenn die Unsterblichen schon diese Stätte aufsuchten. Ritter … nein, die gab es nun einmal nicht. Nichts als Märchen der Menschen.

Gleich darauf begriff er, wieso Garber nie in die Stätte hineingegangen war.

Er passte nicht hindurch.

Es gab zwar einen Eingang, aber der war viel zu niedrig und zu schmal für einen ausgewachsenen Menschen. Da passte höchstens ein Kind hindurch, oder … ein Bogin. Kobbi seufzte.

»Ich geh da nicht rein«, verweigerte er sich rundheraus. »Ich entweihe diese Stätte nicht. Und ich begehe keinen Diebstahl. Ganz abgesehen davon, dass ich viel zu viel Angst vor dem Grabwächter habe und am Leben hänge. Und dein Liebeskummer mich nicht das geringste angeht.«

Garber hörte sich jedes einzelne Wort ganz in Ruhe an, nickte dazu und murmelte etwas, das verständnisvoll klang. Dann packte er den Bogin an Kragen und Hosenboden, hob ihn mühelos an und stopfte ihn kurzerhand durch die Lücke ins Innere des Grabes.

»Ich lasse dich wieder raus, wenn du den Dolch hast«, erklärte er und postierte sich vor dem Ausgang.

Kobbi, ein wohlerzogener junger Bogin, höflich und zuvorkommend, holte tief Atem. »Das wirst du bereuen, du … du Dieb«, sagte er mit seiner strengsten Stimme. Er hatte vorhin Garbers Flüchen zwar zugehört, brachte aber keinen einzigen über die Lippen. So weit war er noch nicht.

»Ja, werde ich später«, erwiderte Garber. »Und jetzt pack dich, Kurzer.«

Mit schlotternden Knien trippelte Kobbi gebückt durch den engen Gang. Es roch muffig, nach schimmligem Moos, und es war feuchtkühl. Der Bogin war froh um die Stiefel, denn der Boden fühlte sich nicht gerade vertrauenserweckend an, weich und nachgiebig und stellenweise glitschig. Kobbi war froh, dass er nicht sehen konnte, worüber er da ging.

Wenigstens konnte er sich nicht verirren, da es nur geradeaus ging, und bald sollte er das Ende erreicht haben. So groß war das Grab von außen nicht gewesen, und dennoch … ging es irgendwie immer *tiefer hinab*.

Das Blut rauschte in seinen Ohren, und Kobbis Atem ging keuchend. Seine Angst nahm mit jedem Schritt zu. Er tastete sich durch Schwärze; nicht einmal seine jungen Augen konnten ihm hier noch nützlich sein, wohin kein Lichtstrahl je den Weg fand.

Ab und zu blieb er stehen, um zu lauschen und zu schnuppern. Die Gerüche änderten sich kaum. Es war feucht und klamm, und er spürte, wie die Kälte langsam durch seine Weste kroch. An diesem Ort hatten Lebende nichts verloren, er war für die Toten gemacht, deren Ruhe nicht gestört werden durfte.

Jeden Moment erwartete Kobbi, dass der Grabwächter über ihn herfallen würde und ihn binnen zweier Pulsschläge in ein Dutzend Stücke riss, um diese anschließend genüsslich zu verzehren.

Verdient hätte er es. Er war äußerst ungehorsam seinem Herrn gegenüber, und nun machte er sich zum Komplizen eines liebeskranken Tölpels, der zu viel getrunken hatte und nicht mehr bei Sinnen war. Seine erste Reise, und er versagte derart! Nie wieder würde der Magister ihn mitnehmen.

Falls er je wieder zu ihm zurückkehrte. Denn da war neben dem Grabwächter noch Garbers Drohung, ihn erst dann herauszulassen, wenn er den Dolch mitbrachte. Aber was, wenn es keinen Dolch gab? Und wer sagte, dass Garber den Dolch nicht einfach nahm und anschließend den Zugang mit einem Felsen versperrte, um Kobbi als einzigen Mitwisser zu beseitigen?

Kobbi schluckte. Die Angst presste Tränen aus seinen Augen. Es wird eine schöne Reise, hatte Meister Brady gesagt, ha! Sein schrecklichster Tag war es, das und nichts anderes. Und wahrscheinlich auch sein letzter. Schluchzend tappte er weiter und prallte unvermutet gegen staubigen, kalten Fels.

Das Ende der Grabkammer war erreicht.

Kobbi bückte sich und strich auf dem Boden herum, jederzeit darauf gefasst, einen Knochen in der Hand zu halten. Er tastete sich mit einer Hand an den Felsen entlang, mit der anderen über den Boden.

Schließlich versiegten seine Tränen, und seine Angst verging.

Die Erkenntnis ließ ihn innerlich erstarren.

Hier gab es nichts. Nicht einmal einen Grabwächter.

Und dann … unvermittelt hatte er es. Als er schon geglaubt hatte, alles wäre verloren, und es bliebe nichts mehr. Da, endlich, war es. Nicht umsonst galten Bogins als Glücksbringer, und nun hatte er sich selbst Glück gebracht.

Kobbi wischte sich übers Gesicht und machte sich auf den Rückweg. Er kam jetzt schneller voran, außerdem konnte er einen schwachen Lichtschimmer vor sich ausmachen, als Garber sich vor dem Eingang bewegte.

»Ich bin da«, sagte er. »Lass mich raus.«

»Zuerst der Dolch.«

»Auf keinen Fall. Ich gebe ihn dir, sobald ich draußen bin.«

»Dann bleibst du eben drin.«
»Zusammen mit dem Dolch.«
Eine Weile herrschte Schweigen, dann sah Garber ein, dass dieser Wortwechsel zu nichts führte. Er gab den Weg frei, und Kobbi kroch dankbar zurück ins Leben, das ihn warm empfing, erleuchtet von silbernem Mondlicht.
Kobbi hätte sich am liebsten ins Moos geworfen und den Boden geküsst. Sein Herz schlug noch immer heftig, doch vor Glück.
»Den Dolch!«, forderte Garber, der liebeskranke Mann, ganz unromantisch.
Kobbi legte den Dolch in seine ausgestreckte Hand, ohne Garber noch eines Blickes zu würdigen, drehte sich um und ging den Weg zurück, den sie gekommen waren. Nun hatte er keine Angst mehr, denn der Mond würde ihn leiten. Sollte Garber sehen, wo er blieb, er half ihm bestimmt nicht mehr.

Zurück im Gasthaus, sah Kobbi sich sofort nach seinem Herrn um. In der Stube waren nur noch wenige Hartgesottene verblieben, die anderen lagen längst schnarchend daheim in ihren Betten. Kobbi schlich auf Zehenspitzen die Treppen hinauf in sein Zimmer. Dort versperrte er den Zugang mit dem Stuhl und öffnete anschließend vorsichtig die Verbindungstür.
Magister Brady lag ruhig atmend im Bett, nur gelegentlich drang ein leises Fiepen aus der Nase. Der Alkoholdunst im Raum warf den Bogin fast um, allein davon konnte man schon betrunken werden. Er öffnete das Fenster um einen Spalt und musterte seinen Herrn genauer. Wie es aussah, würde ihn nicht einmal ein Erdbeben wecken können. Er musste seinen Rausch gründlich ausschlafen und würde wahrscheinlich mit einem gehörigen Kater erwachen.
Kobbi bewunderte seinen Meister, diese Herausforderung so tapfer bewältigt zu haben, und deckte ihn liebevoll zu. Dann ging er selbst schlafen.

3

Kobbi wurde früh geweckt. Das gesamte Dorf war auf den Beinen, dem Lärm nach zu urteilen, und er hastete zum Fenster, das zur Hauptstraße ging. Dort unten strömten die jungen Männer von Beenstock zum Fluss, und drüben nahmen bereits die jungen Männer von Wesperton Aufstellung.

Als Kobbi Garber entdeckte, mit dem Dolch im Gürtel, war er nicht mehr zu halten. In aller Eile spritzte er sich ein wenig Wasser ins Gesicht, fuhr sich durch die widerspenstigen Haare, denen auch kein Kamm beikommen konnte, zog sich an und sah kurz nach seinem Meister. Der schlief unverändert tief und fest und würde wahrscheinlich nicht so schnell aufwachen. Gut.

Kobbi hastete die Treppe hinunter und lief zum Fluss. Die jungen Männer standen wie an der Schnur aufgereiht am Ufer, und hinter ihnen ihre Eltern, Geschwister, Anverwandte und Schaulustige.

»Was ist das für ein Kampf?«, fragte der Bogin eine Frau. »Und warum muss überhaupt gekämpft werden?«

»Na, weil es eben so ist«, antwortete die Dorfbewohnerin. »Jedes Jahr. So ist es Tradition.«

»Aber warum *Kampf?*«

Die Frau warf ihm einen verständnislosen Blick zu und richtete die Aufmerksamkeit dann wieder auf das Geschehnis am Fluss.

Kobbi überlegte, dazwischenzugehen, laut um Gehör zu bitten. Er musste etwas unternehmen, um ein Unglück zu verhindern! Wie konnte man nur so besessen, so verbohrt sein, sich gegenseitig die Köpfe einzuschlagen … Voller Schrecken sah er, dass Garber ganz vorn stand, er schien zu allem entschlossen zu sein. Keine Spur mehr von Wankelmütigkeit und Launenhaftigkeit der letzten Nacht, seine Augen waren völlig klar und ernst.

Es war trotzdem der Wahnsinn, der ihn und alle anderen immer noch beherrschte! Und Kobbi hatte sich mitschuldig gemacht! Ausgerechnet ein Bogin! Sein Volk würde ihn dafür verachten und verstoßen!

Aber wie sollte er verhindern, was nun geschah? Wie sollte er die Schaulustigen aufrütteln, die schier nach Blut und Gemetzel lechzten? Sie wirkten alle so erwartungsvoll, viele feuerten ihre Kämpfer an. Wieso mussten alle jungen Männer ihr Leben riskieren? Was taten denn die Älteren?

Kobbi raufte sich das Haar. Sie würden den Fluss mit ihrem Blut besudeln und ihn beschmutzen, und damit Hafren, die Herrin der Flüsse und Seen, die Schutzpatronin der Bogins, verhöhnen. Mit ihrer Hilfe wuchs und gedieh alles und vermehrte sich; sie brachte Leben, nicht den Tod.

Verzweifelt rannte er nach vorn, um Garber aufzuhalten. Wenn ihm überhaupt jemand zuhören würde, dann er.

Doch bevor er ihn erreichte, begann es.

4

Die Kämpfer hatten einander gegenüber Aufstellung bezogen, nur der Fluss trennte sie. Sie hatten sich alle ganz besonders herausgeputzt und geschmückt, und nun stampften sie mit den Stiefeln auf und schmetterten sich ein Kriegslied entgegen. Es war ein Lied voller Schmähungen, Drohungen, Beschimpfungen und Lästerungen.

Kobbi blieb stehen und hörte staunend zu. Wenn Menschen in allen Dingen so erfindungsreich wären wie in wortreichen Flüchen, könnten sie die Welt beherrschen und Dinge bauen, die … ja, bis in den Himmel reichten.

Nach und nach lösten sich einzelne Stimmen aus dem Chor, jeder schien einmal zu Wort zu kommen und eine ganz besonders sorgfältig formulierte Beleidigung auszustoßen.

Die jungen Männer reckten dabei die Arme, unterstrichen ihre Worte mit Gesten, bewegten sich dabei wie im Tanz und steigerten sich immer noch mehr hinein. Sie schrien und brüllten, unterbrachen sich gegenseitig, schleuderten von jeder Seite kühne Versprechungen über den Fluss hinweg, was sie mit diesen oder jenen alles anstellen würden, sollten sie ihrer erst habhaft werden.

Hinter Kobbi brandete Gelächter und Applaus auf, und jede gelungene Erwiderung wurde kommentiert. Manche wussten sogar noch Rat, andere feuerten ihre Auserkorenen erst recht an.

Der Bogin drehte sich einmal um sich selbst und zwickte sich in den Arm. Erst jetzt fiel ihm auf, dass die jungen Frauen nicht weniger geschmückt waren als die Männer, mit Blumen im Haar und Körben voller Blumenblätter. Kobbi stand der Mund offen, und so allmählich dämmerte es ihm, was hier *tatsächlich* vor sich ging.

Er sah, wie drüben einer nach vorn ging und Garber persönlich angriff, und diese Sätze hatten es in sich. Kobbi hörte, wie die Leute hinter ihm flüsterten. Offenbar galt Jarod – das also war Jarod! – als der König der Schlagfertigkeit, und niemand wagte es, sich mit ihm zu messen. Ausgerechnet Malins Bruder, der Angebeteten von Garber!

Niemand unterbrach ihn, alle hörten fasziniert zu, poetisch und schmähend zugleich, und das auch noch mit wohlmodulierter Stimme vorgetragen. Und dazu die Gesten, die Körperbewegungen … nein, diesen Kampf konnte niemand gewinnen!

Als Jarod endete, herrschte für einen Augenblick atemlose Stille, und die Blicke vieler Augenpaare richteten sich auf Garber, der nun seinerseits nach vorn ging. Ein Stöhnen und Raunen ging durch die Menge, und Kobbi hörte Worte wie »oje, Garber der Träumer«, »Garber der Spintisierer«, »Garber der Vieldenker«. Allzu viel Vertrauen schien man nicht in ihn zu setzen, und auch die anderen jungen Männer betrachteten seine Aufstellung mit scheelen Blicken.

Aber Garber ließ sich jetzt nicht mehr beirren. Seine Hand ruhte fest auf dem Dolchgriff. Für einen Moment huschte noch einmal Unsicherheit über sein Gesicht, und er sah sich um. Entdeckte Kobbi in der Menge. Der Bogin nickte ihm zu. Da wandelte sich seine Miene zu Entschlossenheit, und er drehte sich dem Herausforderer zu.

Und gab Antwort.

Nicht nur Kobbi lauschte mit offenem Mund. Das hatte es in sich! Hatte Garber sich das lange vorher überlegt und geübt? Aber nur in gewissem Rahmen, denn es war eine Antwort auf Jarods Polemik.

Und sie floss Garber ganz leicht und mühelos von den Lippen. Er war viel sparsamer in den Gesten, aber dafür desto pointierter. Und die ganze Zeit hielt seine Rechte den Dolchgriff am Gürtel umschlossen.

Als er endete, schnappten viele zuerst nach Luft, starrten den zuvor Verhöhnten ungläubig an, bevor der Jubel losbrach. Seine Kameraden umarmten Garber und klopften ihm auf die Schultern, andere warfen ihre Hüte in die Luft und führten einen spontanen Tanz auf.

Ganz klar: Für dieses Jahr war Beenstock der Sieger, und das war allein dem Zimmermann und Schiffsbauer Garber, dem großen Außenseiter und Spintisierer zu verdanken! Der erste Sieg seit Jahren!

Aber Wesperton nahm die Niederlage nicht krumm, auch drüben wurde gejubelt und Garber lautstark für seine Schlagfertigkeit gelobt. Jarod grinste und hob den Arm.

Die jungen Frauen stürmten nun nach vorn und kippten die Blütenblätter aus den Körben in den Fluss, und Kobbi traute seinen Ohren kaum, als sie damit Hafren dankten, den Sieger erkoren zu haben. Und er sah drüben eine junge Frau, die Jarod ähnlich sah, und die sehr hübsch war und die Garber ansah und ihm lachend zuwinkte. Ihm eine Kusshand zuwarf.

Und dann rannten alle jungen Frauen zur Fähre - es gab auf beiden Seiten eine! -, um sich übersetzen zu lassen. Die übrigen Dorfbewohner hüben wie drüben waren völlig aus dem Häuschen und fingen an, in aller Eile fürs Bankett aufzutragen, und Musiker begleiteten das Chaos mit launigen Klängen und Gesang. An diesem Tag würden die Fähren sehr oft hin und herfahren, das stand außer Frage.

Garber kam auf Kobbi zu, seine Augen strahlten in sommerlichem Blau, verschwunden war seine Melancholie.

»D...das ist nichts als ein … ein großer Heiratsmarkt!«, stotterte der Bogin, immer noch fassungslos.

»Tja. Nur so gewinnt man das Herz der Auserkorenen. Oder überhaupt einer Maid.« Garber grinste.

»Deshalb keine Brücke!«

»Mhm. Ich habe dennoch vor, diese Tradition zu brechen. Sie ist schon ein bisschen albern, wenngleich sie zugegeben Erfolg bringt. Und … Spaß macht es auch. Man wird so ziemlich jeden Groll los. Wenn man sich denn traut.«

Garber griff an seinen Gürtel und zog den Dolch. Er hielt ihn Kobbi hin. »Der gehört wohl dir. Danke.«

Kobbi nickte. Wortlos steckte er den Dolch an seinen Gürtel, in die abgewetzte leere Schlaufe, aus der er ihn in der vergangenen Nacht gezogen hatte.

»Ihr nennt ihn Urram, nicht wahr?«

»Ja. Wir erhalten ihn zur Geburt und trennen uns unser ganzes Leben lang nicht von ihm.«

»Und dennoch … hast du ihn mir gegeben.«

»Du hast ihn nötiger gebraucht als ich.«

Garbers Lächeln vertiefte sich. »Es stimmt, was man über euch Bogins sagt. Ihr seid da, wenn man Hilfe braucht.«

Kobbi wunderte sich schon lange nicht mehr über Garbers Kenntnisse, er hatte in den vergangenen Stunden genug von ihm und über ihn gehört. »Du hattest keine Hilfe nötig, Garber, das hast du nur nicht begriffen. Mein Dolch war nichts als ein Schwindel, denn das Grab war leer.«

»Kobbi … so ist das nicht. Du hast mir gezeigt, dass es nicht so schwer ist, seinen Mut zu wecken. Und du hast eine Lösung gefunden, wo es augenscheinlich keine gab. Ich habe … diesen Schubs zum Selbstvertrauen gebraucht. Wenn ich gestern nicht so betrunken gewesen wäre, wäre all das nicht geschehen, und ich wäre heute wie jedes Jahr abgehauen und hätte mich ganz weit hinten versteckt. Und hätte Malin ein weiteres Mal enttäuscht. Dein Dolch war das Symbol, an dem ich mich festhalten konnte. Ich habe dich benutzt, und du hast ein großes Opfer gebracht. Das werde ich nie vergessen. Jetzt kann ich auf eigenen Füßen stehen. Und meine Träume wahr werden lassen. Ich habe so viel vor!«

Kobbi grinste. »Ihr Menschen seid Spinner, und du bist ihr König«, stellte er sachlich fest.

»Und ihr Bogins seid mehr, als ihr ahnt. Viel mehr«, erwiderte Garber, und dann entschuldigte er sich hastig, denn soeben erreichte die Fähre mit Malin den Pier. »Besuch mich mal wieder!«, rief er noch über die Schulter, während er losrannte. »Du wirst staunen, was sich alles verändern wird!«

5

Während das Dorf fröhlich feierte und viele junge Menschen zueinander fanden, kehrte Kobbi ins Gasthaus zurück. Er entdeckte seinen Meister hellwach und munter beim Frühstück. Keine Spur vom nächtlichen Saufgelage.

»Menschen haben merkwürdige Rituale«, stellte Kobbi fest, während er sich an den Tisch setzte und seinen Teller belud. Eine ordentliche Mahlzeit hatte er sich jetzt verdient. Immer wieder tastete er über den Urram an seinem Gürtel; dass er es über sich gebracht hatte, ihn herzugeben in dem Bewusstsein, ihn nie wiederzusehen, erschien ihm jetzt noch abwegig. Und dennoch hatte er es getan.

»Ach, diese Dörfler sind alle ein wenig verschroben, dabei musst du dir nichts denken«, erwiderte der Gelehrte und wedelte mit der Hand den Dampf beiseite, der aus seinem Teebecher aufstieg. »Wir Städter sind da ganz anders. Und wenn man's genau nimmt, hat jedes Dorf, jede Stadt eigene Sitten. Das ergibt sich zwangsläufig so, wenn man auf engem Raum lebt.«

»Dann bin ich jetzt wirklich gespannt auf Mathlatha«, bemerkte Kobbi. »Und ... auf Tiw.« Garbers Bemerkung über die Bogins hallte noch in ihm nach.

Magister Brady musterte ihn von der Seite. »War eigentlich etwas Besonderes los, während ich ... äh ... beschäftigt war?«, fragte er beiläufig.

»Ganz und gar nicht, Meister«, antwortete Kobbi vergnügt. »Ich bin früh schlafen gegangen.«

Der wahre Schatz

»Habt ihr jemals so einen Sturm erlebt?«, fragte der grauhaarige Harbo, während er seine tropfnasse Jacke über die Stuhllehne hängte. Schwer atmend ließ er sich auf den Sitz fallen, aus seinen herabhängenden Haarsträhnen tropfte Regenwasser auf den Tisch. »In meinem ganzen Leben habe ich so etwas noch nicht gesehen«, fuhr der alte Mann fort. »Am helllichten Tag wird es stockdunkel, und dann erscheint plötzlich dieser leuchtende Wirbel und rast auf mich zu, und dabei reißt er alles mit sich …«

»Im allerletzten Moment konnte ich mich retten«, bestätigte sein Freund und Nachbar Garm. »Es ist ein Wunder, dass ich nicht vom Blitz getroffen wurde.«

»Ich wäre beinahe taub geworden, so laut donnerte es«, versuchte der dritte Bauer die anderen mit seinem Schreckenserlebnis zu übertrumpfen.

Das Gasthaus war voll mit Schutzsuchenden; es schien der einzige sichere Ort in diesem wüsten Sturm zu sein. Dicht auf dicht drängten sich nasse Menschen aneinander und suchten Trost in Bier, Met und Wein. Die ohnehin schlechte Luft dampfte und wurde zusätzlich von dem großen, hochlodernden und prasselnden Kamin aufgeheizt.

Draußen tobte und brüllte der Sturm und rüttelte an den Mauern des Gebäudes, aber es hielt seinen Angriffen stand. Man munkelte, dass dieses Gasthaus älter als die Menschheit war und schon fast seit Anbeginn der Welt den Reisenden Obdach und Nahrung bot. Es war groß und verwinkelt und litt nie unter Gästemangel, denn es lag genau an der Wegkreuzung der vier großen Reichsstraßen Waldsees, die ebenfalls vor sehr langer Zeit gebaut worden waren, als die vier Königreiche noch existierten. Das war die Goldene Zeit gewesen, doch heute erinnerten nur noch Geschichtenerzähler und in der Wildnis verborgene Ruinen an die einstigen Hochkulturen.

Noch niemand, nicht einmal die Stammgäste, hatte je den Wirt erblickt, nur seine Schankmaiden und Gehilfen eilten geschäftig herum und sorgten für nie versiegende Ströme an

Bier und Wein und nie endende saftige Braten und frisches dunkles Brot. Man munkelte viel über den Wirt; und dass er unsterblich sei, wurde wohl schon seit Jahrhunderten behauptet.

Erstaunlicherweise besaß das Gasthaus keinen Namen; man nannte es meistens nur »das Haus«, oder als Erklärung für Unwissende »das Haus an der Kreuzung«. Eingeweihte bezeichneten es als »Freies Haus«.

Harbo kippte einen halben Krug Steinbier hinunter und beugte sich dann mit verschwörerischer Miene über den Tisch. »Es geht nicht mit rechten Dingen zu, das sage ich euch.«

»Was meinst du?«, fragte Garm.

»Harbo, du bist unverbesserlich abergläubisch, das interessiert mich nicht«, brummte der dritte Bauer, rückte leicht ab und wandte ihnen den Rücken zu, um sich mit einem anderen zu unterhalten.

Der alte Mann ließ sich nicht beirren. »Dieser Sturm … und dass er dem Haus nichts anhaben kann.«

»Das Haus ist unzerstörbar, das wissen wir doch alle.« Garm seufzte. »Harbo, so langsam übertreibst du wirklich.«

»Aber dieser Sturm ist nicht natürlich, das ist gewiss. Er kündigt etwas an, etwas … Großes. Du wirst es sehen!«

In diesem Moment gab es einen lauten Knall im Kamin, und ein glimmendes Kohlestück sprang Funken sprühend heraus, rollte über den ausgetretenen, dunklen Boden und verglühte zischend. Sämtliche Gespräche waren verstummt, und alle starrten erschrocken auf den Kamin.

Als jedoch nichts weiter geschah, wandten sich die Gäste wieder ihrem Getränk oder ihrer Mahlzeit zu, auch Harbo und Garm, und da sahen sie den Fremden. Er musste in dem Moment hereingekommen sein, als sich aller Aufmerksamkeit auf den Kamin gerichtet hatte.

Er war weitgereist, das sah man deutlich an seinem bodenlangen, weiten, triefenden Kapuzenmantel und den kniehohen Stiefeln. Dazu trug er einen gleichfalls sehr nassen und aus der Form geratenen Hut. Seine kräftige Statur und seine Bewaffnung zeigten, dass er ein Krieger war – möglicherweise ein Soldat, oder ein Söldner. Die vielen neugierigen Augenpaare, die auf ihn gerichtet waren, störten ihn nicht; vermutlich war er schon lange daran gewöhnt. Er steuerte auf den Tisch zu, an dem Harbo und Garm saßen, und der noch einen Platz frei hatte.

Die beiden Bauern rückten unwillkürlich zusammen, aber sie wagten es nicht, den Bewaffneten abzuweisen. Eine Schankmaid kam auf den Fremden zu und fragte ihn nach seinen Wünschen.

»Bring mir einen Becher heißen Met und einen Teller Eintopf«, bestellte der Mann langsam mit rauer Stimme; offensichtlich war er nicht daran gewöhnt, viel zu reden. Er nestelte aus den Falten seines Mantels eine Kupfermünze und gab sie dem Mädchen. »Ist das genug?«

»Das ist der Preis, Herr. Ich bringe Euch sofort das Gewünschte.«

Der Mann nahm den Hut ab und öffnete den Mantel; beides hängte er über die Stuhllehne. Die beiden Bauern entspannten sich etwas, als sie sahen, dass er nicht jünger war als sie beide; sein langes, an den Schläfen aus jeweils einer Strähne zu einem Zopf geflochtenes Haar war fast weiß, sein wuchernder Vollbart vollständig grau. Unter den buschigen Augenbrauen musterten blaugraue, wie von einem Nebel verhangene Augen kurz die beiden Bauern, dann setzte der Fremde sich hin.

Eine Weile starrte jeder schweigend vor sich hin, bis es Garm zu viel wurde. »Ihr seid wohl auch vor dem Sturm geflüchtet?«

»Mhmm«, machte der Fremde.

»So einen hatten wir noch nie«, fuhr Harbo fort. »Und Euer Auftritt ist … ungewöhnlich.«

Der Fremde holte eine langstielige, schmale Pfeife hervor, stopfte sie mit Tabak und zündete sie an. »Ich öffnete die Tür, trat ein und schloss sie wieder. Was ist daran ungewöhnlich?«

Garm stieß seinen Freund in die Seite. »Ihr müsst verzeihen, Fremder, aber Harbo ist … nun, er achtet sehr auf Zeichen. Und just in dem Moment, als Ihr hereinkamt, explodierte etwas im Kamin …«

»Ein Zufall, weiter nichts.« Der Fremde schaute auf, als sein Becher Met und der Eintopf kamen, und widmete sich einige Zeit schweigend seiner Mahlzeit.

Die beiden Bauern gafften ihn die ganze Zeit über an, ohne sich der Unhöflichkeit ihres Benehmens bewusst zu sein. Die übrigen Gäste unterhielten sich inzwischen wieder, doch der eine oder andere warf manchmal einen verstohlenen Blick auf den geheimnisvollen Mann. So jemanden wie ihn hatten sie schon lange nicht mehr gesehen.

Als er mit dem Essen fertig war und den letzten Schluck getrunken hatte, schob der Mann Teller und Becher von sich, lehnte sich zurück und zündete die Pfeife erneut an. »Nun«, sagte er, »ich bin Bror, und ich komme von weit her. Ich bin ein Drachentöter. Man könnte auch sagen: *der* Drachentöter.«

Schlagartig verstummten erneut alle Gespräche ringsum; nur diejenigen, die nicht mithören konnten, unterhielten sich ahnungslos weiter.

»Aber … hier gibt es keine Drachen, mein Herr«, stammelte Harbo. »Schon sehr lange nicht mehr. Ich meine … sie sind ausgestorben. Wenn es irgendwo noch Drachen gibt, dann sehr weit fort.«

»Es gibt noch einen«, widersprach Bror. »Den Großen Alten.«

»Er ist doch nur eine Legende!«, warf Garm ein.

Der Drachentöter schüttelte langsam den Kopf. »Jetzt nicht mehr.« Er deutete mit dem Pfeifenstiel zu einem dick verglasten Fenster, vor dem draußen der Sturm tobte. »Der Große Alte lebt noch, aber nicht mehr lange. Er wird sterben, und dieser Sturm ist der Ausdruck seines Schmerzes, seines Todeskampfes. Jahrzehntelang habe ich nach ihm gesucht, und nun bin ich hoffentlich zum rechten Moment hier eingetroffen.«

»Aber warum tut Ihr das?«, fragte Harbo leise. »Ich meine, das Drachentöten?«

»Es ist ein Beruf wie jeder andere«, antwortete Bror. »Ich habe als Held gelebt und Dörfer, manchmal ganze Städte von der Geißel eines Drachen befreit. Ich habe nicht wahllos alle getötet, viele von ihnen sind harmlos und hausen tief verborgen in der Wildnis. Aber die Großen Drachen sind es, die uns immer wieder zu schaffen machen. Viele von ihnen herrschen als Tyrannen, unterdrücken und versklaven die Menschen, und ihnen habe ich den Krieg erklärt. Man kennt meinen Namen überall dort, wo es Drachen zu jagen galt. Ihr braven Leute habt keine Ahnung von dem, was auf Waldsee vorgeht – und dass der Große Alte sich bei euch versteckt hält. Er ist der Letzte der Großen Drachen, denn die anderen habe ich alle getötet.«

»Aber wenn er sowieso stirbt, was wollt Ihr dann noch hier?«, flüsterte Harbo.

Brors Augen wurden für einen Moment klar und kalt, und die beiden Bauern mussten zur Seite sehen, weil sie diesen Blick nicht ertragen konnten. »Weil er den *Schatz* besitzt«, antwortete er. »Den wahren und einzigen Schatz der Drachen, das Kostbarste dieser Welt. Und diesen werde ich ihm rauben, doch das muss geschehen, solange er noch lebt. Er ist ein überaus mächtiges, magisches Geschöpf, wie ihr an dem Sturm sehen könnt.«

»Der Sturm flaut ab!«, rief jemand wie aufs Stichwort von der Galerie oben. »Bald können wir wieder nach Hause gehen!«

»Dann wird es Zeit für mich.« Der Drachentöter erhob sich. »Lebt wohl.« Er hüllte sich in seinen tropfnassen Mantel, setzte den Hut auf und verschwand.

Garm und Harbo starrten noch eine Weile auf die geschlossene Tür. »Alles, was recht ist …«, sagte Garm schließlich. »Aber glaubst du, was der da von sich gegeben hat?«

Harbo prustete in seinen Bierkrug. »Ich mag zwar abergläubisch sein, Garm, aber verrückt bin ich nicht! Jedenfalls nicht so wie dieser Kerl. Drachen! Der Große Alte! Ein Schatz, so kostbar wie die Welt! Ich sag dir was, Freund: der Verstand dieses armen Burschen wurde durch irgendetwas geschädigt. Er ist alt und nutzlos geworden und klammert sich verzweifelt an seine Vergangenheit, weil er nicht damit fertig wird, dass ihn niemand mehr braucht. Vielleicht war er auch nur sein Leben lang Soldat und wurde entlassen, und jetzt irrt er umher, eingesponnen in seine Träume.«

»Er ist verloren«, murmelte Garm. »Aber vielleicht glücklich damit? So kann er noch einige gute Jahre verbringen und in Frieden sterben, solange ihn niemand aus seinen Träumen reißt.«

Bror wusste, dass man ihm keinen Glauben schenkte. Die Zeit der Drachen war insofern vorbei, weil die Menschen sich weigerten, noch an sie zu glauben. Doch sie existierten, sie waren keineswegs alle ausgestorben. Viele hielten einen langen Schlaf, um auf die nächste Goldene Ära zu warten.

Solange der Große Alte noch existierte, hatten sie eine Zukunft. Denn er besaß *den Schatz*, den Schlüssel zum Leben, zu Macht und Reichtum, zum Glück ... was man sich nur vorstellen konnte. Seit er zum ersten Mal davon gehört hatte, wusste Bror, dass weder der Große Alte noch der Schatz eine Legende waren, und dass beides über die Zukunft der Drachen entschied.

Und jetzt hatte er den Beweis - dieser Sturm, der den Todeskampf des ältesten Drachen anzeigte. Drachen konnten viele Jahrtausende überdauern, aber eines Tages war es dennoch mit ihrer Lebenskraft vorbei. Allerdings traten sie nicht sang- und klanglos ab. Das Land um Bror herum war verwüstet, kein Stein stand mehr auf dem anderen. Zum Glück wussten die braven Bauern in dem Gasthaus noch nichts von ihrem Unglück. Die meisten von ihnen würden fortgehen müssen.

Das Gasthaus war das Einzige, das alles überstehen konnte; auch das wusste Bror durch seine Forschungen. Was heutzutage so gut wie niemand mehr wusste: Es war aus den Schuppen und der Haut eines Großen Drachen erbaut worden, und zwar desjenigen Großen Alten, welcher der Vater desjenigen Drachen gewesen war, der heute im Sterben lag. Der Alte heute war der letzte Überlebende der Brut, auch seine Mutter war längst dahingeschieden. Es hieß übrigens, dass der Wirt des Freien Hauses der Drachentöter des damaligen Großen Alten gewesen sei, aber das war unbewiesen und interessierte Bror nicht weiter.

Er konnte es kaum fassen, dass er nun endlich am Ziel seiner Wünsche war. Fast sein ganzes Leben hatte er mit dieser Jagd verbracht, und nun, da er selbst alt und verbraucht war, würde er seinem erkorenen Feind endlich gegenübertreten.

Aber der Schatz würde ihn für alles entschädigen, ihm wahrscheinlich sogar die Jugend wiedergeben.

Er brauchte sich keine Sorgen zu machen, dass sich noch andere auf die Suche machen würden. Die meisten Leute wussten nichts von den alten Geschichten und hielten ihn für einen Narren.

Früher hatte es noch andere Jäger wie ihn gegeben. Doch heute war er der Letzte. Wie der Große Alte.

Der Drachentöter folgte dem wirbelnden Zentrum des Sturms. Das Ende war nicht mehr fern; sobald das Zentrum zum Drachen zurückgekehrt war, würde er sterben. Und für einen Moment würde die Zeit stillstehen, für den einzigen, letzten Herzschlag des Großen Alten. Die Menschen würden davon natürlich nichts merken.

Aber Bror musste sich beeilen. Er mochte zwar nicht mehr jung sein, doch er war ausdauernd und geübt, er würde eine ganze Weile durchhalten und war deshalb zuversichtlich, rechtzeitig anzukommen.

Die Jagd führte in einen Wald hinein, am Hang eines Felsmassivs. Hier lebten keine Menschen, und es gab nur wenige Tierpfade, die Bror das Durchkommen erleichterten. Das Unterholz war dicht bewachsen und zumeist stachelbewehrt. Es war still, modrig-feucht und kalt.

Bror lief weiter. Irgendwann bemerkte er eine leichte Veränderung; die Luft wurde diffuser, von winzigen, seltsam leuchtenden Schwebeteilchen durchsetzt. Das Unterholz wich, und die Baumstämme zeigten eine kahle, schwarzgraue Rinde. Der braune Boden wurde seltsam schwammig und behinderte das Vorankommen. Und dann erreichte er die Felsen. Bror zweifelte nicht daran, dass sich hierher weder Tier noch Mensch verirrten; er spürte deutlich den magischen Wall zur Abschreckung. Ohne Zweifel war der Drache *hier*, und er konnte nicht verhindern, dass der Drachentöter bis zu seinem Nest vordrang. Keine Drachenmagie konnte Bror mehr beeinflussen oder bannen. Er kannte alle Sprüche, alle Formeln, er war von Drachen verletzt und vergiftet worden; manchmal, so kam es ihm vor, war er selbst schon ein Drache, weil er sein ganzes Leben auf die Jagd ausgerichtet hatte und notgedrungen lernen musste, sich in die Drachen hineinzuversetzen, um sie zu überwinden. Um ein Drachentöter zu werden, brauchte es mehr als nur ein gutes Schwert und Geschicklichkeit. Nun würde sich zeigen, ob Brors *Ausbildung* erfolgreich gewesen war, wenn er seiner größten Herausforderung entgegentrat. Denn auch sterbend war der Große Alte immer noch eines der gefährlichsten Wesen Waldsees.

Er musste eine ganze Weile in den Felsen herumklettern, bis er endlich den Zugang zur Höhle fand. Wenige Schritte nach dem Eingang wurde es bereits fast dunkel, man konnte gerade ein paar Mannslängen weit sehen. Das schummrige Licht wurde von winzigen Glimmerlichtern gespendet, die überall an den Felswänden und Decken funkelten. Bror entdeckte auch noch andere Lichter, kleine runde Leuchtaugen, die kurz aufblitzten und dann hastig davonhuschten, sobald er näher kam.

Die Höhle war sehr groß, und Bror konnte sich auf einen Drachen gewaltigen Ausmaßes einstellen. Sie wuchsen bis an ihr Lebensende, und das bedeutete, dass dieser hier … inzwischen selbst so groß wie ein halbes Felsmassiv sein musste. Ob er die Höhle überhaupt noch verlassen konnte?

Er kam an einem glasklaren See vorbei, ein Uferrand war umsäumt von einem Stalaktiten- und Stalagmitenwald. Halb versteinerte, braun verfärbte Knochen lagen massenweise herum. Die Luft wurde stickig, und Bror musste sich zusammennehmen, um nicht laut zu husten. Der Schweiß brach ihm aus, aber nicht vor Furcht, sondern vor der zunehmenden Hitze. Vor sich konnte er ein rötliches Glühen ausmachen … und er hörte ein röchelndes, pfeifendes Schnaufen. Ohne Zweifel hatte er sein Ziel bald erreicht.

Bror tastete nach dem Kurzschwert an seinem Gürtel und ging langsam weiter, stets nach allen Seiten sichernd und auf der Hut. Möglicherweise hatte der Große Alte Gehilfen, die ihn verteidigten, weil er selbst nicht mehr dazu in der Lage war. Und wie immer behielt er Recht. Von allen Seiten kamen sie auf ihn zu; gedrungene Geschöpfe aus vergessener

Zeit, fast ein wenig wie Trolle, aber doch den Felsen noch ähnlicher, in denen sie lebten. Sie trugen teils verrostete alte Waffen, die sie einst Kriegern oder Soldaten abgenommen hatten oder die einem zusammengehorteten Schatz entstammten. Bror schleuderte Hut und Mantel von sich und zog sein Langschwert, das er in einer Scheide auf dem Rücken trug. Seine Muskeln spannten sich kraftvoll an, und er stellte sich in Positur. Auch wenn sie in der Überzahl waren, fürchtete er sie nicht. Er hatte schon viel Schlimmeres, Aussichtsloseres überstanden.

Doch die Geschöpfe griffen nicht an. Im Gegenteil, sie wichen vor ihm zurück. Und einer von ihnen … *winkte* Bror.

Das pfeifende Atmen wurde lauter, ein singender Ton lag jetzt darin. Der Drachentöter zögerte. Die Diener des Großen Alten blieben stehen und drehten sich zu ihm um.

Er war so weit gekommen, nun würde er um keinen Preis der Welt mehr umkehren. Bror ging weiter. Das rötliche Glühen wurde heller und breitete sich über die ganze Höhle aus, erhellte sie mit einem weichen Schimmer. Die Hitze wurde fast unerträglich. Bror entledigte sich Stück um Stück seiner inzwischen fast trockenen Kleidung.

Der letzte Teil der Höhle tat sich vor ihm auf; eine riesige, fast kreisrunde Halle mit einem Feuersee in der Mitte. Bror raubte es fast den Atem, und er schloss geblendet die Augen.

Er zwinkerte, als sich ein dunkler Umriss vor die Flammen schob. Der Kopf eines Drachen, und dieser Kopf war bereits so groß wie ein einfaches Stadthaus. Aus den weit geblähten Nüstern am Ende der langen Schnauze schlugen kleine Flammen; überall am Kopf sprossen lange, wie bärtige Auswüchse, der Stirn entsprang zweifach ein weit nach hinten gezogenes, an den Enden nach oben gebogenes Doppelhorn. Die Halsschuppen waren auf der Oberseite blutrot und goldgerändert und überlappten sich, auf der Unterseite waren sie kleiner und fast schwarz.

Zwei riesige, schwarz geschlitzte, gelbleuchtende Augen richteten sich auf den gealterten Krieger. Sie hatten nichts von ihrer magischen Kraft verloren.

»Du bist gekommen«, sagte der alte Drache.

Bror sah, wie sich die Diener des Großen Alten ehrerbietig rückwärts zurückzogen. »Du hast mich erwartet?«, fragte er langsam.

»Natürlich«, antwortete der Drache. »Schon sehr lange. Mindestens ebenso lange, wie du brauchtest, um nach mir zu suchen.«

»Ich bin gekommen, um dich zu töten«, versetzte Bror.

»Das ist nicht notwendig, mein Freund. Ich habe ohnehin nur noch wenige Atemzüge. Du bist gerade noch im richtigen Moment eingetroffen.«

»Aber … was willst du von mir?«

»Ist das nicht offensichtlich? Du sollst meinen Schatz übernehmen, denn ich kann ihn nicht mehr bewachen und beschützen.«

Bror hob eine Braue. »Was ist das für eine Drachenlist?«

»Keine List mehr, und keine Kraft mehr«, hauchte der Drache. Er öffnete kurz den Rachen, um nach Atem zu ringen, und der Mann konnte deutlich sehen, dass die meisten seiner einst grausam tödlichen Zähne stumpf und verfault waren. Sein Kopf sank langsam herab, und allmählich konnte Bror die Konturen des riesigen Leibes erkennen, der sich um den Feuersee wand, und nicht nur einmal, und dann ringelte sich noch mehrfach der Schwanz darum herum; der Alte füllte fast die gesamte Höhle aus. »Denkst du, dein Treiben wäre mir verborgen geblieben, Bror?«, fuhr der Drache flüsternd fort. »Von Anfang an wusste ich von dir und den anderen. Ich habe jede eurer Bewegungen beobachtet, jeden eurer Kämpfe miterlebt. Ich bin der Große Alte, und es verletzt mich in der Tat, dass du mir das nicht zugetraut hast, obwohl du schon lange weißt, wer ich bin.«

»Hättest du dann nicht längst etwas gegen mich unternehmen müssen?«, erwiderte Bror. »Um zu verhindern, dass ich eines Tages hierher komme und dich töte?«

»Aber ich sagte doch bereits, dass ich dich erwartete. In jeder Generation werden Drachentöter geboren, sie sind etwas ganz Besonderes, denn sie allein können den magischen Kräften eines Drachen widerstehen. Doch es müssen Tausende von Generationen vergehen, bis der Eine geboren wird, der würdig ist, das Erbe zu erhalten – *den wahren Schatz*. Und du bist es, Bror, denn du bist der Letzte deiner Generation, der noch lebt, und der Einzige, der hierher gefunden hat. Obwohl auch du inzwischen alt geworden bist, so wie ich, hast du nie gezweifelt. Ich war deine Quest.«

»Und du … willst mir den Schatz geben? Einfach so?«

»Mein Freund, es ist kein leichtes Erbe, das ich dir übergeben will. Aber du bist der Einzige, der dessen würdig ist, und mein Ende ist nah … sehr nah.« Das stimmte wohl, denn die Augen des uralten Drachen trübten sich plötzlich. »Verstehst du, der Schatz darf nicht verloren gehen, auch wenn wir Drachen irgendwann nicht mehr sein sollten. Er ist zu kostbar. Nimm ihn dir jetzt, Bror, und gehe dann schnell, denn meinen Todeskampf will ich allein austragen, und es wäre womöglich noch gefährlich für dich.«

Der Große Alte zeigte mit der Schnauze auf ein Nest am Rand des Feuersees. Bror ging dorthin, getrieben von plötzlicher Neugier, und blickte verwundert … auf eine schlafende Maid. Eine wunderschöne junge Frau mit einem drachenähnlichen Mal auf dem rechten Oberschenkel.

»Was …«, begann der Drachentöter, aber der Drache unterbrach ihn.

»Nimm sie und geh … schnell. Stell keine Fragen mehr. Du wirst alles erfahren. Aber jetzt …« Der Drache hob den Kopf und stieß ein markerschütterndes Gebrüll aus, das Bror fast die Besinnung raubte. Halb betäubt warf er sich die Schlafende über die Schultern und spurtete los. Unterwegs nahm er sich allerdings noch die Zeit, den Mantel aufzusammeln, dann rannte er so schnell er konnte weiter. Das Gewicht der Frau spürte er kaum, sie erschien leicht wie eine Feder.

Er taumelte, als der Boden unter ihm in einem Beben schwankte, im zweiten Todesschrei des Drachen. Bror stürmte aus der Höhle und stolperte die Felsen hinab; wie durch ein Wunder stürzte er nicht, anscheinend beflügelte ihn der Wille zur Flucht. Die gesamte Felsenregion erzitterte in einem tiefen Grollen, und der Krieger rannte weiter durch den Wald, bis er sich einigermaßen sicher fühlte.

Am Abend hatte er ein notdürftiges Lager errichtet, ein Waldtier erlegt und gebraten; und nun saß Bror ganz still und betrachtete die schlafende Schönheit auf der anderen Seite des Feuers. Was sollte er mit ihr anfangen? Weshalb hatte er sie überhaupt mitgenommen? War sie wirklich der größte Schatz?

Als hätte sie seine Blicke oder auch seine Gedanken gespürt, schlug die junge Frau plötzlich die Augen auf und schaute ihn an. Ihre Augen waren smaragdgrün, ihre Haut alabasterfarben, ihre Haare schwarz wie die Nacht. Ganz gewiss hatte Bror noch nie jemanden wie sie erblickt.

Sie richtete sich auf und blickte ihn erstaunt an. »Was ist geschehen?«

Bror erzählte es ihr. Es war eine lange Geschichte, und die Nacht war fast vorüber und das Feuer erloschen, als er schließlich endete. In seinem ganzen Leben hatte er noch nicht so viel auf einmal geredet, aber es schien fast, als löste die Frau seine Zunge. Seltsam, wie er sich zu ihr hingezogen fühlte, und wie vertraut sie ihm schien. Als würde er sie schon sein ganzes Leben kennen. Sie war die Frau seiner Träume, erkannte er plötzlich.

»Ist es das?«, sprach er seine Unsicherheit laut aus. »Erfüllt der wahre Schatz die innersten Träume?«

»So etwas wird es wohl sein«, antwortete sie mit leise gurrender Stimme. »Ich kann dir nur sagen, dass ich wirklich der Schatz bin und lange geruht habe, ja fast zu lange, denn du bist beinahe zu spät gekommen. Doch nun fühle ich das Leben stark und mächtig wie nie, es pulst und rauscht durch meine Adern und macht mich trunken. Ich möchte dir danken, Bror, und mein Lager mit dir teilen und deine Sehnsüchte stillen.«

»Ich bin ein alter Mann …«, sagte er erschrocken. »Ich habe … kaum Erfahrung mit Frauen, weil ich nie die Zeit dafür fand … meine Quest war mir wichtiger …«

»Eben darum ist jetzt der Moment gekommen, zur Ruhe zu finden, denn der letzte der Großen Drachen ist tot und deine

Aufgabe erfüllt. *Diese* Aufgabe, denn es wird eine andere für dich geben, doch bis dahin sollst du einmal in deinem Leben etwas nur genießen und frei sein …«

Während sie sprach, rückte die Frau dem Drachentöter langsam näher. Sie war schön und jung und verströmte einen betörenden Duft, und Bror war ausgehungert, wie er jetzt merkte, und doch nicht so alt, um sich ihren Reizen widersetzen zu können; und warum in aller Welt sollte er das auch tun? So ein Angebot hatte er kaum je erhalten, und wenn dies nun der kostbarste aller Schätze war, so machte er ihn gewiss in diesem Moment zum glücklichsten Mann.

Irgendwann kam Bror wieder zu sich und wunderte sich, dass er in Dunkelheit lag. Er fühlte sich weich gebettet und bequem, doch über ihm war kein nächtlicher Sternenhimmel, und die Luft roch nicht nach freiem Land. »Wo bin ich?«, flüsterte Bror und wollte sich aufrichten, aber er war zu schwach.

»Nur ruhig, mein Liebster, du musst dich noch erholen nach diesen Strapazen«, antwortete eine seidenweiche Stimme, und zwei warme kleine Hände drückten ihn sanft wieder aufs Lager. Die Frau kicherte leise. »Du hast ein ordentliches Stehvermögen, mein wundervoller Liebhaber, und du hast mich sehr glücklich gemacht. Ich werde dich nie mehr hergeben …«

Allmählich gewöhnten sich seine Augen an das Dämmerlicht, von irgendwoher kam wenigstens ein matter Schein, der einigermaßen Konturen sichtbar werden ließ. »Du bist so schön«, flüsterte Bror, als er die Geliebte erblickte. »Was ist mir widerfahren? Wo hast du mich hingebracht?«

»In Sicherheit«, flüsterte sie. »In ein Nest der Geborgenheit tief in den Felsen, damit uns niemand findet und uns trennt oder schlimmeres, denn wir wollen zusammen sein und uns lieben, für immer und ewig.«

Brors Blick fiel auf ihre Hände, als sie zärtlich seine Brust streichelte. »Was … was hast du da?«

Sie strich über die zarten, weißgrünen Schuppen und lächelte stolz. »Hübsch, nicht wahr? Sie wachsen jeden Tag ein bisschen länger, am ganzen Körper. Fühl mal!« Sie nahm seine Hand und führte sie von ihrer Brust hinab zu ihren Lenden. »Und weißt du was? Ich bin schwanger!«

In Bror keimte plötzlich ein furchtbarer Verdacht auf. Er hob seine Hand, und als er sie ansah, kam sie ihm sehr viel glatter, sehniger … *jünger* vor. Als er den Kopf drehen wollte, spürte er einen stechenden Schmerz am Hals. Seine Fingerkuppen ertasteten eine kaum verheilte Wunde. »Was geht hier vor?«, krächzte er entsetzt.

»Nur die Ruhe, mein Liebling, erschrecke doch nicht. Du wirst dich schnell daran gewöhnen«, wisperte die Frau. »Du bist ja schon so lange infiziert, aber erst mein Kuss verhilft dir zur endgültigen Verwandlung, so wie du mich erwecktest und unsere Verbindung meine Verwandlung einleitete. Ich werde schnell wachsen und dich behüten, und ich werde unsere Brut aufziehen, und damit geht es wieder weiter, bis ich eines Tages die Große Alte bin. Und dereinst vor meinem Tod wird jemand kommen, um dich zu finden, mein lieber *wahrer Schatz*, du Kostbarstes aller Dinge der Drachen von Waldsee.«

Shah Ra'zad

Ra'zads Eltern weinten bitterlich, als sie ihn ziehen lassen mussten. Aber wer hätte es je gewagt, der Shabune zu widersprechen? Schön und grausam, grausam-schön, das waren ihre Attribute, und sie besaß mehr Beinamen als ein Adler Federn, denn ihren Hauptnamen wagte niemand laut auszusprechen, geschweige denn überhaupt zu denken. Oder vielleicht wusste ihn auch keiner mehr.

Unersättlich war sie, neunhundertneunundneunzig Männer zählte ihr Ragulbayt inzwischen, und sie würde nicht ruhen, bevor es nicht tausend seien, so hieß es.

Und wie es aussah, sollte der junge Ra'zad das Tausend erfüllen.

»Warum ich?«, fragte Ra'zad erstaunt, der sich nicht entsinnen konnte, irgendwelche besondere Vorzüge zu besitzen.

»Die hochedlen Prinzen sind rar geworden«, antwortete der Großwesir, der als offizieller königlicher Heiratsvermittler gekommen war, um den jungen Mann mitzunehmen. »Die Söhne der Fürsten, Paschas, Sheiks und Kalifen und auch die Helden sind rar geworden, ebenso die Ritter und ihre Knappen, und die Söhne der Wesire. Auch Großwesire sind nicht ausgenommen.« Er wies auf sich. »Die noch da sind, sind zu jung oder zu alt, also ist es nun an euch, ihr braven Leute, der Shabune zu dienen.«

»Aber was ist mit den Stadtkämmerern und Bürgermeistern und den Räten und Weisen?«, wollte Ra'zad wissen.

»Die sind auch rar.«

»Und die Generäle und Hauptmänner der Stadtwache?«

»Die haben ihre Söhne längst in all den Kriegen begraben und sich selbst hinterhergeworfen.«

»Die Minister, die Dukturen, die Gelehrten?«

»Nichts mehr übrig.«

»Was ist mit den Kaufmannsleuten und Händlern?«

»Ja, da kämen welche in Frage.«

»Und wie kann ich dann würdig sein?«

»Was arbeitest du, junger Ra'zad?«

»Ich bin Schmied«, antwortete Ra'zad. »Ich beschlage die Pferde der Reisenden, ich schärfe die Waffen der Soldaten und fertige glänzende Rüstungen an. Ich vermag Metall zu formen, wie mein Vater und dessen Vater vor mir, und wir geben ihm jede gewünschte Gestalt.«

»Und legst du etwas Besonderes hinein, o Schmied?«

»Das ist das Geheimnis unserer Familie, ja, allerdings, o erhabener Großwesir.«

»Und ruhst du dich auf den Verdiensten deines Vaters aus und frönst nur den Genüssen?«

»Niemals! Ich arbeite von Sonnenaufgang bis Sonnenuntergang, und meine Kunden danken es mir, wenn ich sie schnell bediene, und entlohnen mich auf dieselbe Weise.«

»Kannst du zählen und rechnen?«

»Gewiss, o Großwesir, und nur im Kopf, denn Lesen und Schreiben vermag ich nicht, dafür fehlt mir die Zeit. Aber ich verziere Eure Klinge mit jedem Muster oder jeder Schrift, die Ihr mir vorgebt.«

»Gibt es einen, der besser ist als du?«

»Nur mein Vater, Hochedler, gepriesen sei er.«

»Also bist du wahrlich ein Edelmann auf deinem Gebiet, den anderen überlegen, und du bist kein armer Schlucker.«

»Nein, das nicht, mein Vater ist sehr angesehen, und er hat mir ein Erbe in Aussicht gestellt, das es mir ermöglicht, meine Braut selbst auszusuchen.«

»Nun siehst du, das Licht des Lebens bestrahlt dich besonders hell, du bist in Rang und Achtung höher als die anderen«, fasste der Großwesir zusammen. »Du bist talentiert. Wen gibt es sonst noch hier? Die anderen sind nur unbedeutende kleine Handwerker, Tagelöhner und Bettler.«

»Die Kaufleute und Händler wären da noch zu nennen, wenn ich sie in Erinnerung rufen darf.«

»Und natürlich die Nichtsnutze und Tagediebe, mit denen du gar nichts gemein hast. Damit bist du das Glück der Tausend.«

»Das erscheint mir sinnvoll«, sagte Ra'zad zögernd, der allerdings überhaupt keinen Sinn in der Schlussfolgerung dieses Gedankengangs erkennen konnte. Aber es gehörte sich nicht, einem Wesir, der ein hochgebildeter Mann war, zu widersprechen. Und dem Großwesir und wichtigsten Mann am

Hofe erst recht nicht. Ra'zad brauchte schließlich beide Hände und vor allem den Kopf für seine Arbeit. Man konnte nämlich durchaus das eine oder andere verlieren, wenn man zu vorlaut war, und nicht einmal auf seine Zunge wollte der junge Mann verzichten.

»Abgesehen davon«, fügte der Großwesir hinzu, »hat die Shabune ein Auge auf dich geworfen.«

Ra'zad sah nicht, dass der hohe Würdenträger dabei die Augen verdrehte, und er ahnte auch nicht, dass das tatsächlich der alleinige Grund für die Wahl der Shabune gewesen war, wenngleich die Aussage, dass es keine freien Prinzen mehr gab, nicht gelogen war.

Aber das hatte die edle Königin noch nie sonderlich gekümmert. Wer nicht hochrangig genug war, wurde eben zum Sklaven erkoren statt zum Ehemann, das machte für sie keinen Unterschied. Dennoch ... das Tausend musste erfüllt werden.

Der Großwesir, der längst genug von all dem hatte, gab deshalb für sich eine Menge Anmerkungen in Gedanken dazu, während er diese beiläufige Bemerkung machte, wohingegen sich Ra'zads Verstand schlagartig leerte und er blöde lächelnd mit großen Augen den Großwesir anstarrte, ohne etwas erkennen zu können.

»A-auf mich hat das lieblichste Sandkorn der Wüste ein Auge geworfen und Wohlgefallen empfunden?«, stammelte er.

»Ja. Wirst du wohl endlich mitkommen?«

»Aber ... aber ich muss packen und mich von Mutter und Vater verabschieden ...«

»Also gut, aber eil dich. Zu packen brauchst du nichts, du findest alles im Palast vor.«

Also ging Ra'zad zu seinen Eltern und erzählte ihnen, dass die Shabune ihn zum Ehemann auserkoren habe.

Ualed und Samulah schlugen die Hände über den Köpfen zusammen und fingen an zu weinen. Sie freuten sich nicht, dass ihr Sohn auserwählt worden war, sondern beklagten vielmehr ihr Schicksal, da Ra'zad in der Schmiede fehlen würde, und der Vater nun bis ans Lebensende schwer arbeiten musste, um ein Auskommen zu haben. Einen Lehrling könnten sie nicht annehmen, wovon würden sie auf ihre alten Tage leben?

Das sah Ra'zad als treusorgender Sohn ein und ging zurück zum Großwesir.

»Was wird aus meinen Eltern, wenn ich fort bin?«

»Sag ihnen, sie erhalten eine Rente, und es wird ihnen an nichts mangeln. Dein Vater soll sich einen fleißigen Gesellen suchen, der dereinst die Schmiede übernehmen kann, und sie ihm verpachten, da hat er ein zusätzliches Einkommen.«

Ra'zad trug die Worte weiter, und seine Eltern waren getröstet, aber nur ein wenig. Denn wer würde ihre Einsamkeit lindern, wenn sie niemals die Gesellschaft der sanften Ehefrau ihres Sohnes hatten, und die Enkelkinder?

Auch diese Frage leuchtete Ra'zad ein, und er ging zurück zum Großwesir.

»Sag ihnen, wenn die Zeit gekommen ist, werden sie ein Haus in der Nähe des Palastes beziehen dürfen, wo sie fröhliches Kinderlachen hören können, und sie werden einmal in der Woche Besuch von ihren Enkeln und ihrem Sohn erhalten.«

Ra'zad ging zu seinen Eltern und schloss: »Damit müssen wir zufrieden sein, denn mehr werden wir nicht erhalten.«

»Aber was ist, wenn wir alt und gebrechlich sind und nicht mehr für uns sorgen können?«

Der Großwesir, der inzwischen in der Tür stand, weil ihm dieser Abschied und das dauernde Hin und Her zu lang dauerte, antwortete schnarrend: »So werden wir Diener schicken, die euch pflegen. Und nun lasst euren Sohn ziehen, denn die Shabune, möge ihr Schatten uns Kühlung und Linderung spenden, wartet nicht gern.«

Also nahmen sie tränenreichen Abschied.

Ra'zad war es schon ein wenig mulmig zumute, als er in eine fensterlose Kutsche geschubst wurde, flankiert von schwer bewaffneten Wachen, und schaukelnd ins Ungewisse fuhr.

Er war noch nie mit einer Kutsche gefahren, und noch nie war sein Blick derart eingeschränkt gewesen. Vor allem verstand er nicht, warum alles derart heimlich geschehen musste, warum niemand davon erfahren sollte, dass er der künftige Gemahl der lieblichen Herrscherin war, und er hätte vor allem gern einmal einen Blick auf den Palast aus der Nähe geworfen. Dem gemeinen Volk war es nicht erlaubt, sich auf weniger als zweihundert Schritte zu nähern, und so hatte er immer nur von Ferne schmachten können.

Wie viele junge Männer hatte Ra'zad davon geträumt, eines Tages die göttliche Shabune, Schönste der Schönen, erblicken zu dürfen.

Ihm hätte der Anblick ihres zarten Handgelenks schon genügt, denn wann bekam ein Mann schon mehr von einer Frau zu sehen, die nicht seine Mutter war? Und Ra'zad war schließlich im heiratsfähigen Alter. So sehr er seine Mutter auch verehrte, sie genügte ihm nicht mehr. Neidvoll hatte er die Kutschen und Sänften beobachtet, die zur Hochzeit durch die Straßen zogen und deren Benutzer kandierte Früchte unters Volk warfen, auch hie und da einmal einen kleinen Edelstein oder eine Münze.

Die Reichen hatten es leicht, sie wurden einander zugeführt, und sie durften den Palast betreten, um den Segen der Gebieterin zu empfangen.

Für Ra'zad, auch wenn sein Vater zu bescheidenem Wohlstand gekommen war, waren all diese Wege verschlossen, und er konnte nur von der sagenhaften Schönheit der Königin träumen.

Vielleicht war ein schrecklicher Unfall geschehen, und Ra'zad träumte in Wirklichkeit. Ja, das musste es sein, denn nur in Träumen konnte einem bedeutungslosen jungen Mann widerfahren, was Ra'zad gerade geschah.

Die Kutsche schaukelte und schlingerte, und dem jungen Schmied wurde übel. Normalerweise bewegte er sich auf seinen eigenen zwei Beinen und war nicht eingesperrt in einen engen Kasten. Angestrengt lauschte er auf das Klappern der beschlagenen Hufe und hörte heraus, dass zwei Eisen locker waren, bei jedem Pferd eines. Das war eine unerhörte Schlamperei, und das würde er dem Großwesir mitteilen. Das ziemte sich keinesfalls am Hofe einer weithin berühmten, geachteten und märchenhaft reichen Herrscherin!

Doch bis sie ankamen, war Ra'zad so flau im Magen, dass er überhaupt keinen klaren Gedanken mehr fassen konnte und er nur froh war, endlich diesem stickigen fensterlosen, schaukelnden Kasten zu entkommen.

Kaum hatte er den Kopf aus der geöffneten Tür gereckt, da wurde ihm ein Sack übergestülpt. Erschrocken, aber schwach, protestierte er und versuchte sich mit fahrigen Bewegungen zu wehren, doch da wurde er an Armen und Beinen ergriffen, hochgehoben und fortgetragen.

Was geschieht mit mir?, dachte er voller Angst. *Was ist das für ein Traum, der vom Gipfel in den Abgrund führt?*

So schnell fiel er jedoch nicht in den Abgrund. Zunächst einmal erwachte Ra'zad auf einer weichen Bettstatt, geradezu begraben unter riesigen samtenen Kissen. Diffus streuendes Sonnenlicht fiel durch Fenster, die mit zierlichen Holzornamenten geschmückt waren und den Blick von draußen herein unmöglich machten.

Nah beim Fenster war ein kunstvoller Vogelkäfig aufgehängt, in dem eine Nachtigall sehnsuchtsvoll sang.

Der Raum, in dem das große Himmelbett stand, bot Ra'zad mehr Platz als das gesamte Haus seiner Eltern, und er war mit Teppichen ausgelegt und mit Seidentapeten verziert. Einen Raum von solcher Pracht hatte Ra'zad noch nie erblickt.

»Wo bin ich?«, fragte er erstaunt.

»Willkommen im Ragulbayt«, erklang eine fremde Stimme, die dem jungen Mann seltsam erschien, denn sie klang männlich, und doch wiederum nicht. Da schwang etwas Weiches mit, das ihn an die Arme seiner Mutter erinnerte, wenn sie ihn als Kind mit sich herumtrug.

Blinzelnd sah er sich um und erblickte einen Mann am Eingang zu seinem Gemach, der prächtige Seidengewänder trug, Schnabelschuhe und einen schönen Turban aus feinstem Tuch. Er war groß, und die offene Jacke zeigte schwellende Brustmuskeln bei jeder Bewegung.

»Ich bin Ramsalamahabdall'arasafiliah«, stellte sich der Mann mit der seltsamen Stimme vor; doch wenn Ra'zad genau überlegte, musste er zugeben, dass sie zu seinem Äußeren passte. Trotz der stattlichen Größe und der Muskeln war etwas merkwürdig weichlich an dem Mann.

»Ich bin der Oberste Eunuch der himmlischen Gebieterin, mögen ihre Sternaugen stets wohlwollend auf mir ruhen.«

»Ich nenne dich Ram«, entschied Ra'zad, dem der Kopf schwirrte, und der bei sich dachte, was für ein armes Schwein

ein Mann doch sein musste, der in der Nähe der schönsten aller Frauen leben durfte und gar kein Mann mehr war.

Die dunklen Augen des Mannes blitzten wütend auf, und er kam mit wuchtigen, dennoch irgendwie trippelnd wirkenden Schritten näher. »Pass auf, du kleiner dr...«, setzte er an, doch Ra'zad hob streng einen Finger.

»Wollen wir das gleich mal klarstellen?«, begann er. »Erstens, du stehst hier am Eingang, während ich in diesem famosen Bett liege. Zweitens, du bist ein Eunuch und ich bin im Vollbesitz meiner Kräfte. Drittens, ich wurde als tausendster Ehemann erwählt, und du bist mein Diener. Stimmt's?«

Der Eunuch schnaubte vor Wut, aber er bezähmte sich. »Beinahe«, antwortete er zähneknirschend. »Ich bin dein Ausbilder. Und ob du stolz auf deine Männlichkeit sein kannst, wird sich erweisen. Ebenso, ob dieses Bett tatsächlich bequem ist und dir nicht zur Folterbank gereichen wird.«

Dieser Bimbam, oder wie auch immer er heißen mochte, war ein eingebildeter Fatzke; solche kannte der junge Schmied zur Genüge. Er konnte jede Menge Geschichten erzählen über die Kundschaft, die wiederum ihm jede Menge Geschichten über dies und das und die Welt während der Wartezeit zum Besten gegeben hatte. Das war eine interessante Ergänzung zu seiner schweren Arbeit: seinen Auftraggebern zu lauschen, deren ausgestoßene Luft dem Blasebalg zur Ehre gereichte.

Ra'zad mochte nicht von hoher Geburt sein, aber als Schmied war er kräftig und selbstbewusst, so leicht ließ er sich nichts vormachen, und erst recht nicht von so einem weibischen Weichling, der nicht mal den Hammer zum Stimmen der Glocke heben konnte.

»Pah!«, machte er und sprang energiegeladen aus dem Bett. »Wir werden sehen. Wann wird mich die Shabune empfangen?«

»Langsam, junger Anwärter.« Ram streckte eine Hand vor. »Zunächst einmal musst du dich würdig erweisen. Dass du hierherkommen durftest bedeutet noch gar nichts. Du hast lediglich die erste Hürde genommen, aber das Schwerste steht dir erst noch bevor. Noch dazu, da du nicht einmal von Adel bist, ein großer Makel.«

»Sie hat ein Auge auf mich geworfen und will mich haben«, erwiderte Ra'zad. »Es würde ihr daher kaum gefallen, wenn ich nie vor sie trete, oder?«

Der Eunuch bleckte grinsend die großen Zähne. »Sie wird sich nicht lange an dich erinnern, Tölpel, denn sie hat viel Ablenkung und noch mehr zu tun. Und vor allem hat sie die Regeln selbst aufgestellt, die ein Anwärter durchstehen muss, bevor er in den Genuss ihres liebreizenden Anblickes kommen darf.«

»Na, meinetwegen.« Ra'zad hob die Brauen und trat näher an den Eunuchen heran, sah sich dabei misstrauisch um. »Sag«, flüsterte er. »Hast du sie gesehen?«

»Ich diene ihr seit achtzehn Jahren«, gab Ram bereitwillig mit vor Hohn triefender Stimme Auskunft. »Sie selbst hat mich einst entmannt, denn sie wollte mich immer um sich haben. Mehr noch als der Großwesir, der damals seinem Vater folgte, bin ich ihr Vertrauter.«

Die Vorstellung, dass die Königin selbst den Mann zum Eunuchen gemacht hatte, verursachte ein heftiges, unangenehmes Ziehen in Ra'zads Lenden. Innerlich schüttelte es ihn. Das würde mit ihm nicht passieren, niemals!

»Dann sollten wir zu meiner Ausbildung schreiten«, lenkte er betont munter ab. »Wo fangen wir an?«

Zunächst einmal musste sich Ra'zad einer gründlichen Reinigungsprozedur unterziehen. Ein großes Bad war mit duftendem Wasser und Blüten gefüllt, zarte Klänge der Instrumente von verhüllten Musikern waren zu vernehmen, Rauchkräuter verbreiteten zusätzliche Wohlgerüche, und Schalen mit Tee, Datteln und Feigen wurden gereicht.

Das schien alles verlockend zu sein, aber für Ra'zad wurde es zur reinen Tortur.

Zwei kräftige Männer, ebenfalls Eunuchen, schrubbten seine »nach Kameldung und Ziegenpisse stinkende« Haut, bis sie so rot wie glühende Kohle war und auch so brannte. Sie schnitten seine Haare bis auf halbe Fingerlänge ab, »damit die Flut an Ungeziefer für immer vertrocknet«, schliffen seine Nägel an Händen und Füßen und polierten sie, rubbelten seine Zähne mit einer beißend stinkenden Wurzel, und, was die größte Pein war, anstatt ein Schabmesser zu nehmen, rissen sie ihm alle Haare an Kinn und Körper unnachgiebig aus.

Das alles dauerte Stunden, bis tief in die Nacht, und an Schlaf war noch lange nicht zu denken. Als Ra'zad endlich, bekleidet mit einer leichten Hose, Sandalen und einem luftigen Seidenhemd aus dem Bad entlassen wurde, kam ein »Prüfer«, um festzustellen, ob er tatsächlich noch jungfräulich und wie es überhaupt um seine »Ausstattung« bestellt sei.

Ra'zad wurde hochrot vor Scham, als ihm eine Menge Fragen, die er als sehr unanständig empfand, gestellt wurden; ungefähr die Hälfte davon verstand er nicht einmal und musste zugeben, dass er keinerlei Kenntnis darüber hatte. Die andere Hälfte, die er verstand, ließ immer wieder Empörung in ihm hochwallen.

Der Prüfer gab sich damit zufrieden, nickte und brummelte, dass es ja gar nicht so schlimm sei, wie er dachte, und befahl Ra'zad dann, seine Hose fallen zu lassen.

»Aber das kommt ganz und gar nicht in Frage!« Die Geduld des jungen Schmieds war erschöpft, er sei doch kein Hengst, der vorgeführt wurde!

Der Prüfer grinste. »Doch, mein Hübscher, genau das bist du.«

Weil sich Ra'zad weigerte, schnippte der Prüfer mit zwei Fingern, und gleich darauf kamen zwei Eunuchen herein, noch größer und muskelmassiger als Ram, und obwohl der junge Schmied sehr kräftig war, gegen diese kam er nicht an. Der eine hielt seine Arme, der andere seine Beine, und der Prüfer zog ihm kurzerhand die Hose nach unten.

Ra'zad fluchte und schimpfte, während er ausgiebig befingert und begutachtet wurde, fühlte sich so erniedrigt wie noch nie zuvor in seinem Leben, und bereute, sich in die Kutsche gesetzt zu haben.

»Stell dich nicht so an!«, fuhr der Prüfer ihn an. »Die Gunst, die dir zuteilwird, davon können selbst Könige nur träumen! Nimmst du ernsthaft an, dass wir der göttlichen Herrscherin einen stinkenden, ungebildeten, barbarischen Ziegenhirten zuführen, dessen Organ möglicherweise nicht einmal zum Pissen taugt?«

»Ich bin Schmied, und ich kann …«, schrie Ra'zad auf, dann verschlug es ihm für einen Moment die Sprache. »Was

… was machst du da?«, keuchte er erschrocken und peinlich berührt.

Die beiden Eunuchen kicherten und auch der Prüfer lachte. »Nun seht es euch an, wie schnell es losspringt, das erwartungsfrohe Füllen, wenn man es ein wenig streichelt!«

Ram kam hinzu, beugte sich darüber und nickte anerkennend. »Oho, das scheint mir prächtig zu sein, prall und schwer.«

»Und in der Tat voller Unschuld, bei so einer heftigen, unkontrollierten Reaktion«, bemerkte der Prüfer sehr zufrieden und zog endlich seine Hand zurück.

Ra'zad war dem Weinen nah, doch er verbiss es sich, wollte dadurch nicht noch mehr gedemütigt werden, er war entblößt genug.

»Und bleibt auch brav stehen, wenn man es ihm befiehlt«, fügte Ram breit grinsend hinzu. »Ich bin's zufrieden, und du?«

»Äußerst zufrieden«, antwortete der Prüfer. »Unsere Shabune hat die scharfen Augen eines Falken, sie weiß, welch ein Diamant unter all dem Kohlefett und Ruß zu finden ist.«

Die beiden Eunuchen ließen den jungen Schmied los, doch er rührte sich nicht, war wie erstarrt, die Augen weit aufgerissen vor Entsetzen. Sein zweites Ich stand ebenfalls stramm und steif und machte keinerlei Anstalten, in sich zusammenzufallen.

Und das war beinahe noch schlimmer. Innerlich fühlte sich Ra'zad winzig zusammengeschrumpft, aber sein Körper sah das ganz anders. Ihm schien diese – völlig fehlgeleitete und abstoßende, wie sein Verstand ekelerregt konstatierte – Aufmerksamkeit zu gefallen.

»Du hast Glück, Junge, diese Prüfung bestanden zu haben«, schloss der Prüfer. »Das bedeutet, ab morgen beginnt deine Prinzenausbildung.«

»Prinzenausbildung?«

»Du nimmst nicht ernsthaft an, dass eine Hochwohlgeborene und Herrscherin eines Reiches von einer Million und mehr Untertanen einen primitiven Niederen aus dem gemeinen Volke ehelichen kann? Du musst geadelt werden, bevor sie dich der Prüfung unterzieht, ob du denn als Gemahl in Frage kommst.«

»Und … wenn ich das nicht tue, ich meine, in Frage kommen?«

»Darüber solltest du nicht nachdenken.«

Der Prüfer drehte sich abrupt um, und ohne ein weiteres Wort verließen alle den Raum, und Ra'zad blieb allein zurück, erschöpft und müde und zutiefst beschämt.

Ra'zad hatte kaum Zeit nachzudenken oder Sorge zu empfinden, dass er versagen könnte, so sehr wurde er in Anspruch genommen. Noch vor dem Morgengrauen begann sein Tag und endete erst spät in der Nacht. Wobei die Nächte nicht sehr angenehm waren, da Ra'zad ans Bett gefesselt wurde. Nicht etwa, um ihn an der Flucht zu hindern, sondern dass er sich nicht womöglich selbst Wonnen spendete in verbotenen lüsternen Gedanken an die Shabune und damit unnütz Kräfte verschleuderte. Ra'zad war durch diese weitere Demütigung alles andere als nach Wonnen zumute, doch ihm blieb keine Wahl, als alles geduldig hinzunehmen.

Von der Welt draußen bekam er nichts mit, und auch vom Palast selbst lernte er nur wenige Räume kennen, die alle auf demselben Gang lagen, wo sich auch sein Schlafgemach befand. Er besaß keinerlei Orientierung und war traurig, nun in dem prachtvollen Königshaus angekommen zu sein, aber nichts davon schauen zu dürfen. Aber niemand hatte ein Gehör für seine Klagen oder Beschwerden. Er wurde höflich, aber nicht allzu respektvoll behandelt.

Ra'zad erhielt Benimmunterricht, und jeden Tag kam der Schneider und nahm Maß für unterschiedliche Kleidung (wobei er nie viel trug), und er lernte lesen und schreiben und wie man sich am Hofe ausdrückte.

Je mehr er lernte, desto mehr Fragen stellte er. Bisher hatte er nur die Schmiede und den Marktplatz gekannt und die Geschichten der Leute, die bei ihm arbeiten ließen, doch nun öffnete sich ihm eine viel größere Welt. Andererseits stellte er fest, dass auch Ram nicht alles wusste. Beispielsweise war ihm nicht bekannt, dass das Volk keineswegs so reich war, wie seine Herrscherin lebte, dass sich die Meisten gerade ein Stück Brot am Tag leisten konnten. Als Schmied hatte man es zwar besser, und gewiss auch einige Kaufleute und Händler, aber die Armut, das hatte Ra'zad gesehen, wuchs jeden Tag.

»Interessiert euch das gar nicht?«, fragte er. »Das sollte geändert werden.«

»Das würde seinen Preis haben«, erwiderte der Obereunuch.

»Welchen Preis denn?«, gab Ra'zad zurück. »Es ist genug im Überfluss da. Ich werde es der Shabune nahelegen, sobald ich mit ihr sprechen darf.«

»Dann trage auch die Konsequenzen.«

»Pah! Mir sollen alle Konsequenzen recht sein, wenn es nur dem Volk besser ergeht.«

»Wir haben Frieden, das ist viel wichtiger, du Narr.«

»Nicht für das Volk, Eunuch, wenn es Hunger hat. Ich bin ein Mann aus dem Volk, ich weiß, wie es da unten aussieht, und ich vergesse es nicht.«

Je mehr Zeit verging, desto einsamer fühlte sich Ra'zad. Nie sah er jemand anderen als die Eunuchen oder höchstens den Prüfer, der sich von den Fortschritten überzeugte, und nie durfte er den Palast verlassen, ja nicht einmal den Gang, in dem sich seine Räume befanden. Er durfte seine Eltern nicht sprechen und bekam immer nur zu hören »es geht ihnen gut«. Ra'zad hoffte darauf, dass das stimmte und er sich eines Tages selbst überzeugen konnte, sobald seine Ausbildung abgeschlossen war.

Er konnte sein Glück kaum fassen, als eines Tages ein Fremder kam, der viele Schriftrollen mit sich trug und eine gewichtige Miene aufsetzte.

Er habe lange geforscht, teilte er dem aufgeregten Schmied mit, und die Ahnenlinie seiner Familie verfolgt, und tatsächlich könne ihm aus grauer Vorzeit ein Adelstitel verliehen werden. Er rasselte eine hochtrabend klingende, sehr lange Liste herunter, die Ra'zad sofort wieder vergaß, nur das Wort »Prinz« blieb hängen.

Er sollte also tatsächlich ein Prinz werden.

»Kann ich dann auch etwas fürs Volk tun?«, fragte er.

»Du kannst nahezu alles tun, solange es dir die Shabune erlaubt«, antwortete der Titelverleiher und zeigte ihm, wo er unterschreiben musste. Ra'zad kam der Aufforderung schwungvoll nach, diesen Schriftzug hatte er wieder und wieder üben müssen, bis seine Finger bluteten, und es gelang ihm.

Anschließend gab es eine kleine Zeremonie, zu der er eine Menge auswendig gelernten Text hersagen musste, und das vor Zeugen, damit bewiesen war, dass Ra'zad ein Prinz war.

»Und jetzt darf ich sie sehen?«, fragte er freudig.

»Es ist bald soweit.«

Ra'zad kam es wie eine Ewigkeit vor, dass er in dem Gelass eingesperrt gewesen war, aber Ram behauptete, es wären nicht mal dreißig Sonnenaufgänge gewesen. Dabei, so schien es, dauerte die neuerliche gründliche Reinigungsprozedur, obwohl er jeden Tag gebadet hatte, und das Salben und Ölen noch einmal mindestens zwei Sonnenaufgänge, bis alle endlich zufrieden waren. Ra'zad duftete nun köstlicher als ein Orangenbaum, Haut und Kopfhaar glänzten und schimmerten nur so, und er war in die feinsten Stoffe gekleidet.

Nun war der junge Schmied enorm gespannt auf den Rest des Palastes, vor allem auf den Ragulbayt, der ja riesig sein musste. Mit weit geöffneten Sinnen folgte er dem Obereunuchen durch eine schmiedeeiserne Pforte hindurch, die sich zum ersten Mal für ihn öffnete, und sah sich einer Vielzahl an Gängen und Türen gegenüber. Sie schritten in einen Innenhof, in dem ein künstlicher See angelegt war, in dem sich Kraniche und Enten tummelten. Alles war prächtig und detailreich gestaltet, und Ra'zad bewunderte vor allem die schmiedeeisernen Kostbarkeiten, die für ihn wahre Kunstwerke waren, wo er sich noch etwas abschauen konnte.

Doch schließlich blieb er stehen und sah sich ratlos um.

»Wo sind denn die anderen?«, fragte er.

Ram wies ihn an, weiterzugehen. »Welche anderen?«

»Der ganze Ragulbayt. Die Neunhundertneunundneunzig …« Ra'zad rührte sich nicht von der Stelle. Es war schön hier, aber nicht weniger einsam und verlassen wie zuvor. Das ließ ihn trotz der Hitze hier draußen einen eisigen Schauer den Rücken hinunterlaufen.

»Ach, die«, sagte Ram leichthin. »Ja, die sind weg.«

»Weg? Wie … weg?«

»Nun, wie man halt weg ist. Gibt's da Unterschiede?«

Ra'zad fand, dass es da eine Menge Unterschiede gab, aber er schwieg, als er merkte, dass der Obereunuch ihm nicht mehr zuhören wollte. Ram drehte sich um und ging weiter, und dem frisch gebackenen Prinzen blieb nichts anderes übrig, als ihm zu folgen.

»Wir kommen nun in den Hauptteil des Palastes«, erläuterte Ram, als sie den Innenhof verließen. »Das Reich der Shabune, das kein Mann betreten darf, mit einer Ausnahme.«

»Wenn er ein Eunuch ist«, murmelte Ra'zad.

»Oder er ist der künftige Gemahl, dann darf er sogar ins Allerheiligste, das keiner von uns je erblickt hat.«

Hier im Hauptteil endlich zeigte sich das Leben. Der junge Prinz erblickte Dutzende wunderschöner Frauen, die alle in leichte, bunte Schleier gewandet waren, die ihre Gesichter so verhüllten, dass es aufreizend war.

Sie lachten und scherzten, tummelten sich an Springbrunnen oder im Bad, musizierten, trugen auf, wandelten nachdenklich umher. Sie beachteten die Neuankömmlinge nicht, während sie sich auf Kissen, Kanapees und Diwanen räkelten; die Dienerinnen waren von den Herrinnen nicht zu unterscheiden, alle waren gleichermaßen geschmückt, trugen Blumen im Haar oder am Körper, und jede war schöner als die andere.

Ra'zad errötete unwillkürlich, denn noch nie hatte er so viele lebensfrohe junge Frauen erblickt, noch dazu so … leicht gewandet, wo man noch viel mehr als nur bereifte zarte Handgelenke oder Fußknöchel erblickte. Er senkte den Kopf und eilte Ram nach, dem dieser für ihn tägliche Anblick nichts bedeuten mochte, aber bei Ra'zad tat sich einiges, und er hoffte, dass seine Hose weit genug war, um seinen Zustand zu verbergen.

Dann erreichten sie ein großes Portal aus Gold, vor dem zwei schwer gerüstete Wächter standen. Ram befahl zu öffnen, und die Flügel schwangen auf.

Dann schubste er Ra'zad hindurch. »Nun bist du auf dich gestellt, und bedenke wohl, was du tust, denn alles hat Konsequenzen.«

Ra'zad blieb zuerst schüchtern stehen. Seine forsche Derbheit als Schmied war durch den Drill der vergangenen Tage vorerst ausgetrieben, nun fühlte er sich verunsichert und hatte Furcht vor dem, was auf ihn zukam. Denn hier stimmte einiges so ganz und gar nicht, vor allem das Schicksal der verschwundenen Neunhundertneunundneunzig beunruhigte ihn.

Aber es gab kein Zurück. Die Herrscherin war in ihrem Reich allmächtig.

Ein schrecklicher Gedanke durchfuhr Ra'zad. Was, wenn sie ... *hässlich* war? Immerhin kannte er ihr Aussehen nur vom Hörensagen, und abgesehen von den Attributen hatte niemand, auch Ram nicht, die Shabune jemals beschrieben ...

»Komm näher.«

Die Stimme, die durch diesen riesigen, säulengeschmückten Saal hallte, ging Ra'zad durch und durch. Gerade hatte er die zwitschernden, zarten, hellen Stimmen der Frauen gehört, doch diese hier ... war anders. Sie erfüllte die Halle, war weich, melodiös und rauchig zugleich, und beseelt von einem starken Willen. Diese Stimme war befehlsgewohnt, selbstbewusst, und ... zugleich hingehaucht, unglaublich verführerisch.

Egal wie hässlich die Shabune sein mochte, ihre Stimme war es nicht. Sie war der schönste Klang, den der junge Mann je vernommen hatte.

Seine Kehle war auf einmal trocken, und er schluckte heftig. Zögernd setzte er Fuß vor Fuß, schlich durch diese gewaltige Königshalle, die so pompös und doch hell und luftig war. So stellte er sich nunmehr die Shabune vor, wie sie diese Halle mit ihrem Atem und ihrer Seele erfüllte, mit Licht und Schatten und Liebreiz, als wären sie miteinander verwoben.

Sie war die Herrscherin, das konnte er spüren, noch bevor er sie erblickt hatte, sie regierte über alles in diesem Palast und zugleich auch über alles, was vor ihm lag. Ra'zad erkannte, dass er ihre Präsenz schon immer in sich getragen hatte, bis tief in seinem Innersten, und ebenfalls Teil von ihr gewesen war, sein Leben lang. Sie war ihm vertraut und fremd zugleich.

Das Herz klopfte ihm bis zum Hals; konnte es denn ein Mensch sein, dem er nun begegnete, und nicht etwa ein göttliches Wesen, dessen Anblick allein ihn tötete? War dies das Schicksal der Neunhundertneunundneunzig gewesen?

Nervös verschränkte er die Finger ineinander und schrak zusammen, als plötzlich etwas wie ein Schleier vor seinem Gesicht weggezogen wurde, und da sah er sie.

Sie saß auf einem mit Holzornamenten versehenen Thron … nein, sie *lümmelte* darauf, und das auch noch in unglaublich aufreizender Weise. Sie war älter als Ra'zad und doch jung, eine reife, erfahrene Frau und doch liebreizend wie ein Mädchen. Ihre rotbraunen Haare waren kunstvoll geflochten, ihre *nackten* Beine trugen fein ziselierten Silberschmuck.

Und sie … war überhaupt fast nackt, was Ra'zad nicht nur den Atem raubte, sondern ihn auch einer Ohnmacht nahebrachte. Derart unvorbereitet eine Frau *so* zu sehen, brachte ihn um den Verstand. Heiße und kalte Wellen überliefen seinen Körper, es kam ihm so vor, als wenn immer wieder der Blitz eines trockenen Wüstengewitters einschlagen würde. Er unterdrückte ein Stöhnen, eine Woge der Lust überrollte ihn, die ihn gierig und ängstlich zugleich machte. Zitternd stand er da.

Viel mehr als einen hauchfeinen blauen Seidenschleier, in den glanzvolle Goldfäden zu zarten Motiven eingewirkt waren, trug sie nicht.

So unschuldig Ra'zad vorher gewesen war, so genau wusste er jetzt, was zu tun war, und vor allem, was er *wollte*, jetzt und hier, voll verzweifelter Gier.

In seinen benebelten Verstand drang leises Gelächter, und seine trüb gewordenen Augen sahen, wie sich ihre Mundwinkel nach oben bewegten. Für einen Augenblick fand er zu sich, holte keuchend Atem.

»Du hast Feuer«, sagte die Shabune. »Gut.«

Anmutig schwang sie die Beine herunter, erhob sich und kam die Stufen zu ihm herab. Sie war nur eine halbe Fingerlänge kleiner als er. »Sieh mich an«, sagte sie mit einem schnurrenden Klang.

Er gehorchte und sah … blaue Augen. Sie hatte *blaue* Augen! Tief und klar wie der Wüstenhimmel am Abend, wenn er prall und schwer von der Hitze des Tages in der nächtlichen Dunkelheit versank, bevor die lindernde Kühle kam.

In diesem Moment wusste Ra'zad, dass er verloren war. Diese Augen hatten ihn gefangen, jetzt und immerdar. Es gab kein Entrinnen.

Und da erst erinnerte er sich an die Verhaltensregeln, die Ram und die anderen ihm eingetrichtert hatten. Niemals den Blick zu ihr zu heben, sich vor der Shabune auf den Boden zu werfen, ihre Schönheit zu preisen, sie um Gnade anzuflehen, dass ihr Licht ihn nicht verbrennen möge … so viele Texte hatte er auswendig lernen müssen, und er hatte alles vergessen, jede einzelne Silbe.

Er stand aufrecht, um eine Winzigkeit größer als seine Herrscherin, und schaute demnach auf sie hinab und nicht zu ihr auf.

»Oh«, flüsterte er verzagt, und alles Blut wich aus ihm, aus seinem Gesicht, aus seinen Lenden, verflüchtigte sich ins Nichts. Bleich und starr verharrte er, als wäre er schon tot.

Alles umsonst. Nicht einmal jetzt fielen ihm die vielen Phrasen ein, die er in stundenlangen Übungen wieder und wieder aufsagen musste, und er schaffte es nicht, die Knie durchzudrücken, geschweige denn sich zu Boden zu werfen, weil er ganz und gar zu Stein geworden war.

»Wer bist du?«, flüsterte sie, während sie ihm immer näher kam.

»Ich b-bin Ra'zad der Schmied«, stotterte er. Seine Zunge, die vermutlich schon ahnte, dass sie nicht mehr lange in seinem Mund verharren würde, löste sich auf einmal und stammelte die letzten Worte ihres Daseins.

»Nicht mein Prinzgemahl?«

»So sagte man mir, Erleuchtete, a-aber ich habe mich nicht geändert … das ist, w-was ich bin.« Er musste sich räuspern und mehrmals schlucken, bevor er hastig fortsetzte: »Man hat mir alles beigebracht und mich streng unterrichtet, aber ich … ich habe alles vergessen, nachdem ich dich, o Gebieterin, erblickt habe. Das war wie ein Schock.«

Ihre Braue hob sich. »Ein Schock?«

»Ja, großmütige Shabune, denn du bist eine Legende im Volk, das dich nicht kennt, außer wenn du in Gesängen gepriesen wirst. Ich habe mir nicht vorzustellen gewagt, wie es sein mag, dir dereinst leibhaftig zu begegnen, und nun stehe ich vor dir und … du bist schöner als alles, was je besungen wurde, was je geboren wurde, und ich finde keine Worte.« Nach dieser Springflut, wie sie nach einem heftigen Regenguss durch das Wadi sprudelte, war Ra'zad atemlos und erschöpft.

»Du bist ein Schmied?« Sie wandte sich von ihm ab und kehrte langsam, mit wiegenden Hüften und geschmeidigen

Schritten zu ihrem Thron zurück. »Arbeitest du mit Worten anstatt mit Eisen?«

»Ich schmiede Metall, o göttlicher Himmelsstern. Allein du bist es, die mich dazu inspiriert. Ich bin ein leeres Gefäß, seit ich deine Halle betreten habe, und habe alles hinter mir gelassen.«

»Alles?«

»Nun ja, fast alles. Ich erinnere mich noch an die Glut in der Esse, wenn ich sie mit dem Blasebalg anheize, an meinen Hammer, und ...«

»... den Amboss.« Sie drehte den Kopf zu ihm und zeigte ein anzügliches, amüsiertes Lächeln. »In dir steckt sehr viel, mein junger Schmied. Das kann dir nicht angelernt worden sein, nachdem du gegen sämtliche, aber auch wirklich alle Regeln verstoßen hast, die ich jemals aufgestellt habe.«

»Äh«, machte Ra'zad. Sein erwartungsfrohes Glied war inzwischen in sich zusammengefallen und geradezu eingeschrumpelt. Vorbei waren die Glut, die Gier, der Ansturm, die frohe Erwartung, zum ersten Mal im Leben den weichen Körper einer Frau zu spüren, der begehrenswertesten und schönsten von allen noch dazu.

Die Erfüllung seines Traums geriet zum größten Alptraum. Also doch der Sturz vom Gipfel. Aber war denn etwas anderes zu erwarten gewesen?

In ihren unglaublich blauen Augen blitzte es auf. »Zeige mehr Haltung, mein Prinzgemahl, so gefällst du mir nicht.«

Erschrocken straffte er den Rücken und spannte die Schultern an. Er trug nur eine Weste, die seinen Oberkörper kaum bedeckte, eine leichte Hose und Sandalen. Keine Schnabelschuhe, da hatte er sich geweigert, er war kein Wesir oder Eunuch, sondern Schmied.

Seine Kopfhaare waren inzwischen nachgewachsen, sodass ein paar dunkle Locken in seine Stirn fielen und er eine Kopfbedeckung ablehnen konnte.

»Folge mir«, forderte die Shabune ihn auf. »Es wird Zeit.«

Und so führte die Herrscherin ihn ans andere Ende des Prunksaals durch einen Torbogen, und durch eine Arkade, die freien Blick auf einen wundervollen Garten gewährte, der nur ihr vorbehalten war, und auf ein weiteres, kleines Portaltor zu. Hier gab es keine Wachen, überhaupt niemanden mehr. Die Shabune schien keinen Angriff zu fürchten. Natürlich nicht, dies war das Allerheiligste.

Mit eigener Hand öffnete sie die Tür zu ihrem Schlafgemach, das völlig von einer riesigen Bettstatt beherrscht wurde. Ra'zad konnte es kaum fassen, dass er tatsächlich ins Allerheiligste durfte! Nachdem er so sehr versagt hatte!

Die Shabune streckte sich auf den Kissen aus, gerade so, dass ihre begehrlichsten Stellen noch verhüllt waren, und Ra'zad beobachtete fasziniert das geschmeidige Spiel ihrer Muskeln, während sie sich lasziv in die richtige Stellung brachte. Allmählich erwachte wieder sein männliches Ich und kam in Wallung.

Was er ab jetzt zu tun hatte, hatte ihm niemand beibringen können. Keiner der Eunuchen hatte je diesen Raum betreten und erfahren, was sich hier zutrug. Außerdem, was verstanden die schon davon?

Ra'zad fielen alle kryptischen Äußerungen und Warnungen wieder ein, und er wusste, dass sich nun sein Schicksal vollenden würde.

»Komm hierher«, sagte die Shabune und wies neben sich. »Bevor ich dir gestatte, mich zu ehelichen, bevor du dem Volk vorgestellt wirst, sollst du meine Geschichte erfahren.«

Ra'zad war erstaunt und zugleich überaus neugierig. Sollten sich jetzt alle Geheimnisse lüften?

Scheu legte er sich neben seine Königin, hielt sehr wohl Distanz. Aber ihr dennoch so nahe zu sein, ihren betörenden Duft, der ihn vollends einhüllte, atmen zu dürfen, schien ihm alles wert zu sein.

Trage die Konsequenzen, hatte Ram gesagt. Das würde er!

Sehr jung war sie gewesen, gerade zur Frau gereift. Über achthundert Wochen war es her, dass König Ahriyar die jungfräuliche Prinzessin zu seiner künftigen Gemahlin erkor.

Sie liebte ihn sehr, er war die Sonne ihres Lebens, und er versprach ihr, sie immer auf Händen zu tragen, zu lieben und ehren, und er schwor, dass sie kostbarer als sein Augapfel wäre. So schenkte sie ihm freudig ihre Jungfräulichkeit, und er nahm sie gern.

Als sie ihm nach einem Jahr immer noch keinen Sohn geboren hatte, zürnte er ihr nicht, sondern gab sich liebevoll.

Bis zu jenem Tag, an dem sie ihn dabei ertappte, wie er sie hinterging und mit einer anderen Frau betrog. Dabei hatte er ihr ewige Treue geschworen. Aber diese Frau entstammte nicht dem Harem, und sie sah die Betrogene mitleidig und herablassend an und behauptete, schon immer die wahre Frau des Königs gewesen zu sein.

Als die Shabune ihren Gemahl zur Rede stellte, lachte er nur und sagte, jedes Wort der Konkubine wäre wahr, und er habe nur seine Pflicht erfüllt, um so schnell wie möglich einen Thronfolger zu erhalten, doch der Schoß seiner Frau sei trocken und dürr wie die Wüste dort draußen, und sie sei kalt wie ein toter Fisch und unfähig in Liebeskünsten. Und da sie unfruchtbar sei, brauche sie sich nicht einzubilden, dass er noch jemals das Bett mit ihr teilen werde.

Es war gelogen, dass die Königin unfruchtbar war, denn keinen einzigen Nachkommen hatte der König bisher, auch nicht mit seiner Geliebten. Doch er wollte seine Unzulänglichkeit nicht zugeben.

Die junge Betrogene konnte nicht fassen, welche Schande ihr widerfuhr, und welcher Schmerz. Sie hatte ihrem Gemahl alles gegeben, ihre Jugend und ihre Jungfräulichkeit, ihr Vertrauen und ihre Liebe, und so wurde es ihr gedankt? Und sie wurde auch noch von der Rivalin ausgelacht! Wie lange würde es dauern, bis der König seine Frau verstieße?

Die Königin weinte und klagte zuerst, doch dann ergriff sie heiliger Zorn, und sie nahm einen kostbar verzierten Ritualdolch, stürmte das Gemach, in dem ihr Gemahl mit seiner Konkubine im Liebesspiel versunken war, und erstach sie beide, mitten ins Herz, und verfluchte sie.

Sie versammelte ihre Getreuen um sich, ließ sich zur Shabune krönen und übernahm die Herrschaft. Das Volk erfuhr nur, dass ihr Gemahl einer schweren Krankheit erlegen war, und betete für die unglückliche, trauernde Witwe.

Die Sitte verlangte es, dass die Shabune sich wieder einen Gemahl nahm, und so gründete sie den Ragulbayt, vorgeblich um nach dem Richtigen zu suchen, in Wirklichkeit aber, um Rache zu nehmen, und zwar an allen Männern für das, was ihr verschiedener Gemahl ihr angetan hatte.

Ein Hunger nagte seither an ihr, den niemand zu stillen vermochte, noch, das Feuer ihres Hasses und der Rachsucht zu tilgen. Von überall kamen sie, die Prinzen und Adligen, und bewarben sich um ihre Hand, doch keiner war würdig, keiner bestand die letzte Prüfung. Aber das lag auch gar nicht im Sinne der Shabune.

Ra'zad war froh, dass er lag, denn er fühlte sich schwach vor Entsetzen. Warum erzählte sie ihm das, etwa um ihre Rache mehr auskosten zu können?

»Darum also ist der Ragulbayt leer, und keine Spur mehr von den Neunhundertneunundneunzig«, flüsterte er. »Du hast sie alle getötet …«

»Eigenhändig«, gab die Shabune unumwunden zu. »Für das Volk leben sie noch hier bei mir oder sind abgereist, doch Hochzeit habe ich keine einzige gefeiert, denn noch in der Nacht davor habe ich jeden einzelnen von ihnen geprüft und dann seiner gerechten Strafe zugeführt.«

»Aber wieso war es gerecht, wenn sie doch alle jungfräulich waren?«

»Weil es in euch steckt, ihr seid damit geboren«, knurrte sie. »Ihr seid alle gleich, ohne Unterschied. Sobald ihr eine Frau gekostet habt, wollt ihr schon die nächste. Ich bewahre daher die Frauen vor euch, indem ich euch vernichte, bevor ihr erkennt und eure Verdorbenheit auslebt.«

»Und was ist mit dem Volk?«, fragte er.

Das ließ sie stutzen. Sie richtete sich leicht auf und sah ihn misstrauisch an. »Was soll mit dem Volk sein?«

»Du hast es in deiner Rache vergessen«, antwortete er. »Es darbt und hungert. Die Stadt wirkt prächtig, doch unter dem Schleier sieht es anders aus.«

»Ich hungere auch«, erwiderte sie. »Und ich bin die Shabune.«

»Du bist die Mutter des Volkes, und das ist dir nicht mehr bewusst. Ich glaube, du bist gefangen in deiner Rachsucht. Ich glaube, in dir ist immer noch das junge Mädchen, das sich nach Liebe und Leidenschaft sehnt.«

»Das bekümmert mich nicht.« Sie beugte sich über ihn und ließ ihre Hand ganz sacht, in nur einem Hauch der Berührung, über seinen Körper, vom Kopf bis zu den Lenden hinab, gleiten. »Du wirst dich nun ausziehen und mir zu Diensten sein, solange ich es will, und mir Freude spenden. Ich werde deinen Körper genießen, bis er nichts mehr hergeben kann, und im ersten Morgenlicht werde ich dich töten.«

»Zum tausendsten Mal«, sagte er und merkte, wie er vor Angst zu schwitzen begann. Ihre hypnotischen Augen fesselten ihn, er ertrank in den blauen Fluten ihres stürmischen Himmels. Gleichzeitig fühlte er, wie ihre Hand in seine Hose glitt und nach ihm griff. Sein unschuldiges, unwissendes, jungfräuliches Glied reckte sich fröhlich unter ihrer sanften Berührung und schmiegte sich in ihre Handfläche, stieß leicht dagegen, forderte mehr. Er konnte nichts dagegen tun, diese Frau wusste genau, was sie zu tun hatte.

»Was meinst du damit?« Sie blies ihren warmen Atem an seinen Hals, direkt unter seinem Ohr.

Er erschauerte und bewegte unwillkürlich seine Hüften.

Mühsam krächzte er. »Neunhundertneunundneunzig seien es vor mir gewesen, sagte der Großwesir, und es hieß, wenn das Tausend voll sei, dann wärst du zufrieden. Und der Tausendste würde auch endlich dein Gemahl.« Ra'zad wunderte sich, dass er noch einen vernünftigen Satz herausbrachte, denn sein Kopf war nach wie vor völlig blutleer, alles sammelte sich in seinem Unterleib. Nicht mehr lange, und er könnte sich nicht mehr zurückhalten, würde über sie herfallen …

Sie zog die Hand zurück und berührte dafür seine glatte, muskulöse Brust, zupfte abwechselnd an seinen Brustwarzen, kniff leicht hinein. Er zuckte zusammen, vor Schmerz und wohligem Schauer zugleich.

Dann legte sie sich zurück, die Arme über den Kopf ausgestreckt, und reckte ihre Brüste hoch. Die Hüllen verrutschten, und Ra'zad erhaschte einen Blick auf ein Stück unbedeckter Brustwarze, die sich aus dunklem Hof erhob und den Stoff nach oben drückte, während sie wuchs.

Ihm wurde schwindlig, und er konnte nur noch mit Mühe an sich halten.

Die Shabune war unglaublich begehrenswert und wirkte wollüstig; die Art, wie sie ihren geschmeidigen und biegsamen Körper bewegte, die Hitze, die sie verströmte, der Duft, der sie wie eine betörende Wolke Schmetterlinge umgab. Diese Frau war nicht kalt und dürr und trocken, ganz im Gegenteil. Der verblödete König musste blind und taub gewesen sein, diese schönste aller Blumen einfach zu pflücken und dann achtlos verwelken zu lassen.

Und beinahe tausend Männer hatten für diesen Einen auf grausame Weise büßen müssen.

Ra'zad entschloss sich, diesen Alptraum zu einem Ende zu bringen. Er war ein einfacher Mann aus dem Volk, der gelernt hatte zu arbeiten und zu überleben, der sich nicht einfach von Auftraggebern übers Ohr hauen ließ, er war gewitzt und einfallsreich, und er war nicht dumm. Nicht ohne Grund hatte die Shabune ihn erkoren.

»Warum ich?«, fragte er, während er sie sehnsüchtig betrachtete, aber weiterhin nicht berührte, obwohl sie es zu erwarten schien.

»Ich habe dich in deiner Schmiede gesehen, mit meinem Zauberglas, das in die Ferne blicken kann. Du trugst nur einen schmalen Lendenschurz, und ich konnte deinen Körper sehen und fand Wohlgefallen daran, wie vollkommen er war, obwohl er von Ruß geschwärzt und von Schweiß verklebt war. Schlicht und natürlich.«

»Warum hast du mich nicht einfach zu deinem Sklaven gemacht? Auch wenn ich formell zum Prinzen erklärt wurde, wird das Volk darüber erbost sein.«

»Das Volk wird es nie erfahren, denn du wirst bis morgen tot sein. Die ganze Vorbereitung geschah nur für mich, damit ich mich nicht unter meinen Stand begebe. Denkst du etwa, Sklaven dürfen sich mit mir hier im Bett räkeln? Ich gebe ihnen eine Sklavin und schaue dabei zu. Aber dich will ich haben, deinen schönen jungen, unverdorbenen Leib, und mich an ihm weiden und laben, bevor auch du der Verderbnis anheimfällst. Du gehörst mir.«

Ra'zad schluckte. Sein Kopf wurde fiebrig, weil die Gedanken so schnell hindurchrasten und er sich anstrengen musste, um einen davon festzuhalten. Die Angst überwog nun seine Gier, und es fiel ihm kaum mehr schwer, zu widerstehen.

»Also gut, dann … ich werde mich natürlich nicht wehren und mich in mein Schicksal ergeben. Ich bin dein treuer Untertan, Shabune, und gehe freudig für dich in den Tod. Aber wie wäre es, wenn auch für dich etwas drin wäre, beispielsweise ein wenig … Ungewissheit?«

Sie runzelte die Stirn. »Wie meinst du das nun wieder?«

»Ich finde, du solltest es dir nicht so leicht machen«, sprudelte es aus ihm hervor. »Sieh mal, ich bin der Tausendste. Sollte ein solches Ereignis nicht ein bisschen mehr … zelebriert werden? Wenn du mit mir so verfährst wie mit allen anderen, wirst du dich hinterher genauso fühlen, und es wäre dennoch zu Ende. Oder möchtest du ein neues Tausend anfangen?«

»Ich denke bereits darüber nach, denn mein Hunger ist nicht gestillt.«

»Nun gut. Ich mache dir einen Vorschlag. Das müsste dir gefallen, denn ich verlängere mein Martyrium. Ich setze darauf, deinen Hunger zu stillen.«

Sie setzte sich auf, und ein gefährliches Glitzern trat in ihre Augen. »Du fängst an, mich zu langweilen.«

»Aber nein, im Gegenteil«, beteuerte er. »Ich werde dich neu schmieden!«

Sie lachte auf, schon wieder belustigt. »Willst du mich neu aus Metall schaffen?«

»Viel besser. Ich werde das, was in dir steckt, hervorholen und es zu deiner wahren Gestalt machen. Ich nehme mir vor, dass ich jede Nacht ein Stück von dir berühre und ihm Lust bereite, wie du sie nie zuvor empfunden hast. Jede Nacht nur ein kleines Stück deines Körpers, und erst am Ende wird sich das Ganze ergeben, und dann wirst du bereit sein, dich von mir lieben zu lassen und Erfüllung zu finden. Und dein Hunger wird vergangen sein, für immer!«

»Da spricht die Jungfrau«, spottete die Shabune. »Du hast doch nicht die geringste Ahnung von Frauen!«

»Aber ich habe eine Ahnung von Stoffen, wie sie zu behandeln sind, damit sie jede gewünschte Form annehmen, damit sie dir das geben, was du willst. Es macht für mich keinen Unterschied, ob es Metall ist oder Haut, mit der richtigen Feuersglut wird beides biegsam und weich und wie Flaum unter meinen Händen.« Er redete sich immer mehr in Leidenschaft, der Ehrgeiz packte ihn. Er war ein guter Schmied, immer mit vollem Einsatz dabei.

»Das genügt mir aber nicht die ganze Nacht hindurch«, erwiderte sie. »Und vor allem frage ich mich, wie du dich die ganze Zeit hindurch zurückhalten willst.«

»Ich kann die Nacht abwechslungsreicher gestalten.« Er dachte kurz nach. Auch seine Auftraggeber hatten kaum je Geduld bewiesen, wenn sie warten mussten. Und daher zu reden angefangen, während er arbeitete. Das könnte auch ihn ablenken.

»Ich werde dir jede Nacht eine Geschichte erzählen.«

»Bist du etwa auch noch ein Erzähler?«

»Nein. Aber ich habe zugehört und ich habe ein gutes Gedächtnis. Es sind Geschichten des Volkes. Möchtest du nicht wissen, wie dein Volk lebt?«

»Wozu sollte das gut sein?«

»Die Geschichten meiner Auftraggeber sind in meine Arbeiten geflossen, selbst in die Hufeisen für die Pferde. Ich fand so heraus, was sie wirklich wollten, und was sie brauchten, und ich konnte genau das Stück schmieden, das nur für sie geschaffen war. Diese Geschichten sind in mir, und ich kann sie an dich weitergeben, denn ich glaube, dass genau das einen Teil deines Hungers ausmacht. Niemand redet mit dir, niemand erzählt dir Geschichten, weil sie alle Angst vor dir haben. Oder weil du es ihnen verbietest. Oder beides.«

»Und du hast keine Angst?«, fragte sie höhnisch.

Er lächelte ein wenig schief. »Ich kämpfe nur um mein bescheidenes Leben, hochedle Gebieterin. So wie ich um jedes Stück kämpfe, das ich schmieden soll, und manchmal, das kann ich dir versichern, war es sehr schwer. Gerade ein Schwert muss vollkommen sein, und nur die perfekte Legierung kann ihm die besonders scharfe Schneide verleihen, die dünne Linie des Lebens zu durchtrennen. Nun ist es dein Henkersschwert, das sich meinem seidenen Faden nähert, und ich will es perfekt schmieden, damit es …«

»… nur einen Schlag braucht?« Sie lachte hellauf.

»Im Gegenteil. Damit es meinen Faden zum Erklingen bringt, ohne ihn zu durchschneiden, und dieser Klang soll dein Herz rühren.«

Ihr Lachen erstarb, und sie musterte ihn mit diesen verstörenden blauen Augen, durchdringend und scharf. »Du wagst viel, kleine Jungfrau«, zischte sie.

»Nicht mehr als ich zu verlieren habe«, erwiderte er treuherzig. »Gewiss, es obliegt allein dir, wie du mit mir verfährst. Ich sagte es bereits, ich werde mich dir willig unterwerfen. Aber dann wirst du nie erfahren, ob mir ein Meisterstück gelingen kann oder nicht. Und welche Lüste in deinem missachteten Leib ruhen, die geweckt werden wollen. Und außerdem will ich dir beweisen, dass nicht alle Männer so sind, wie du glaubst. Ich werde mich in Zurückhaltung üben, bis der Moment gekommen ist. Dann wird deine Rache erst recht sinnlos geworden sein, und du kannst wieder leben.«

Sie dachte nach. »Nun gut, ich bin gespannt. Ein wenig Abwechslung täte gut, und es zögert das Vergnügen womöglich hinaus. Aber wage nicht, mich einzulullen!«, warnte sie. »Wenn du versuchst, mich zu betrügen, wirst du es bitter bereuen, und zwar sehr lange Zeit, und einen grausamen Tod sterben.«

»Ich schwöre, ich werde immer aufrichtig sein«, beteuerte er, »und die Entscheidung, wann es endet, liegt allein bei dir. Ich bin froh um jeden Tag, den ich damit für mein Leben gewinne und den ich bei dir sein darf.«

Sie hob eine Braue. »Ein Schmied also, der besser sein will als alle Prinzen«, schloss sie. »Nun gut denn, mach dich an die Arbeit. Womit fangen wir an?«

»Mit einer kleinen Stelle an deinem linken Fuß.«

Sie wirkte enttäuscht, aber genau darauf kam es ihm an. »Wie viele Stellen werden es denn?«

»Neunhundertneunundneunzig, jede Nacht eine. Ich werde sie alle erwecken.«

Nun funkelte noch einmal ein boshaftes Licht in ihren Augen auf. »Du wirst es nicht durchhalten«, orakelte sie. »Denn du wirst nackt sein, während du es tust, und du darfst keine Erfüllung auf andere Weise finden.«

Schön und grausam, grausam-schön.

Ra'zad würde niemals aufgeben, das war nicht seine Art. Es musste ihm gelingen, sie zu überzeugen.

Ra'zad durfte den Bereich der Shabune nicht verlassen, und er sah Ram und die anderen nicht wieder; nicht einmal der Großwesir erfuhr von seinem Schicksal. Tagsüber durfte er sich in dem Gelass und im Garten frei bewegen. Abgesehen von seiner Einsamkeit genoss er diese Zeit, auch wenn es nichts zu tun gab, aber die Nächte waren lang und anstrengend, und er musste sich gut vorbereiten. Und allein die Vorfreude darauf verkürzte ihm die Wartezeit.

Es war eine harte Prüfung, denn die Shabune ließ keine Gelegenheit verstreichen, ihn immer wieder auf die Probe zu stellen. Natürlich konnte er in seiner Nacktheit seinen Zustand nicht verbergen, doch andererseits stellte das auch sie auf die Probe, denn sie begehrte ihn nicht minder.

Die erste Nacht war die schwierigste, denn Ra'zad wusste nicht, worauf er sich eingelassen hatte. Erst jetzt konnte er mit seinen Fingern erfühlen, was zu tun war, worauf sie reagierte, wie er sie berühren musste. Und gleichzeitig musste er auch noch eine gute Geschichte erzählen; das war sehr schwer. Darum lief es seiner Ansicht nach nicht sonderlich gut, aber die Shabune schien beeindruckt, dass er tatsächlich keusch geblieben war, und wollte wissen, wie es in der zweiten Nacht weitergehen sollte.

Nach und nach fand Ra'zad sich hinein, liebkoste in jeder Nacht einen anderen Punkt am Körper der Shabune, ohne je ihren empfindsamsten Stellen nahezukommen. Inzwischen war sie ebenfalls nackt, und so konnte er ihre steigende Erregung genau beobachten.

Je mehr Stellen er in hunderten Nächten berührt hatte, je näher er dem Quell der Lust kam, desto schwieriger wurde es für ihn, wenngleich für sie nicht minder. Aber noch war der Moment nicht gekommen. Deshalb fing er an, seine Geschichten mittendrin, im spannendsten Moment abzubrechen und die Auflösung auf die nächste Nacht zu verschieben.

Die Shabune wurde davon mitgerissen, sie konnte es kaum mehr erwarten, dass es zur nächsten Nacht kam, und sie bat, zuerst raten zu dürfen, wie es weiterging, bevor Ra'zad sie aufklärte. Seine Geschichten waren manchmal wahr, oft aber auch frei fabuliert; je länger er erzählte, desto mehr fiel ihm ein, und er erzählte von magischen Orten, magischen Wesen und magischen Begebenheiten. Dabei ließ seine Konzentration auf ihren Körper jedoch nicht nach, im Gegenteil ergänzte sich beides immer besser. Schon lange redete die Shabune nicht mehr davon, ihn am Morgen hinzurichten, sie wartete des Abends ungeduldig auf ihn und ließ ihn morgens nur ungern ziehen.

Ein Schmied hat normalerweise schwielige Hände durch die harte Arbeit und die große Hitze, in der er arbeiten muss. Doch Ra'zad war in der Ausbildungszeit gut vorbereitet worden, und daher waren seine Hände nunmehr so zart und empfindsam wie die eines Kindes. Die Sinnlichkeit seines Tastsinns übertrug sich auf die Shabune. Es ging nicht mehr nur um körperliche Lust, sondern vor allem um Gefühle, die sie einander näherbrachten und verbanden.

Die Shabune hatte behauptet, es würde ihm niemals gelingen, sie an einer unbedeutenden Stelle zu erregen, und Ra'zad hatte erwidert, dass es keine unbedeutende Stelle gäbe und sie eines Besseren belehrt. Er verließ sich auf sein Gefühl, ertastete zuerst die Stelle, prüfte sie, sondierte sie, bevor er sich daran machte, sie durch Berührung empfindlich zu machen. Und er berührte keine Stelle auf die gleiche Weise, sodass er die Shabune stets aufs Neue überraschte.

»Ich habe mitgezählt«, sagte Ra'zad eines Nachts. »Tausend Nächte und Geschichten erfüllen sich heute, und tausend Wochen sind vergangen seit der Blutnacht. Damit wird es heute enden.«

»So viel Zeit, seit du begonnen hast?«, fragte sie erstaunt. »Sie verging wie im Flug. Und du hast dein Versprechen gehalten. Du hast mich unterhalten und dich in Zurückhaltung geübt. Niemals hätte ich das geglaubt.«

»Lass uns nicht reden«, erwiderte er. »Heute wollen wir handeln, und das soll auch die letzte Geschichte sein: *Unsere* Geschichte. Den Schluss will ich dir danach erzählen, wenn du erlaubst, meine Gebieterin.«

Das tat sie. Und so bekam Ra'zad endlich, wonach er sich schon so lange sehnte, doch er beging nicht den Fehler, zu schnell, zu stürmisch oder zu forsch zu sein. Gerade dieser Moment war bei einem Schwert, das frisch im Feuer geschmiedet worden war und nun ins Wasser getaucht wurde, der gefährlichste. Ein einziger Fehler konnte die Arbeit von Wochen zunichtemachen. Deshalb würde er gerade jetzt, da das Ziel so nahe war, besonders aufmerksam und vorsichtig sein.

Er begann von vorn, mit jeder einzelnen der tausend Berührungen, und vergaß keine einzige. Sanft und zärtlich liebkoste er den Leib der Shabune, fügte alles zu einem Kunstwerk zusammen, bis sie sich seufzend und singend hin- und herwarf und wand, und da erst wagte er endlich, ihre Schätze zu berühren, bis sie nach Vollendung verlangte.

Ra'zad fand schließlich wieder zu sich und beugte sich über sie. »Willst du nun das Ende der Geschichte hören, o Gebieterin?«, fragte er.

»Ich kann es kaum erwarten«, hauchte sie.

Noch nie hatte er sie so entspannt und … glücklich gesehen. Sie wirkte völlig verändert, weich und friedvoll.

Er legte seine Hand auf ihren Bauch. »Und dies ist die tausendunderste Geschichte, die soeben beginnt«, sagte er sanft. »Wollen wir sie gemeinsam weiterschmieden?«

Sie legte ihre Hand auf seine. »Der tausendundeine Mann …«

»Ja. Unser Sohn, Alaya.«

»Alaya?«

»Du bist die nie erlöschende Flamme meiner Schmiede«, sagte er. »So will ich dich nennen.«

Ihr Blick bannte ihn, und dieses Blau war tiefer als das Meer, ruhend, nicht mehr hungrig und alles verschlingend.

Sie legte eine Hand an seine Wange. »Und du bist mein Prinz, jetzt und immerdar«, sagte sie sanft. »Du hast mir endlich Frieden gebracht, und dafür werde ich dir ewig danken.«

Und sie ließ ihn leben.

Also wurde die Hochzeit in aller Öffentlichkeit zelebriert, und das gesamte Volk durfte daran teilhaben und wurde mit Geschenken überschüttet. In jeder Straße, in jedem Haus wurde gefeiert, wurden die Shabune und der neue Shah gepriesen, der einer des Volkes war.

Sie liebten und verehrten den Mann der tausend Nächte, weil er der Königin den Frieden gebracht hatte, und nicht nur das, weil er auch den tausendundeinen Mann geschaffen hatte, den Thronfolger, der das Reich dereinst zu höchster Blüte führen sollte. Nun war das Reich gesichert und alle konnten frohen Mutes in die Zukunft blicken.

Das Land war nach tausend Wochen des Schreckens wieder zur Ordnung gebracht und alles, wie es sich gehörte.

Alaya, wie sie nun genannt werden wollte, nahm die Huldigungen und Lobpreisungen in aller Öffentlichkeit entgegen und versprach, jeden im Volk reich zu machen und nicht zu ruhen, bis es keinen einzigen Armen mehr gäbe.

»Und daher«, sagte sie zu ihrem Gemahl, »gibt es für dich viel zu tun.«

Tribute brauchte es, um das Volk reich zu machen, und dafür würde die größte Schmiede des Landes benötigt. Das war Ra'zad nur recht, denn er vergaß nie, woher er gekommen war.

Dornroeschen

Sein Großvater hatte ihm das Märchen oft zum Einschlafen erzählt. »*Vor langer Zeit, als in unserem Lande das Glück herrschte, lebte einst eine Prinzessin namens Dornröschen, die war so schön und liebreizend wie keine zweite … doch eine böse Hexe neidete das Glück, das sie brachte, und verfluchte sie …* «

Arandil konnte nie genug davon bekommen, als Kind nicht, als Halbwüchsiger nicht, und als junger Mann erst recht nicht.

Immer nur träumte er von Dornröschen, sah sie so lebendig vor sich, dass er enttäuscht war, wenn er erwachte, und sie war nicht da - entschwunden in den Nebeln des Traumsäers.

Es war ja nicht so, dass die heutige Zeit von Unglück geprägt wäre. Arandils Vater, König Nurwe, konnte den Frieden an den Grenzen halten, und das Volk murrte kaum mehr als in anderen Ländern auch.

Trotzdem gab es so einiges, das Arandil gern ändern wollte, sobald er die königliche Herrschaft übertragen bekam. Und dazu gehörte zuallererst, die richtige Frau zu finden. Sein Vater hatte da eine Menge Vorschläge. Prinzessinnen der benachbarten Königreiche - sehr wichtig für einen dauerhaften Frieden - aber auch die eine oder andere edle Tochter eines treuen Vasallen. Arandil aber wollte immer nur eine: Dornröschen.

Sein Vater und sein Großvater gerieten deswegen in fürchterlichen Streit. »Du hast ihm diese Flausen in den Kopf gesetzt mit diesem Märchen!« - »Es ist ein Märchen für *Kinder!* Arandil ist erwachsen! Ich habe ihm das Märchen das letzte Mal vor neun Jahren erzählt - da war er halb so alt!« - »Wie konntest du es ihm überhaupt erzählen? Ich hatte es verboten!«

Verboten? Das hörte Arandil zum ersten Mal, allerdings stimmte eines: Sein Großvater hatte ihm stets eingeschärft, das Märchen für sich zu behalten, es sei nur für königliche Ohren bestimmt und niemanden sonst. Also machte er sich kundig bei Hofe.

Er ging zum Königlichen Berater, zum Hofmagier und zum Auguren. Sie alle wollten sich nicht offen zu der Frage äußern, ob es im Allgemeinen Verbotene Märchen gab, und was es mit dem Dornröschen im Besonderen auf sich hatte. Ein jeder druckste herum; es gebe keine solchen Märchen … Dornröschen sei ihnen unbekannt … Arandil suchte weiter, bis er endlich eine alte blinde Frau fand, die zum Verlesen der Erbsen beauftragt war. Sie saß ganz hinten in der Küche, zusammengeschrumpelt und mit gichtigen Fingern, die zittrig die Schoten aufbrachen. Das Alter der Blinden kannte niemand, der damals jugendliche Großvater des heutigen Königlichen Chefkochs hatte sie schon da hinten als Alte sitzen sehen und Erbsen verlesen. Jeder nannte sie nur »das Mütterchen«.

»Mütterchen, die Ihr erleuchtet seid von der Weisheit des Alters, darf ich Euch etwas fragen?«, kam Arandil gleich zur Sache und setzte sich zu ihr.

Die Alte wandte leicht den Kopf. »Du musst der junge Erbprinz sein«, sagte sie. »Welcher bist du? Nurwe?« Ihre Stimme klang alt und gebrechlich.

»Das ist mein Vater«, antwortete der Jüngling. »Ich bin Arandil.«

»Oh, schon wieder eine Generation vorbei! Die Zeit vergeht so schnell …«

»Dann ist auch mein Vater zu Euch gekommen?«

»Sie kommen alle zu mir, mein Küken, und nur wegen einer Sache.«

Arandil wurde ein wenig blass. »Dornröschen …«

»Richtig, Honigkuchen. Schon seit Generationen versuchen deine Väter und Vorväter, sie zu finden und zu erlösen. Die zarte Prinzessin, die durch einen Fluch und einen vergifteten Rosendorn seit Jahrhunderten im Bannschlaf liegt. Glück soll sie euch verheißen, und Macht. Das Land zu neuer Blüte führen.« Die Uralte wiegte bedächtig den Kopf, um ihre Worte zu unterstreichen, und fuhr dann mit der Arbeit fort.

»Dann … dann ist die Geschichte also wahr?«, fragte der Prinz aufgeregt.

»Selbstverständlich. Es ist die Legende eures Hauses. Wer die Prinzessin erlöst, heißt es, wird ein großer König, größer als alle anderen zuvor. Doch gelingen kann es nur einem, der reinen und keuschen Herzens ist. Bisher hat jeder Einzelne deiner Familie versagt.«

»Aber … warum ist mein Vater dann zornig auf meinen Großvater und hat ihm verboten, die Geschichte zu erzählen? Niemand in diesem Schloss darf darüber reden!«

Die Uralte rieb sich über die blinden Augen und kicherte. »Du unerfahrenes reizendes Kind, du. Dein Vater ist der Einzige, der nicht gegangen ist. Nach unserem Gespräch damals zog er sich zurück. Und nach seiner Inthronisation verbot er die Geschichte von Dornröschen. Aber dein Großvater wahrte die Tradition und gab sie an dich weiter.«

»Und ich muss gehen …«, flüsterte Arandil. »Es gibt nur sie für mich, schon immer …«

»Ja«, bestätigte das Mütterchen. »Vielleicht bist du der Eine.«

»Seit ich das erste Mal von ihr hörte, denke ich nur an sie …«

»Möglicherweise kann sie dich auch spüren und ruft dich …« Ein Schatten fiel über das Gesicht der Alten. »Oh, wie sehr ich Erlösung erhoffe …«

»Mütterchen, eine Frage habe ich noch: Was habt Ihr damit zu tun?«

Da kicherte die Uralte wieder. »Ich verlese die Erbsen«, antwortete sie und nahm die nächste Schote.

Arandil war nun nicht mehr zu halten. Er bat seinen Großvater um heimliche Unterredung, und so trafen sie sich in einem dunklen Winkel des Pferdestalls, als der König ausgeritten war. »Ich werde noch heute Nacht losziehen«, erklärte der junge Prinz rundheraus und berichtete, was er von dem Mütterchen erfahren hatte.

Sein Großvater nickte. »Wenn es uns treibt, müssen wir gehen, daran kann uns niemand hindern. Auch ich glaubte damals, sie riefe mich, aber ich war nicht rein genug, und … nun ja, keusch noch weniger.«

»Haben es denn auch Prinzen anderer Länder versucht?«

»Nein. Nur die Herrscher dieses Landes hören den Ruf, und nur ihnen ist der Triumph bestimmt, Hochkönig auch über die angrenzenden Länder zu werden. Deshalb ist dein Vater so ängstlich darauf bedacht, dass niemand mehr über Dornröschen spricht, weil er Angst um den Frieden hat, sollten die anderen Länder von dieser Prophezeiung erfahren. Und ihm ist dieses Königreich genug, er strebte nie nach mehr.«

»Ich schon!«, rief Arandil. »Ich habe große Pläne. Mein Königreich soll zur Legende werden, die in anderen Gegenden besungen wird, und von der alle träumen!«

Und da erklärte der Großvater dem Enkel den Weg: Durch die Trauernden Sümpfe und die Klagende Schlucht und durch den Steinernen Wald. Viele Gefahren und Verführungen lauerten unterwegs, und viele Vorfahren waren daran gescheitert. Manche kehrten nicht lebend zurück.

»Bist du bis zum Schloss gekommen, Großvater?«

»Sogar hinein.«

Doch Dornröschen konnte der Großvater nicht finden, nur einen leeren Thron, mit einer riesigen Spinne, die von der hohen Lehne bis zur Wand ein Netz spann. »Ich hatte eine Vision, bevor ich unverrichteter Dinge wieder abziehen musste«, wisperte der alte Mann. »Ich glaube, dass der Geist der Schwarzmagierin dort umgeht und über Dornröschens Bannschlaf wacht. Ich weiß nicht, warum sie das immer noch tut, im Lauf der Zeit ist immer ein Stückchen mehr von der Geschichte verloren gegangen. Vielleicht fürchtet sie die Macht des Glücks und Schönheit der Prinzessin und neidet sie ihr nach wie vor.«

»Sie wird es bereuen«, sagte Arandil entschieden. »Denn ich werde Dornröschen erlösen. Das Mütterchen glaubt daran, und ich glaube, ihr guter Wille begleitet mich und wird mich schützen.«

Und so schlich der junge Prinz in jener Nacht heimlich aus dem Schloss, als seine Eltern ahnungslos schliefen. Der Großvater hatte ihm seine eigene Rüstung samt Schwert geschenkt, und ihm das beste Pferd aus dem Stall gegeben.

Die Reise war lang und mühselig, und manchmal wollte der junge Prinz aufgeben. Manchmal kauerte er sich in der Dunkelheit weinend zusammen und verfluchte seine Torheit, bat in Gedanken den klugen Vater um Verzeihung, weil er dessen Weitsicht nicht erkannt hatte. Doch sobald am Morgen die Sonne mit dem ersten Lichtfinger über den Horizont tastete, sah Arandil auch die erwachende Prinzessin vor sich, das erste Lächeln auf ihrem lieblichen Gesicht, befreit von seinem jungfräulichen Kuss. Aus Liebe zu Dornröschen hatte er sich nämlich weiterhin bis zum heutigen Tag von jeder Versuchung ferngehalten, sehr zum Bedauern der Frauen, die seiner anmutigen Gestalt gern nachblickten.

Eines Tages nun erblickte der zum edlen Mann gereifte Prinz Dornröschens Schloss auf einem Hügel, mit einem hohen Turm in der Mitte. Es konnte kein Zweifel daran bestehen, dass er das Ziel erreicht hatte. Das Schloss war über und über von Rosen umwuchert, roten und weißen und schwarzen, deren betäubender Duft weit übers Land fiel, wie glitzernder Nebel. Rings um das Schloss lag eine dürre, leblose Steppe, in der sich nicht einmal Mäuse wohlfühlten. Ein trostloser Ort, der Arandils Herz mehr rührte als alle verdammten Gegenden zuvor. Er zweifelte nun nicht mehr daran, dass etwas Böses an diesem Ort hauste, das die Prinzessin in seinen Klauen hielt. Je näher er dem Schloss kam, desto mehr konnte er es spüren, und auch sehen. Das treue Pferd weigerte sich längst, weiterzugehen, und er musste zu Fuß durch die verwüstete Steppe wandern. Der Himmel über ihm wurde immer dunkler, je weiter er voranschritt, und wehrte das Sonnenlicht ab; ja selbst die Wolken machten einen Bogen. Unter Arandils Stiefeln knirschte es, als er zwischen dürren Stachelbüschen hindurchschritt, und sein Magen krampfte sich zusammen, als er nach unten blickte und erkannte, dass es morsche Knochen waren, die unter seinen Tritten zerbrachen. Ein schmaler Bach mäanderte in der Nähe, doch führte er kein gesundes Wasser mit sich, sondern eine dicke, trübe Flüssigkeit, die wie gestocktes Blut aussah.

Grauen stieg in dem Prinzen hoch, der so viele Gefahren und Ängste gemeistert hatte. An manchen Stellen taten sich Löcher in der Erde auf, aus denen gelblicher Schwefeldampf aufstieg, der Übelkeit erregend stank. Dazwischen lag ein weiter, graugrüner Moosteppich. Als Arandil darauf trat, stieß das Moos einen markerschütternden Schrei aus. Sofort zog der Prinz den Fuß zurück und sah sich um, doch es gab keine Möglichkeit auszuweichen, es sei denn, er ginge den ganzen Weg zurück. Aber allein der Gedanke, auf die Knochen zu treten, noch einmal an den vielen Totenschädeln vorbei zu müssen, ließ ihn schütteln. Also versuchte er es vorsichtig noch einmal. Erneut schrie das Moos auf, und so ging es weiter, bei jedem Schritt. Nach einer Weile platzte das Moos auf, wie zu stark gespannte Haut, und dunkle Flüssigkeit quoll hervor, die sich zischend in den Pflanzenteppich brannte.

Arandil biss die Zähne zusammen, hielt sich die Ohren zu und rannte selbst schreiend über das leidende Moos, um sein Wehklagen zu übertönen. Immer mehr Wunden rissen auf, und dann wurden weitere Knochen aus der Tiefe emporgeschleudert.

Schließlich erreichte der Prinz das Ende des Moosteppichs, und dann waren es nur noch wenige Schritte, bis er vor dem dornenumrankten Portal des Schlosses stand. Der Himmel über ihm sah aus wie die Haut eines Pestkranken, und ein hämmerndes Pochen und Dröhnen quälte ihn, dessen Ursprung er nicht feststellen konnte. Die Finsterrosen stießen schwarzen Staub aus, der die Luft trübte und seine Augen zum Tränen brachte. Mehrmals musste er niesen.

Die roten und weißen Rosen stanken nach süßlicher Verwesung und sonderten eitrige Tropfen ab, die sich zischend in seine Rüstung fraßen.

Arandil zog das Schwert und schlug zu. Er zuckte zusammen, als die Dornranken schrill aufschrien, ohrenbetäubender noch als das Moos, und die durchtrennten Triebe Blut spritzend durch die Luft peitschten. Doch die Rüstung hielt den langen Stacheln stand, die am Metall abbrachen. Nun galt es, keine Zeit mehr zu verlieren. Die Luft drückte immer schwerer auf Arandils Lungen, das Atmen wurde mühsamer, und das Dröhnen in seinem Kopf immer schlimmer. Auch seine Augen versagten zusehends. Er schwang das Schwert, hackte und schlug, bis die Bresche groß genug war, dass er unter den wütend peitschenden Ranken hindurchtauchen konnte. Blutbesudelt rannte er die drei Stufen zum Portal empor, drückte den gebogenen Griff nach unten – und tatsächlich schwang es auf!

Die Schritte des Prinzen hallten durch den großen Saal, als er den kalten schwarzgrauen Steinboden betrat. Nur wenig trübes Licht gab es, ein Hauch Sonnenschein, der durch die schmalen, blinden Fenster hoch oben hereinfiel. Am anderen

Ende erblickte Arandil den Thron aus Stein mit der fein gearbeiteten hohen Rückenlehne, genau wie der Großvater ihn beschrieben hatte, und da wob auch die Riesenspinne etwas in ihrem Netz. Ihr Körper war so groß wie ein achtjähriges Kind. Als sich der Prinz dem schwarzen Ungetüm mit klopfendem Herzen näherte, hielt es kurz inne und schnarrte mit kräftigen Beißwerkzeugen, fuhr dann jedoch fort mit dem Weben. Arandil blieb stocksteif stehen, als eine zweite Spinne, sehr langbeinig, dürr und so groß wie ein Windhund, hinter dem Thron hervorkam und steif auf ihn zu stakste, mit klackernden Krallen, wenn sie die Beine aufsetzte.

Seine Hand verkrampfte sich um den Schwertgriff, doch dann ging er entschlossen weiter: Er hatte schon Schlimmeres bekämpft. Die Spinne klickte und schnarrte und hob das vorderste Beinpaar, bewegte es drohend, doch er achtete nicht auf sie, und da zog sie sich schließlich wieder hinter den Thron zurück.

Ein seltsames Gefühl beschlich Arandil, als er an der linken Wand eine Tür entdeckte: Der Zugang zum Turm. Doch das war es nicht, was ihn irritierte. Sondern das Verhalten der beiden Spinnen. Sie hatten ihn nicht angegriffen. Wie sollte er das verstehen? Als … *Warnung*?

Unsinn. Seine Sinne waren benebelt von Rosenduft und Rosenstaub. Wenn er derjenige war, der Dornröschen erlösen sollte, gelangte er auch in den Turm und musste vor nichts gewarnt werden. Dann war das Schicksal nicht mehr aufzuhalten. Egal, ob hier noch Geister von bösen Frauen umgingen oder nicht.

Dreihundertachtundvierzig Stufen führten in den Turm hinauf, Arandil zählte jede einzelne und war völlig außer Atem, als er endlich oben ankam. Obwohl sein Körper durch die Reise gestählt war, wurde er doch wieder auf eine neue Probe gestellt, die ihn nahezu an die Grenze brachte.

Doch er wurde belohnt, denn in der rosenüberwucherten Kammer stand ein großes Bett mit Baldachin, und darauf ruhte …

Ja, sie war es. So oft hatte er sie in seinen Träumen gesehen. Jung, zart und lieblich, in ein weißes Gewand gehüllt, das sich kaum von der blassen Haut abhob. So schön, so begehrenswert. Immer nur sie hatte er vor Augen gehabt. Um sie zu ehren, war er unberührt geblieben, und nun wusste er, dass er recht daran getan hatte.

Glücklich betrachtete Arandil die schlafende Schöne. Diesem Raum, dieser Gestalt konnte das Böse nichts antun, es musste draußen bleiben. Und allein durch seine Anwesenheit hatte der Prinz schon einen Teil des Banns aufgehoben. Er sah es an den Dornenranken, deren Farbe grüner und gesünder wurde, die schwarzen Rosen verdorrten, und die roten Rosen verblassten zu sanftem Rosa. Bald schon würde das verfluchte, tote Land dort draußen aus dem bösen Alptraum erwachen und in neuer Blüte erstrahlen.

Arandil beugte sich über das liebliche Gesicht und berührte mit seinem Mund zum ersten Mal in seinem Leben die Lippen einer Frau. Dornröschens Mund war kühl, doch …

Ein Seufzen wehte durch die Kammer, wie ein fernes Echo, und Arandil spürte, wie die Lippen warm wurden, und wie die Haut einen gesünderen Ton annahm, und dann hauchte die Erwachende ihren ersten Atem in seinen Mund. Ihre Brust begann sich zu heben und zu senken. Der Prinz löste sich von ihr und lächelte auf sie hinab, schüchtern und verunsichert, wie sie reagieren möge, wenn sie erst richtig wach war und ihn bei sich sah.

Schließlich schlug sie die Augen auf, ihr Blick irrte ziellos und fragend umher, bis er an dem Prinzen hängenblieb. Staunen malte sich auf ihren Zügen, dann öffnete sie den Mund und flüsterte: »Bist du wirklich hier oder ist es wieder nur ein Traum?«

Sein Herz wollte ihm aus der Brust springen. »Ich bin es wirklich«, stieß er durch raue Kehle hervor. »Ich bin Arandil, Prinz von …«

»Sch-scht«, machte Dornröschen und legte ihm zart einen Finger an den Mund. »Ich weiß, wer du bist. Du warst mein Trost, während ich gefangen lag in dieser Kammer, in meinem erstarrten Körper. Wie viel Zeit ist vergangen?«

»Viele hundert Jahre«, antwortete er. »Das weiß niemand mehr genau.«

Sie setzte sich auf und blickte sich nun mit klaren Augen um. »Wahrhaftig«, wisperte sie.

»Wir sollten uns beeilen, falls immer noch das Böse hier lauert«, meinte er. »Wärst du bereit, als meine künftige Königin mit mir zu kommen und über ein großes Reich zu herrschen, das ich mit dir gründen will?«

Sie lächelte. »Gewiss, mein Held und Retter, mein Prinz, doch küss mich zuvor noch einmal, ich möchte die Süße des Lebens schmecken, und diesmal bewusst.«

»Oh«, sagte Arandil und bekam rote Ohren. Er hatte ja selbst nichts anderes im Sinn, auch wenn es ihn durch die strenge Erziehung des Vaters ein bisschen merkwürdig anmutete, gleich hier und jetzt, ohne vorgeschriebenes Hochzeitszeremoniell, priesterliche Weihe und dergleichen mehr.

»Küss mich«, forderte sie. »So lange schon warte ich. Dieser erhabene Moment darf nicht einfach so vergehen, wir müssen ihn preisen.« Ihre Hand strich durch sein schulterlang herabfallendes Haar. »Du bist noch schöner als in meinen Träumen …«

Sein Adamsapfel hüpfte auf und ab, ohne dass er schlucken konnte, weil sein Mund so trocken war.

Arandil wusste, dies war der Moment, dieser und kein anderer, der die Erfüllung bot, die Belohnung für all seine Schmerzen und Opfer, Kummer und Leid. Für sein ganzes Streben seit seiner Kindheit.

Dornröschen war *sein*. Er schlang die Arme um sie und presste seine Lippen auf ihre. Seine ungeduldigen Hände zerrten das Gewand von ihren Schultern, er beachtete ihren überraschten Laut nicht, war nicht mehr zu bremsen.

In fliegender Eile warf er Rüstung und Gewand von sich und vereinigte sich mit der Prinzessin auf dem weißen Laken, ohne sich darum zu kümmern, ob ihr das recht war. Was ihm an Übung fehlte, machte er durch Leidenschaft und Ausdauer wett. Ein wenig war er zwar erstaunt, mit welcher Heftigkeit und vor allem geschickten Bewegungen das auf einmal lustvoll schreiende Dornröschen seine Stöße erwiderte und sich gierig an seinem Hals festsaugte, doch bald dachte er gar nichts mehr und versank in Hitze und Sturm der puren Wollust.

Hand in Hand stiegen sie später die dreihundertachtundvierzig Stufen hinab und gelangten in den Thronsaal. Hier war alles unverändert, das Böse lauerte immer noch über allem, doch Arandil war frohen Mutes, als er auf das Portal zuschritt. »Bestimmt gibt es schon die erste Blüte«, meinte er fröhlich und öffnete einen Flügel.

Doch das Land draußen lag unverändert, und er spürte, wie das Böse von dort erst recht hereindrückte. Erschrocken warf er den Torflügel wieder zu. »Aber … aber …«, stammelte er erschrocken und wandte sich Dornröschen zu. »Wie ist das möglich …«

»Das stört mich nicht«, erwiderte sie und ging auf den Thron zu. »Mir gefällt es hier. Und dir wird es auch gefallen, wenn du dich erst eingewöhnt hast.«

Sie hob den Arm und schnippte mit einem Finger, und die beiden Spinnen eilten geschäftig herbei. Fassungslos sah Arandil zu, wie sie seine geliebte Prinzessin entkleideten, bis sie nackt in schimmernder Schönheit vor ihm stand, und dann holte eine der Spinnen das Ding aus dem Netz, an dem sie bei Arandils Ankunft gewoben hatte: Ein hauchfeines Gespinst von Gewand, das sie Dornröschen an den makellosen Leib anpasste, und die andere Spinne legte eine Strahlenkrone auf ihr Haupt.

»Was geht hier vor sich?«, stieß der Prinz blass hervor.

Die Prinzessin ließ sich in lasziver Haltung auf dem Thron nieder, die schlanken Beine über die Lehne geschlagen, und er spürte, wie seinen Körper die Kräfte verließen, im selben Maße, wie sein Verstand zunehmend Entsetzen empfand.

»Sag es ihm«, befahl Dornröschen und machte eine Handbewegung – und im nächsten Moment stand die blinde Uralte vor Arandil.

»M-Mütterchen«, stammelte der Prinz.

»Und ob.« Die Prinzessin lächelte. »Das ist sie, mein Liebling. Deine Urahnin nämlich, Mutter des ersten Königs, der mich, die Herrscherin dieses Reiches, damals zur Frau nehmen wollte. *Sie* war es, die mich verfluchte und bannte, doch mit meinem letzten bewussten Atemzug konnte ich noch einen Bann zurück über sie werfen, der sie über den Tod hinaus am Leben hielt und sie zwang, ihre Nachkommen auszuschicken, um mich zu befreien. Nun ist es endlich gelungen.«

Über das Gesicht der Uralten liefen Tränen. »Verzeih mir«, flehte sie den Prinzen an. »Ich wollte das Beste für unser Land und das Volk, denn sie ist eine Bluttrinkerin, sie saugt alles Leben aus, bringt Tod und Elend, Hass und Unterdrückung. Doch ich war zu schwach gegen sie, mein Fluch traf sie nur halb, und so wurde auch ich in die Dunkelheit gerissen. Dein Vater ahnte, dass er möglicherweise der Erlöser wäre, und verweigerte sich, glaubte dadurch, dem Schicksal entgehen zu können. Doch er ging nicht weit genug, denn er bekam einen Sohn, und die Reihe war an dir, mein armer Nachfahre. Die Freiheit des Landes ist damit endgültig verloren, ich habe nur ein paar Jahrhunderte teuer erkauft.«

»Und jetzt bezahlen alle, alte Vettel«, höhnte die Prinzessin. »Niemand kann mich auf Dauer aufhalten, das habe ich dir gesagt. Doch seist du nun erlöst, deine Anwesenheit ekelt mich an.« Sie machte eine weitere Handbewegung, und die Uralte verschwand mit einem klagenden Laut.

»Du wolltest herrschen, mein Prinzgemahl«, fuhr Dornröschen mit warmer und sinnlicher Stimme fort, die nur noch Grauen in Arandil erweckte, »und das wirst du, über dein Land und viele weitere Länder, die wir erobern werden, du und ich.«

»So wollte ich das nicht«, flüsterte Arandil verzweifelt. »Ich wollte Gutes bringen …«

»Aber das werden wir, mein süßes, eitles Liebchen.« Dornröschen lächelte. »Die Menschen werden glücklich sein, uns zu dienen, und uns zu Göttern erheben. Sie werden uns Opfer bringen …« Ein kaltes, gieriges Glitzern trat in ihre Augen, in denen kein Funke Menschlichkeit mehr erkennbar war.

»L-lieber sterbe ich … ich gehe eher in dieses Land hinaus und teile mein Schicksal mit den Knochen …«

»Das kannst du nicht mehr, mein Liebster«, säuselte Dornröschen und leckte sich über die Lippen.

Ein Stich fuhr Arandil in den Hals, und seine Hand fuhr hoch. Seine Finger ertasteten zwei winzige Wunden, die aufgebrochen waren, und warmes Blut rann seinen Hals hinab. Voller Entsetzen starrte er auf das ölige Schwarz an seinen Fingern, und er spürte, wie die vergiftete Dunkelheit in seinen Körper und seinen Verstand drang.

Voll wilder Gier starrte Dornröschen auf seinen Hals. »Du bist mein, wie dein Urahn es hätte sein sollen. Hab keine Furcht, mein Prinzgemahl. Glorreiche Zeiten erwarten uns, und es gibt viel zu tun. Zuerst aber komm her zu mir und erfreue mich mit deiner jugendlichen Kraft.«

Arandils Verstand begehrte ein letztes Mal auf, doch da drehte sie sich auf dem Thron, ihm zu, und öffnete lächelnd Arme und Schenkel, die spitzen Zähne gebleckt. Dunkelheit fiel endgültig über ihn, während sein Begehren ihm das Blut in den Adern kochen ließ.

Willenlos folgte er ihrem Ruf.

Bibliographie

Siebensturm: Bertelsmann Club, 2010 (in: Mondträume, Hg. Iris Grädler). Die neue Fassung wurde um einiges überarbeitet und ergänzt.

Der krumme Takt: Erstveröffentlichung (ca. 1987), auf modernen Stand gebracht.

Am Ende der Reise: Fabylon, 2017 (in: Am Ende der Reise, Hg. Alisha Bionda).

Schneeblume: Sagittarius Magazin, 1987.

Die Feentochter: Edition Phantasie, 1997 (in: Der süße Duft des Bösen, Hg. J. Weigand). Die publizierte Story war länger, in der Moderne angesiedelt und hatte ein anderes Ende. In dieser Ausgabe ist die ursprüngliche Fassung wiederhergestellt.

Stunde des Abschieds: Erstveröffentlichung (ca. 1997).

Flaumfeder: Otherworld, 2009 (in: Unter dunklen Schwingen, Hg. Alisha Bionda). Hierbei handelt es sich um eine frühe Fantasy-Story, die ca. 1980 entstanden ist.

Drachenherz: Erstveröffentlichung (ca. 1998).

Der Dolch des Ritters: Lübbe, 2012 (in: Große Geschichten vom Kleinen Volk, Hg. Ruggero Leó). Es handelt sich um eine Geschichte aus Albalon, die beiden Romane dazu (»Das Reich Albalon«) sind überarbeitet bei Fabylon wiederaufgelegt worden.

Der wahre Schatz:

* Droemer Knaur, 2002,
(in: Feueratem, Hg. Michael Nagula)
* p.machinery, 2010 (fantasyguide präsentiert)

* Fabylon, 2013 (fabEbook).
Es handelt sich um eine Geschichte aus Waldsee, lange vor den Ereignissen des *Sterns der Götter*. Die 6 Chroniken von Waldsee-Romane sind bei Fabylon lieferbar.

Shah Ra'zad: Fabylon, 2012 (in: Dark Ladies 3, Hg Alisha Bionda).

Dornröschen: Fabylon, 2009 (in: Dark Ladies 1, Hg. Alisha Bionda).